史料に見る浄土真宗の歴史

蓮如上人の生涯　上

藤井哲雄

目次

題字　高木紅葩
装画　藤井義明

凡例

一　本書は蓮如上人の生涯を直接史料に基づいて尋ねてゆけるように編纂したものである。その構成は上人の生涯を辿る第一～第六章よりなる。

二　各章は節と「(一)、(二)…」で区切り、それぞれの見出しの次に、その綱目で取り上げる史料名を掲げた。

三　史料としては文献、系図、表、地図、写真等を取り上げた。

四　取り上げる史料については、その解説を〔史料解説〕として加えた。

五　史料中に用いた記号の説明あるいは史料についての補足説明には※の記号を付しておいた。

六　文献史料としては、漢文、文語文を引用し、それに現代語訳を施した。

七　漢文と文語文は本文として収めた。漢文にはレ点と一、二点、送り仮名を施した。また、読みにくい漢字には現代仮名遣いの振り仮名を添えた。また旧仮名遣いの平仮名には新仮名遣いの音を振り仮名で加えて読みやすい形にした。

八　文語文の史料は原典を明記し、できるだけ原典の体裁を保つようにした。従って片仮名書きや旧仮名遣いは原典表記のままにし、濁点も原典通り加えないこととした。その代り、漢字の振り仮名はすべて現代仮名遣いで表わし、旧仮名遣いの本文の発音と濁点をすべて振り仮名で示して読解の便をはかった。

九　漢文・文語文の史料には、現代語の訳文を 訳文 と表記して加えることとした。この現代語訳はすべて著者が行った。

十　著者の文章に引用した史料は「」内に記し、その現代語訳は〈 訳文 …〉内に記すこととした。また引用した書籍、論文等は注を施してそれを明示した。

十一　一つの項目に多くの史料を取り上げる場合には、「①、②…」「a、b…」等の記号を用いた。

十二　著者の文章のうちそこで取り上げた史料に直接関わる部分に「史料①…」の文字を小さく添えた。

はじめに

昨年平成二十七年(二〇一五)は、本願寺の中興の祖とされている蓮如上人の誕生六百年に当たります。

およそ日本仏教の中でも、東西本願寺の宗派は、古来より最大の寺院数・門徒数を保持して来ております。このようになったきっかけとして、親鸞聖人に始まる浄土真宗の宗派を、室町時代の乱世の中、全国的大教団に発展させていった蓮如上人の存在が挙げられます。

上人の生涯は、誕生から始まって、継職、延暦寺による弾圧、応仁の乱、一向一揆と、はなはだ波瀾に満ちたものでした。そのような中で、従来仏教の教えに充分触れることのできなかった民衆の心に受け容れられるようにと、極めて分かりやすい言葉で、浄土真宗の教えを広めて行った姿は、実に感銘深いものです。そうした布教活動と、上人の人柄が、当時の社会の中で大きく台頭して来ていた民衆の心に、空前の大反響を喚んで、今日の東西本願寺教団が築かれて行ったのであります。

この書物は、蓮如上人の誕生六百年を記念して。歴史上の人物としての実像を、直接史料を通して尋ねてゆくという考え方でまとめたものです。

私はすでに平成十六～七年、同じ考え方で、親鸞聖人の生涯を書物にしております。その趣旨は、単に過去に起こった出来事を知識として追求するのではなく、残された史料と対話を重ねるところから、我々のものの見方を、過去へと大きく広げてゆく、壮大な人間的営みを目指すものでした。

今回もこれと同様に、史料から直接蓮如上人の生涯に触れてゆく内容で、まとめてみました。

ところで蓮如上人自身は、二百数十通に及ぶ御文と消息（手紙）、『正信偈大意』以外に著作を残していません。そうしたところを補ってくれるのが、親族や弟子が伝えた文献で、とりわけ側近の弟子空善や十男実悟がまとめた言行録・伝記類、それに堅田の本福寺に伝わる記録が挙げられます。

けれどもその記述は、必ずしもすべてが実際の出来事をそのまま伝えた内容とは言えず、かなり主観的に記されたり、伝説化されたりしている部分が見出されます。そうした点について、戦後から現在に至るまで、多くの研究者がそれぞれの立場から、史実の掘り起こしを試みて来ております。それらの成果を踏まえながら、出来得る限り、蓮如上人の実像を再現すべく努めてみました。

まだまだ力不足ではありますが、御高覧の方々のご批判を仰いで、今後の指針とさせていただく所存であります。

最後に、この書の完成に力添えをいただいた方々に、心より感謝申し上げる次第です。

平成二十八年八月二十六日

藤井　哲雄

第一章　誕生より継職まで

「本願寺故地」を示す崇泰院《そうたいいん》門前の石碑
京都市東山区

第一節　誕生と生母との別れ

（一）蓮如上人の誕生

——史料『御文』『蓮如上人御一期記』一、二——

京都を代表する行事といえば、何といっても祇園祭《ぎおんまつり》が挙げられるであろう。この祭はよく知られている通り、今日八坂《やさか》神社と呼ばれている、かつての祇園社が執り行って来た。この社《やしろ》の後《うしろ》のやや北寄りの所に、崇泰院《そうたいいん》という小さな寺がある。今では浄土宗総本山知恩院《ちおんいん》の塔頭《たっちゅう》となっているこの寺こそ、本願寺《ほんがんじ》が誕生した最初の場所[史料①]で、この一帯はその地形から大谷《おおたに》と呼ばれていた。

室町時代の応永二十二年[史料②]（一四一五）[1]春、浄土真宗の中興の祖とされる蓮如上人《れんにょしょうにん》は、ここで産声《うぶごえ》をあげたのである。

父親は本願寺七世の存如《ぞんにょ》上人（一三九六〜一四五七年）で、言うまでもなく親鸞聖人《しんらんしょうにん》・覚如《かくにょ》上人と続く浄土真宗本願寺派の名門の血筋である。それに対して母親の方は、存如上人の母親に付き添っていた召使いで、[2]出身はおろか名前さえ伝わっていない。[3]おそらくまだ二十歳で独身の存如上人が、ふとしたことから関係を持ったものであろう。
蓮如上人は、童名《どうみょう》（幼名）を幸亭《こうてい》（丸）[4]あるいは布袋《ほてい》（丸）と呼ばれていた。きっと頬《ほほ》がふっくらとしたかわいらしい子供だったに違いない。

本願寺の歴代は皆、童名に「光」という字が使われて来た。ところが蓮如上人だけは「光」の字が付けられていない。このことについて籠谷《かごたに》真智子氏[5]（一九三一年～）は、当時、本願寺の六世門主であった巧如《ぎょうにょ》上人（一三七六～一四四〇年）が、二人の結婚を認めていなかったからではないかと推測している。おそらく正妻になることが許されないような生い立ちの女性だったのであろう。当然のことながら、幼い幸亭（蓮如上人）に注がれる周囲の目には、冷たいものがあったと想像される。

平成五年（一九九三）、作家の五木寛之《ひろゆき》氏[6]（一九三二年～）は、このような蓮如上人の生《お》い立ちに着目し、親鸞聖人の血を引く本願寺の子という強い自負と、いやしき人の子という自覚が、光と影のようにその生涯をいろどってゆくと見る、聖俗具有《せいぞくぐゆう》の（聖と俗が切り離し難くからみあう）上人像を打ち出して、多くの共感をよんでいる。

幸亭（蓮如上人）誕生当時の本願寺は、今日の東西本願寺の大伽藍からは想像できないような、ささやかな坊舎であった。浄土真宗の教えを掲げてはいても、天台宗の門跡《もんぜき》寺院・青蓮院《しょうれんいん》に所属する末寺の一つに過ぎず、親鸞聖人の廟堂《びょうどう》として造られた御堂[7]と住坊があるだけであった。『本福寺由来記《ほんぷくじゆらいき》』[8]には「人《じん》せきたへて、参詣の人一人もみえさせたまは《わ》ず。さび〳〵とすみておは《わ》します。」〈**訳文** 人の往来が絶えて、参詣の人が一人もお見えにならない。さびさびと静かでいらっしゃいます。〉とその閑散とした様子が伝えられている。

だがこれは多分に誇張を含んだ表現と思われる。六世巧如《ぎょうにょ》上人や七世存如《ぞんにょ》上人が、信《しな》濃国長沼《ののくにながぬま》の浄興寺《じょうこうじ》や加賀国吉藤《かがのくによしふじ》の専光寺《せんこうじ》等に、数多くの聖教《しょうぎょう》を書き与えている事実があるからである。こうした北陸や東国方面への地道な布教が次第に効果を示し、蓮如上人の時代の基盤が、この頃すでにわずかずつではあるが作られつつあったと見られる。

今日でも、崇泰院の本堂裏には、親鸞聖人の御廟《ごびょう》跡という五輪塔と、幸亭（蓮如上人）が産湯《うぶゆ》をつかったという井戸の跡が残されていて、かつての面影をわずかに偲《しの》ばせてくれる。

親鸞聖人御廟跡の五輪塔
崇泰院《そうたいいん》（京都市東山区）本堂裏

蓮如上人産湯《うぶゆ》の井戸
同上

注

1―蓮如上人の誕生日については、はっきりしていない。一般に二月二十五日と言われているが、堅田修《かたたおさむ》氏（一九二五〜二〇一一年。『真宗史料集成』第二巻解説）によると、蓮如上人を法然上人の化身とする説がもととなって、江戸時代中期以降になって言い出されたものと見られ、二月という月も春の季節（一、二、三月）のうち単に中頃をとって誕生月に当てたものに過ぎないようである。確実なのは、実悟が『蓮如上人御一期記』に「春の頃」と記す内容だけである。

2―22頁史料『拾塵記《しゅうじんき》』参照。

3―蓮如上人の母親の名前については、御文にも行実記にもまた本願寺の家系図にも見出されない。ただ、『空善聞書《くうぜんききがき》』の古写本（故舟橋水哉氏所蔵本。天正年間の写本と推定。）には、表紙見返しに後からの書込みがあり、そこに「御名ヲ蓮ノ前ト申ス」と記されている。けれども、もとより後世の伝承であり、その信憑性《しんぴょうせい》は定かでない。

4―幸亭という名称について、籠谷眞智子氏はその著書『蓮如さまとお方さま』で、幸福な御亭（一家の主人）という意味で、将来の願望を籠めて名付けられたのではないかと推測している。

5—京都女子大学名誉教授。『蓮如さまとお方さま』一九九八年弘文出版。

6—『蓮如・聖俗具有《ぐゆう》の人間像・』岩波新書、一九九四年発行。

7—『本願寺作法之次第』によれば、親鸞聖人の御木像を安置した御影堂は、五間四面だったと伝えられている。

8—滋賀県大津市本堅田町の本福寺《ほんぷくじ》（浄土真宗本願寺派）に伝えられる記録の一つ。

史料①『御文《おふみ》』文明七年（一四七五）五月二十日、蓮如上人六十一歳

上越市本誓寺蔵実如上人証判本

本文

…哀哉《かなしきかな》、ワカ《ガ》生所ハイツクソ《ズゾ》、京都 東山粟田口青蓮院《ひがしやまあわたぐちしょうれんいん》南ノホトリハ、ワカ《ガ》古郷《ふるさと》ソ《ゾ》カシ。…

訳文

なつかしいことよ、私の生まれた所はどこであろう。京都 東山粟田口青蓮院《ひがしやまあわたぐちしょうれんいん》の南あたりは、私の故郷であるよ。

史料②『蓮如上人御一期記《ごいちごき》』一、二　実悟編著

【史料解説】『蓮如上人御一期記』（全二三三条）は、蓮如上人の十男実悟《じつご》（一四九二〜一五八四年）が、最晩年の天正八年（一五八〇年　、八十九歳）九月中旬に、蓮如上人の伝記と言行録、本願寺の故事《こじ》等を、改めて編集したものである。実悟筆の原本は京都東本願寺に所蔵される。内容の大部分は、それ以前に編集された『空善聞記』『実悟旧記《じつごきゅうき》』『蓮如上人御物語《おんものがたり》次第《しだい》』等から転載されており、新しく加えられたものは、第一条〜第十条までの伝記に関する記述の部分のみと判断されている。

本文

一、抑《そもそも》コノ上人ハ、去《さん》ヌル称光院御宇《しょうこういんぎょう》応永廿二年ノ春ノ比《ころ》誕生シタマフ《モウ》。

一、所ハ城州愛《お》谷《宕歟》郡東山ノ大谷ナリ。

訳文

一、そもそもこの上人は、去る称光《しょうこう》天皇の御代《みよ》、応永二十二年（一四一五）の春の頃誕生された。

一《ひとつ》、御誕生の場所は、山城国《やましろのくに》愛宕《おたぎ》郡東山の大谷《おおたに》である。

（二）生母との別れ

――史料『拾塵記』――

幸亭（蓮如上人）六歳の十二月二十八日、大谷の坊舎の一隅で生涯忘れることができない、まるでテレビドラマを見ているような出来事が起こった。何と実の母親が我が子の肖像画を携《たずさ》えて、どこへともなく行方知れずになってしまったのである。上人の伝記や言行録《げんこうろく》を数多く残している十男の実悟は、その場面をくっきりと伝えてくれる。それがどれ程衝撃的なことだったのか、母親が去って行った日を命日にしたという一事が、よく物語っている。史料○

母親が去らねばならなくなったのは、存如上人の正妻となる如円尼《にょえんに》（不明～一四六〇年）との婚儀がととのったためだと見られる。その三年後の応永三十年（一四二三）に、如円尼の長女・如祐が誕生しているからである。[1] きっと上人の生母は、我が子の将来のことを考えて、身を引く覚悟をしたのであろう。

注　1――『日野一流系図』の存如上人子女の項目に、「法名如祐　文亀二　十月二日卒八十歳」とあるから、応永二十年（一四一三）の誕生だと知られる。

史料〇『拾塵記《しゅうじんき》』より「蓮如上人事」　実悟編著

【史料解説】『拾塵記』（一巻）は実悟の著述の一つ。前半の「蓮如上人事」には、蓮如上人の誕生から始まって山科本願寺建立までの略伝と、上人に関わる奇瑞が記され、後半の「御建立の寺々事」には、大和国本善寺等上人建立の寺六ヶ寺の由来と、弟子の蓮崇《れんそう》・道宗《どうしゅう》の逸話が記されている。原本はもと大阪府門真市願得寺《がんとくじ》にあったが、今は岸部泰彬氏（奈良県在住）の所蔵となっている。著作年代は記されていないが、弘治年間（一五五五～五八年）から元亀年間（一五七〇～七三年）までに作られたものと見られている。

本文

北堂《ほくどう》ハ生所《せいしょ》ヲ不《ざる》レ知人也《しらひとなり》。存如上人《ぞんにょしょうにん》《円兼法印》先妣《せんぴ》ノ御方《おかた》ニ常随《じょうずいせし》宮仕《みやづかえびと》人ニ侍《はべ》リキ。蓮《兼寿法印》-上人六歳ノ時、カノ〇《六歳ノ》寿像《じゅぞう》ヲ、絵師《えし》ノ侍《はべり》シニカ、セ取《とり》テ、能似《よくに》タルヲ表保衣等《ひょうほえなど》マテ《デ》悉《ことごと》ククコシラへ《エ》〇《玉テ取持テ、》我ハコレ西国《さいごく》ノ者也《ものなり》、爰《ここ》ニアルヘ《べ》キ身ニ非《あら》ス《ズ》トテ、応永《おうえい》廿七年庚子十二月廿八日ニ、常ニ住メル所ノ妻戸《つまど》ヲヒラキテ、供奉《ぐぶ》スル人モナク、只《ただ》一人行方《ゆくえ》シラス《ズ》ウセ〇《給》ヌ。依《よって》レ之《これに》、其《その》日ヲ為《なし》二忌日《きじつと》一、上人モツネニ勤行《ごんぎょう》セサセ給《たまイ》ヒケリ。

訳文

（蓮如上人の）御母君は、どこで生まれたのかが分からない人であった。存如上人―円兼《えんけん》法印―の亡くなった母の御方《おかた》に、いつも付き従っていた召し使いであった。蓮如上人―兼寿《けんじゅ》法印―六歳の時、例の―六歳の―寿像《じゅぞう》を出入りの絵師に描き取らせて、（その中の）よく似ているものを表装《ひょうそう》まですべて拵《こしら》えられていた。そして、それを手に持って「私は西国の者です。ここに居るべき身ではありません。」と言って、応永《おうえい》二十七年（一四六〇）庚子《かのえね》十二月二十八日、いつも住んでいた所の妻戸《つまど》を開いて、お供をする人もなく、ただ一人行き先も告げずに姿を消されたのであった。こういうわけで、蓮如上人もその日を命日とし、常に勤行されたということである。

（三）鹿の子の御影

——史料『空善聞書』一〇七、「鹿の子の御影」、『蓮如上人御一期記』六、三——

幼くして去って行った瞼《まぶた》の母を慕う上人の思いは、生涯やむことがなかった。晩年になったある時、生母捜索のため播磨国《はりまのくに》（兵庫県西南部）に下《くだ》りたいと言い出す。史料① その頃京都四条大路にあった金蓮寺《こんれんじ》という時宗の寺から、母が備後国《びんごのくに》[1]（広島県東部）にいるという情報を得たからである。側近の空善がその準備に奔走し、坊舎を建立[2]したというが、結局見つけ出すことはできなかった。

そんな蓮如上人の思いを強く印象づけてくれるのが、六歳の幸亭の姿を描いた「鹿《か》の子《こ》の御影《ごえい》」である。史料② 母が姿を消してから四十年余り経って、上人は、かつて自分の寿像《じゅぞう》（肖像画）を描いた絵師の許《もと》を訪れる。史料③ そして残されていた下絵をもとに、改めて同じものを描いてくれるよう依頼するのである。「鹿《か》の子の紋の小袖を着ていた」という上人の記憶によって、描かれた小児の影像は「鹿の子の御影」と呼ばれるようになる。そしてこれが、蓮如上人を象徴する影像として貴ばれ、ゆかりの寺院に所蔵されて行く。

この時蓮如上人が描かせた御影は、その後も山科本願寺南殿《なんでん》[3]（蓮如上人隠居所）に掛けられていたという[史料③]。また上人の没後には、三月二十五日の祥月命日に掛けられている。「鹿の子の御影」に象徴される上人の母を思う気持は、いつしか周囲にも伝わり、次第に宗教性を帯びるようになる。やがて誰からともなく、「実は生母は普通の人間ではなく、大津石山寺《いしやまでら》の観音菩薩の化身《けしん》だった」と言い始められる。そしてこれに伴い宗教的奇跡が語[史料④]られるようになるのである。

このように蓮如上人の生涯に生母の面影《おもかげ》が付いて回るのは、それが上人の心に決定的な重みを持っていたからではないであろうか。そしてそのことがおのずと、身分のない大勢の民衆に対する、強い共感となって行ったと考えられる。

注　1──母の生国《しょうごく》に関しては二説がある。『空善聞書』一〇七には、「わが御身の御母は、西国の人なりときゝ及候」と記した上に、「年はるか後に、備後にあるよし四条の道場よりきこえぬ」と、その居場所を備後国（広島県東部）だと伝えている。それに対して実悟の『蓮如上人仰条々』には、生母が姿を消す際に「我は九州豊後国《ぶんごのくに》のともと云所《いうところ》の者なりとそ宣《ぞのべ》ける」と述べたことが記されていて、九州豊後国（大分県）の「とも」の出身と伝えられている。

2―この時、空善が上人のために播磨国英賀《はりまのくにあが》に建立した坊舎が、その後天正十年（一五八二）に移転して、今日の姫路市亀山の本徳寺（浄土真宗本願寺派）となっている。

3―南殿とは、蓮如上人の隠居所の事で、本願寺留守職の地位を実如上人に譲った延徳元年（一四八九）七十五歳の時に創建されている。その場所は御影堂や阿弥陀堂のあった御本寺から一キロメートル余り東北東に当たる、現在の光照寺（大谷派）の境内地である。同寺にはかつての南殿を偲ばせる庭園の跡が残されている。なお、南殿という用語については、かつての東山大谷本願寺の本坊の南隣りに造られていた御堂の名称を、実際の位置とは関係なしに踏襲したものではないかと見られている。

史料①『第八祖物語空善聞書《くうぜんききがき》（空善聞書）』一〇七

【史料解説】正式の名称を『第八祖御物語空善聞書』と言い、側近の弟子として知られる法専坊空善が記録した蓮如上人の言行録《げんこうろく》。上人の側近が直接見聞した記録として、極めて貴重である。その内容は、上人が隠居した延徳《えんとく》元年（一四八九）七十五歳から、明応《めいおう》八年（一四九九）三月に八十五歳で没するまでの言行が箇条書きで記されている。特に最後の四十一箇条は、病床に伏してから往生を迎えるまでの様子と、葬儀式のことが詳しく記録されている。原本は知られていないが、大谷大学図書館に舟橋水哉氏旧蔵の天文《てんぶん》年間と推定される古写本が残されており、大正十三年（一九二四）に禿《とく》氏祐祥《しゆうしょう》氏（元龍谷大学名誉教授）がこれを紹介して以来、最も原本の体裁を伝えるものとされている。

本文

アル時仰《ときおおせ》ニ、ワカ《ガ》御身《おんみ》ノ御母《おんはは》ハ、西国《さいごく》ノ人《ひと》ナリトキ、及《および》候《そうろう》ホト《ド》ニ、空善《くうぜん》ヲタノミ、ハリマ《（播磨）》マテ《デ》ナリトモクタ《ダ》リタキナリ。ワカ《ガ》母ハ我身《わがみ》六《むっ》ノ年ニステ、行キカタシラサ《ザ》リシニ、年ハルカ後《のち》ニ、備後《びんご》ニアルヨシ四条《しじょう》ノ道場ヨリキコエヌ。コレニヨリテ、ハリマ《（播磨）》ヘクタ《ダ》リタキ、トイ《イ》ヒケレハ《バ》、空善ハシリマハ《ワ》リ造作《ぞうさく》シ候《そうろう》ヨシ候《そうろう》。命アラハ《バ》ヒトタヒ《ビ》タ《（ク）》タ《ダ》リタキナリト仰《おおせ》候《そうらい》キ。

訳文

ある時のお言葉に、「私を身籠《みごも》られた母君は、西国の人であると聞き及んでいるので、空善《くうぜん》に頼《たの》んで、播磨国《はりまのくに》までであっても下りたいのである。私の母は、私が六つの年に私を捨てて行方《ゆくえ》が知れなかったのだが、遥《はる》か後《のち》になって、備後国《びんごのくに》に居ることが四条《しじょう》の道場（金蓮寺《こんれんじ》）より知られた。こういうわけで、播磨国《はりまのくに》へ下りたい。」と言われたので、空善はその準備に奔走するということがございました。（上人は）「命があれば、一度下りたいのである。」とおっしゃいました。

史料②「鹿《か》の子《こ》の御影《ごえい》」福井市藤島町浄土真宗本願寺派超勝寺（西超勝寺）蔵

縦七〇・六㎝、横二六・〇㎝

［史料解説］蓮如上人六歳の御影で、生母が去って行く際に鹿の子絞りの小袖を着せて描かせたという上人の記憶から、鹿の子の御影と呼ばれている。蓮如上人が描かせた原本は知られていないが、写し描いたと見られる御影が御一門寺院を中心に数多く伝えられていて、上人の御影の中でも特別なものとされている。福井市の東西超勝寺や堺市の真宗寺（真宗大谷派）の御影は立像の姿だが、江戸時代に入ってからは座像のほうが一般的となったようである。ここで取り上げたのは、福井市藤島町の超勝寺（浄土真宗本願寺派）の御影で、髪を双鬢《そうかん》に結い上げて、手に中啓《ちゅうけい》を持った姿をしている。同寺四世蓮超《れんちょう》のもとへ上人の娘蓮周が持参したと伝えられている。

鹿の子の御影
西超勝寺蔵（福井市藤島町）

史料③『蓮如上人御一期記』六　実悟編著

本文

又四十余年ノ後、六歳ノ時ノ寿像ヲカキタリシ絵師カ《ガ》所ヲタツネ《ズ》○《サセ》タマヒ《イ》ケルニ、其《その》寿像モアマタ書《かき》タリシトミエテ、其《その》絵アマタ残リタリシヲ、ソノ中ニヒトツ似タリトテ其《その》寿像ヲカ、セラル。其《その》時我《わが》母ニ別《わか》レ侍《はべ》リシ時ハ、カノ子《鹿》ノ紋ノ小袖ヲ着シタリト覚《おぼ仰》エサセ給ヒ《イ》○《タリトテ》カノ子《鹿》小袖ニカ、セラル。ソノ上ニ讃ヲ《を》書載《かきのせ》ラレケルニ云《いう》。

　コ、ニ六歳御寿像ノ上ノ
　讃ヲカクヘ《べ》キ也《なり》。

山科《やましな》ニ御居住ノ比《ころ》ハツネ／＼取出《にとりいだ》サレテ懸《かけ》ラレケル。御往生ノ後ニハ、三月廿五日ノ正忌日ニハ、南殿《なんでん》ノ亭《ちん》ニ色裳《しきしょう》ノ御影ノ脇ニハ六歳○《ノ御寿像》ヲモ懸《かけ》タマヒ《イ》ケリ。

訳文

また四十年余り経《た》った後《のち》、六歳の時の寿像を描いていた絵師の所をお尋ねになったところ、その寿像がいくつも描いてあったと見えて、その絵がたくさん残っていたので、その中で一つ似ていると言われた寿像を描かせられた。その時、「私の母に別れました時は、鹿の子の紋の小袖《こそで》を着ていた」と覚えておられる―と言って―、鹿の子を小袖に描かせられた。その上に讃文《さんぶん》が書き載せられているが、そこにはこう記されている。

　ここに、六歳の御寿像の、

　　上の讃文を書くべきである。

山科《やましな》本願寺にお住いの頃は、常々取り出されて、懸けられたそうである。蓮如上人が往生された後では、三月二十五日の祥月命日に、南殿《なんでん》の亭《ちん》の色裳《しきしょう》の御影の脇には六歳―の御寿像―もお懸けになっていたという。

史料④『蓮如上人御一期記』三　実悟編著

本文

…サテ其後《そのご》、或人《あるひと》ノ近江国ノ石山ノ観音堂ヘマイリ○《タリ》シニ、内陳(陣)ヲノソ《ゾ》キケレハ《バ》、布袋若公《ほていわかぎみ》ノ寿像カヽリ給ヒ《イ》テ侍《はべ》リシヲ見タテマツリ、オトロ《ド》キ不思議ニオモヒ《イ》、寺家ノ僧ニ近ツ《ズ》キシツカ《ヒソカ》ニ尋《たずね》侍《はべ》リシニ、カノ御母儀ノ東山ニマシ〳〵シ程ニハ、石山ニハ観世音菩薩モオハ《ワ》シマサス《ズ》トミタテマツルトノ支証《ししょう》ヲ色々ミ○《侍》ケル由《よし》ヲ、寺家ノ僧ノカタリケルトソ《ゾ》申シケル。マコトニカノ母儀ノ御方ハ○《ウタカヒナク》観世音○《菩薩》ニテワタラセ給《たまい》ケルコトヲ各《おのおの》カタリアヒ《イ》ケルヲ《ニ》、人々○《タシカニ》シレル事ナリケリ。弥《いよいよ》奇特《きどく》○《神妙》ノコト、申シケル。…

訳文

…ところでその後、ある人が近江国《おうみのくに》石山寺の観音堂へ参詣した折に、内陣をのぞいていたところ、布袋若君《ほていわかぎみ》の寿像が掛かっておられたのを見付け出した。驚いて不思議に思い、寺の僧侶に近づいてこっそり尋ねてみたところ、「かの御母君が東山におられた間は、観世音菩薩も石山にはおいでにならなかった。それは、そう判断できる証拠を色々拝見したからだ。」とその寺の僧侶が語ったそうである。「『本当に、その御母君の御方は間違いなく観世音菩薩でいらっしゃったのだ』とのことを、皆がそれぞれに語り合っていたから、人々の間で確かに知られている事であったのだ。いよいよ不思議なはかりしれないことだ」と、その人は申していた。…

第二節　苦しい勉学と信心発得

（一）十五歳の志

——史料『空善聞書』六八、『蓮如上人御若年砌事』——

蓮如上人というと、一般に浄土真宗を再興した中興《ちゅうこう》上人として仰がれている。けれどもこうした意識が広く定着するようになるのは、『蓮如上人遺徳記《いとくき》』[1]が書かれた江戸時代初期以降のことと見られる。それまでは側近の空善《くうぜん》（生没年不詳）や龍玄《りゅうげん》（一四三五～一五一〇年）、十男実悟《じつご》（一四九二～一五八四年）が伝えている通り、近習の限られた人達だけが、上人が口にした「再興」という言葉を耳にし、中興上人と崇《あが》めていたようである。

中でも空善の心に焼き付けられた意識は、史料①尋常なものではなかった。明応《めいおう》三年（一四九四）報恩講《ほうおんこう》の際のこと、空善は山科本願寺の御影堂《ごえいどう》へお参りしていた。親鸞聖人の御厨子を拝んでうとうとしていると、その後方から突然蓮如上人が親鸞聖人の顔形をして現われて来た。不思議に思って御厨子を覗《のぞ》いてみると、いつもの御影像が見当たらない。「さては親鸞聖人が上様（蓮如上人）のお姿となって現われて、浄土真宗の教えの流れを再興しようとされたのだ」と思い、それを口に出そうとしたところで夢から覚めたのだと言う。この言葉からは、蓮如上人のことを中興上人だと疑わない空善の信条が見て取れる。

一体、上人のこのような再興の志は、いつ頃から始まったものなのであろうか。それについて『蓮如上人御《ご》若年《じゃくねん》砌《みぎりの》事《こと》』史料②は、「蓮如上人は十五のお年から、是非とも親鸞聖人の法流（教えの流れ）を興隆しようとお思いになった」と伝えている。十五歳というと、法然上人が無常の道理をさとって出家受戒したという年齢である。従って法然上人の化身とも称された蓮如上人について、同じ年齢が想定されたとしても不思議はない。実悟とは違い上人に長く接触している龍玄が伝えていることから考えてみても、この記録には軽視できないものがある。蓮如上人は、幼くして母と生き別れになるという辛い体験をしている。それだけに、昔から元服の年頃とされた十五歳前後に、仏教への志を懐いた可能性は十分にあり得る。あるいは、母への思慕の念というのも、浄土真宗再興の志と表裏をなす出来事だったのかもしれない。

「再興」あるいは「中興」とは、「いったん衰えたものを再び盛んにする」という言葉である。実悟もこの言葉に触れて、[2]「一天四海すみやかに一流のひろまれる事は、此《この》上人の御《ご》遺訓《ゆいくん》にあり」〈**訳文** 浄土真宗の教えの流れが急速に天下に広まったのは、この蓮如上人の残された教えによるものである〉と述べている。実際、蓮如上人の時、本願寺は近畿・北陸・東海地方を中心に、北は蝦夷《えぞ》地（北海道）から南は九州まで、大変な数の門徒を膨らませていた。

もっとも再興を文字通りに受け取ると、蓮如上人に当てはまらないようにも思われる。というのも、親鸞聖人の在世中を含めて、蓮如上人の時代のように教団が盛んになったことは、一度もなかったからである。辻川達雄《つじかわたつお》氏[3]（一九二一～二〇〇一年）はこの点を取り上げて、蓮如上人のことを「浄土真宗開立の祖」[4]と呼んでいる。

けれども上人が使われた「再興」という言葉の本来の意味は、親鸞聖人が開いた教えの命を再び蘇《よみがえ》らすということにあったのではなかろうか。『聖人一流の御文《おふみ》』（『五帖御文』第五帖第十通）の冒頭には、「聖人一流の御勧化のを《お》もむきは」〈**訳文** 親鸞聖人に始まる浄土真宗の宗派で、教え導かれる大事な内容は〉と改まった切り出し方がされている。この言葉には、当時の門徒の間で忘れ去られていた浄土真宗本来の教えを、蘇らせようとする志しが窺われる。

そんな蓮如上人について金龍《きんりゅう》静《しずか》氏[5]（一九四九年～）は、本願寺に安置されていた親鸞聖人の御木像に着目している。この御木像に対する上人の敬いの気持には、特別なものが感じられる。死の直前にも、このお木像を目の当たりにして、「[6]只今お目にかかり申事《もうすこと》中々ありか《が》たさ無《なく》二申計《もうすはかり》一候《そうろう》。」〈**訳文** ただいまお目に掛かれる事は、とうていその有難さを申す言葉が見付からないほどであります。〉と感激している。

このことから考えてみると、上人が御木像に向ってひそかに抱いた願いが、次第に大きく育まれて行って、ついには浄土真宗再興の志にまで発展して行ったと想定されて来るのである。

注

1―延宝七年（一六七九）出版

2―『蓮如上人御一期記』序

3―福井県郷土史研究家。

4―『蓮如実伝』近江編 十頁

5―本願寺史料研究所副主幹。『蓮如』一九九七年。

6―『空善聞書』一三一

※以下、『御一代記聞書』と略称

史料①『空善聞書』六八（『蓮如上人御一代記聞書』十二）

本文

一、明応《めいおう》三、十一月報恩講ノ廿四日、アカツキ《(暁)》八ツ時ニオキ《(起)》テ、聖人ノ御前ニ参拝申テ候《もうしそうらい》シニ、スコシネフ《ブ》リ候《そうろう》ウチニ、ユメ《(夢)》トモウツ《(現)》、トモワカス《ズ》、空善オカ《ガ》ミ申　候《もうしそうろう》ヤ《ヨ》ウハ、御ツレ《(厨子)》ノ後門ヨリワタ《(綿)》ヲツミヒロケ《ゲ》タルヤ《ヨ》ウナルウチヨリ、上様《うえさま》アラハ《ワ》レ御出《おいで》アルトヲカ《オガ》ミマ《モ》ウス処《ところ》ニ、御相好《ごそうごう》開山聖人ニテヲハ《オワ》シマス。アラ不思議ヤトオモヒ《イ》、ヤカ《ガ》テミツ《ズ》シ《(厨子)》ノウチヲオカ《オガ》ミ申セハ《バ》、聖人御座《ござ》ナシ。サテハ開山聖人上様ニ現シマシマシテ、御一流ヲ御再興ニテ御座《ござ》候《そうろう》、トマ《モ》ウシイタ《ダ》スヘ《ベ》キト存ス《ズ》ルトコロニ、慶聞坊《きょうもんぼう》ノ御讃嘆《ごさんだん》ニ、聖人ノ御流義は、タトヘ《エ》ハ《バ》木石《ぼくせき》ノ縁ヲマチテ火ヲ生シ《ジ》、瓦礫《がりゃく》ノ鉆《せん》ヲスリテ玉をナスカ《ガ》コ《ゴ》トシ、ト御式ノウヘ《エ》ヲ讃嘆アルトオホ《ボ》エテ、夢サメテ候《そうらい》キ。サテハ開山聖人ノ御再誕ト、ソレヨリ信仰 申事《もうすこと》ニテ候《そうらい》キ。

訳文

一《ひとつ》、明応《めいおう》三年（一四九四）十一月の報恩講の二十四日のこと。明け方の八《や》つ時（二時頃）に起きて、親鸞聖人の御影前《ごえいぜん》に参拝申し上げましたが、少し眠りますうちに、夢とも現《うつつ》とも分からず、空善が拝み申しました有様は、御厨子《おずし》の後門《ごうもん》（後ろの出入口）から、まるで摘《つ》んだ綿を広げたような中から、上様《うえさま》（蓮如上人）が現われて出られたと思って拝見していると、そのお顔の形は御開山親鸞聖人でいらっしゃいます。何と不思議なことかと思い、すぐに御厨子の中を拝んでみますと、どうでしょう、いつもの親鸞聖人のお姿がありません。「それではきっと、御開山聖人が上様《うえさま》（蓮如上人）の姿となって現われられて、御一流《ごいちりゅう》（親鸞聖人の流れを汲む流派）を再興下さったのだ」と、そう口に出そうと思った時に、慶聞坊《きょうもんぼう》（龍玄《りゅうげん》）の声で、「親鸞聖人の流派の教えは、例えば木や石がすり合わせるという縁によって火を生じ、石や瓦がやすりで擦《す》れば玉となるようなものである。」と、覚如上人の『報恩講式』のお言葉をほめ語ったように思われて、夢から覚めました。それですから、上様（蓮如上人）のことを開山聖人の生まれ変わりだと、それ以来信仰申し上げるようになったのでございました。

史料②『蓮如上人御若年《ごじゃくねん》砌事《みぎりのこと》』

【史料解説】本願寺継職前の蓮如上人についての記録で、元々は六男蓮淳《れんじゅん》（一四六四～一五五〇年）が龍玄に訊ねた内容を記述したものであったが、天正三年（一五七五）に十男実悟の手で、他の二つの記録（『順如上人願成就院殿事並《がんじょうじゅいんどののことならびに》応仁記』『加賀一乱並《ならびに》安芸《あき》法眼事《ほうげんのこと》』）と共に書写したものが、『天正三年記』（江戸時代に入ってから恵空がこう題した）の名で今日に伝えられている。全十箇条よりなるが、稲葉昌丸《いなばまさまる》氏（一八六五〜一九四四年）によれば、『山科連署記《やましなれんしょき》』等に同じ内容の記事が六箇条で伝えられているところから、元々は六箇条だったものが、実悟の修補により十箇条とされたのではないかと推測されている。

本文

…蓮如上人ハ十五ノ御年《おんとし》ヨリ是非《ぜひ》トモニ聖人ノ法流オホ《オ》セタテラレサフラフ《ソウロウ》ヘ《ベ》キト思召《おぼしめし》サ《ソ》フ《ウ》ラヒ《イ》ツルト、常ニ御意《おんこころ》候《そうらい》シ御《ご》念力通シ《ジ》申《もうし》サフラフ《ソウロウ》テ、御繁昌《ごはんじょう》サフラフ《ソウロウ》。

訳文

蓮如上人は十五のお年から、是非とも親鸞聖人の法流（教えの流れ）を興隆されようとお思いになったと言うことです。常に心に持たれていたご念力が通じまして、御繁昌《はんじょう》されているのです。

（二）出家

―史料『拾塵記』―

永享《えいきょう》三年（一四三二）夏の頃、蓮如上人は十七歳で出家[史料○]した。代々の習慣に順《したが》い、日野家の分家に当たる広橋兼郷《ひろはしかねさと》（一四〇一～四六年）の猶子《ゆうし》（養子）として、青蓮院《しょうれんいん》で儀式が執り行われた。兼寿《けんじゅ》という諱《いみな》（実名）と蓮如と言う法名はこの時に名乗ったものと見られる。また同時に、兼郷の官職である中納言を君名《きみな》[1]としている。

上人は若い頃より書の道に優れ、その筆跡から青蓮院流という正統な筆法を学んだと考えられている。けれども記録を見る限り、天台宗の僧侶として青蓮院へ長く入寺していたという様子はなく、もっぱら本願寺のささやかな一室で暮らしながら、父存如上人の指導のもとに、半ば独学の形で浄土真宗の教えを学んだようである。

江戸時代の「蓮如上人絵伝」には、出家後、比叡山に上り苦学している蓮如上人を、金《かねが》森《もり》の弥七《やしち》（道西《どうさい》）が雪の降る寒さの中をハッタイ粉（麦こがし）と麦茶を持って訪れる場面が感動的に描かれている。また比叡山東塔《とうとう》総持坊の北側には、蓮如上人が修行したと伝える蓮如堂もある。だが、これらはいずれも後世作られた伝説で、史実としては否定的に見られている。

注　1—比叡山で、父親の官職名で幼童を呼んだ名前。

史料 ○『拾塵記《しゅうじんき》』より「蓮如上人事」実悟編著

本文

……日野従二位《じゅにい》中納言兼郷《かねさと》卿ノ（本名宣光、改親光、又改号二兼郷一、）為《なル》レ子《しト》。永享《えいきょう》三年夏ノ之比《ころ》、於《おイテ》二青蓮院門跡《ぜきニ》一為《しテ》二十七歳《さいニ》一出家《ス》。戒師《しハ》（青二品親王）門主大僧正○尊深《ナリ》。

訳文

日野従二位《じゅうにい》中納言兼郷《かねさと》卿、—本名は宣光《のぶみつ》、名を改め親光《ちかみつ》、また改めて兼郷—の猶子《ゆうし》（仮の子）となった。永享《えいきょう》三年（一四三一）夏の頃、青蓮院《しょうれんいん》門跡で十七歳にして出家をした。受戒を行った師は、—青蓮院—門主の—二品親王—尊深《そんじん》大僧正である。

（三）継母如円尼と若年の蓮如上人

——史料『蓮如上人仰条々』八六、『蓮如上人御若年砌事』——

若い頃の蓮如上人に屈折した影を投げかけたのは、継母・如円尼の存在[史料①]である。如円尼は、室町幕府に仕える海老名《えびな》氏の出身で、上人の生母が去って間もなく、大谷本願寺に正妻として迎えられたようだ。そして、蓮如上人九歳の年[1]に誕生した如祐を始めとして、二男四女を産[2]んでいる。この間、生《な》さぬ仲である蓮如上人にはことごとく辛《つら》く当ったようである。『蓮如上人御若年砌事』にも、その如円尼について「お若い頃[史料②a]は、ご継母のことによってはなはだお困りでございました。」と記され、陰湿な親子関係が伝えられている。

同記録にはそれに続いて、若年の蓮如上人が極貧の生活を送る様子が紹介されている。[史料②a]わずか五人ながら奉公人を置いていた父存如上人に比べ、一人も奉公人を持てずに、父の奉公人を一人、わずかなお金で借りて使っていたという話。[史料②b]白小袖とは名ばかりの、裏に紙を当てた粗末な着物を身に纏《まと》っていたという話。[史料②c]炊事場から届けられる一人分の汁を、水でのばして妻子と三人ですすり合ったという話。それから、長男[史料②d]を除いて子供たちは皆、養育のために里子に預けなければならなかったという話。何れも上人が語った苦労話と思われる。こうした聖人の貧しさについては従来、偉人伝を引き立てる苦労話と解釈されたり、本願寺がさびさびとして貧乏であったところから説明さ[3]れて来た。しかし、父存如上人は近江国や北陸へ活発な布教活動に乗り出していて、本願寺もこの頃、御影堂と阿弥陀堂の両堂が整備されている。盛んとは言えないまでも、それなりの力は持っていたと見られる。

近年、原田満子氏[4]は蓮如上人の生活の貧しさについて、継母如円尼の現代風に言ういじめによるものではないかと提起している。部屋住みの立場だったことや大谷両堂建築の負担が大きかったことに加えて、継母如円尼のつらい仕打ちを考慮に入れると、蓮如上人の生活の貧しさには、単なる苦労話しでは済まされない、ドロドロとした陰湿な人間模様が窺われる。

けれども上人は、こうした体験に少しも心を曲げることなく、かえって豊かな人間性を育んで行ったのである。

注　1—応永三十年（一四二三）

2―『日野一流系図』
3―笠原一男『蓮如』（人物叢書）一九六三年 吉川弘文館
4―原田満子『蓮如』一九九七年 木耳社

史料① 『蓮如上人仰条々《おおせのじょうじょう》』八六 実悟編著

【史料解説】実悟が天正二年（一五七四）に、享禄の錯乱後に残された記録に基づいて編纂した蓮如上人の言行録。原本は大阪府門真市願得寺に所蔵されている。第一条〜第七十九条と、第九十四条〜百七十二条までは、『実悟旧記』とほぼ重なるが、四十三箇条の新編が加えられていて、実悟がこの時期に抱いていた蓮如上人観が示されている。

本文

蓮如上人ハ、御若年《ごじゃくねん》ノ比《ころ》ハ御継母《けいぼ》ノ如円禅尼ト申《もうし》オハシケリ《ワ》。…然《しかれ》ハ《バ》御若年ノ比《ころ》、御母儀《ぼぎ》ノ一段ナサケナクアタリマイラセラレケルトソ《ゾ》伝《つたえ》ウケタマハ《ワ》ル。実子ノ円光院応玄《おうげん》ヲ御執事御《ごしつじご》寵愛《ちょうあい》ニテ、是《これ》ヲ御住持ニト連々内証《れんれんないしょう》ニ思食《おぼしめし》タリシ間《あいだ》、万事蓮如上人ノ御方ヲハヒツ《バヅ》メマイラセラレケル。

訳文

蓮如上人のお若い頃は、御継母《ままはは》の如円禅尼と申す方がおいでになった。…それでお若い頃は、この御母君がひときわ辛《つら》く当たったということだと伝え聞いている。実の子の円光院応玄をご執着しご寵愛され、これを本願寺の御住持にしようと絶えず心の内でお思いになっていたので、万事につけ蓮如上人を苦しめられたという。

史料②『蓮如上人御若年砌事』

a 奉公人に銭を払えない上人

本文

蓮如上人ハ御若年《じゃくねん》ノ折ハ御方様ト申候御継母《けいぼ》ノ儀《ぎ》ニヨリテ、殊外《ことのほか》ニ御迷惑ノ御事《おんこと》ニテ侍《はべり》シ。存如上人ハ御内衆《みうちしゅう》モ唯《ただ》五人召《めし》ツカハ《ワ》レ候《そうろう》。蓮如上人《しょうにん》御方《おかた》様ト申《もうし》タル時ハ、一人モ召《めし》ツカハ《ワ》ルヘ《ベ》キヤ《ヨ》ウモナクテ、存如上人ノ御小者《おんこもの》ニ竹若《たけわか》ト申者《もうすもの》ヲ、一年ニ五十疋《ぴき》トラスヘ《べ》シツカハ《ワ》レヨ、ト御約束サフ《ソウ》ラヒ《イ》テ、時々召《めし》ツカヒ《イ》サフ《ソウ》ラヒ《イ》ツルカ《ガ》、三十疋ト《ド》モ下《くだ》サレ候《そうろう》事成兼申《なりかねもうし》、漸々《ようよう》十疋二十疋ツ《ズ》ツ《ッ》、下《くだ》サレケルト申《もうし》候《そうろ》フ《ウ》。此《この》竹若心得《こころえ》ノ者ニテサフ《ソウ》ラヒ《イ》キ。…

訳文

蓮如上人はお若い頃は、—お方様と申しました—御継母のことによって、はなはだお困りでございました。

存如上人は御内衆《うちしゅう》（家の奉公人）をわずか五人ですが、身辺に置いて使っておられました。蓮如上人が御方様《おかたさま》と申していた時は、奉公人を一人も使われることができないで、存如上人の若い御奉公人で竹若と申す者を「一年に五十疋《ぴき》与えてお使いなさい。」と御約束されて、時々身辺で使っていましたが、三十疋でも与えることができかねまして、やっと十疋、二十疋ずつ与えられたと申します。この竹若は何事もわきまえている者でありました。

b粗末な着物

本文

一、メシ物モ然々《しかじか》ト侍《はべ》ラテ《デ》、御布子《おんぬのこ》又ハ紙子《かみこ》ヲメサレサフ《ソウ》ラヒ《イ》キ。粉含《こぶくめ》ヲメサレサフ《ソウ》ラヒ《イ》テ、白キ物ノ分ニテサフ《ソウ》ラヒ《イ》シ。白御小袖《こそで》ニ是《これ》ヲメサレサフラフ《ソウロウ》。又其後《そのご》ハ白御小袖ヒトツ御座《ござ》サフ《ソウ》ラヒ《イ》ツレト《ド》モ、シケ絹ニテ御座《ござ》サフ《ソウ》ラヒ《イ》キ。紙ニテ裏ヲサセラレ、御袖口《そでぐち》ハ《バ》カリヲ絹ニテ少シサセラレテ、メサレサフ《ソウ》ラヒ《イ》キ。…

訳文

お召し物（衣類）も、きちんとしたものがおありにならないで、麻の袷《あわせ》（綿の入っていない布）か紙で作った着物を、身に着けておられました。また、小服綿《こぶくめ》（十徳《じっとく》に似た僧侶の平服）を身に付けられて、白衣《はくえ》（僧侶が衣《ころも》の下に着る白い着衣）の代わりにしました。これを白い小袖《こそで》（袖口が詰まった肌着）の上に身に付けられました。またその後になって、これまた白い小袖が一枚おありになりましたけれども、絓絹《しけぎぬ》（マユの上皮から取った粗悪な糸で織った布）製でした。それに紙で裏を当て、袖口の所だけに少し絹を使って、身に身に付けられました。…

c　貧しい食事

本文

一、キコシメシ物モ散々《さんざん》ノ御仕立《おしたて》ニテサフラ《ソウ》ヒ《イ》シトナリ。供御《くご》ノ御汁《おんしる》ハ、御一人ノ分アナタヨリマヒ《イ》ラセラレサフラフ《ソウロウ》ヲ、水ヲ入レテノヘ《ベ》サセラレ、御三人ミナ〳〵キコシメシタルト申候《もうしそうろう》。…

訳文

一《ひとつ》、召し上がり物もひどい食物であったということです。御食事の御汁《おしる》は、御一人の分をあちら（炊事場）より差し上げられますのを、水を入れてのばせられ、御三人皆《みんな》で召し上がったと申します。

d子供達を里子に出す

本文

一、御子様達ハミナ〳〵里へ養《やしな》ヒ《イ》ニ、アナタコナタヘ有付《あづ》ケマヒ《イ》ラセラレ候《そうろ》フ《ウ》。順如《じゅんにょ》ハ《バ》カリ御傍《そば》ニ置《おき》マヒ《イ》ラセラレ侍《はべ》ル。蓮乗《れんじょう》若松本泉寺ハ南禅寺ニテ喝食《かつじき》、蓮綱《れんこう》松岡寺《しょうこうじ》ハ院ニテ御出家ニテマシマス。光教寺山田蓮誓《れんせい》モ同寺ニ喝食《かつじき》ニ御成《おなり》サフラフ《ソウロウ》。本泉寺蓮悟《れんご》ト中山殿西向《にしむき》トハ、丹波《たんば》ヘ人ノ養《やしな》ヒ《イ》マヒ《イ》リサフラフ《ソウロウ》。其《そ》ノ外《ほか》ハ吉田ノ摂受庵《しょうじゅあん》ニ、女房衆ハ比丘尼ニ成《な》シ申《もう》サレサフラフ《ソウロウ》事ニテ候《そうろう》。

訳文

一《ひとつ》、御子様達は皆《みんな》養育のために、里子《さとご》としてあちらこちらへお預けになりました。順如（蓮如上人長男）だけお傍《そば》に置かれました。蓮乗《れんじょう》（蓮如上人二男）―若松本泉寺―は南禅寺で喝食《かつじき》、蓮綱《れんこう》（蓮如上人三男）―松岡《しょうこう》寺―は華開院《けかいいん》で御出家でいらっしゃる。―光教寺山田の―蓮誓《れんせい》（蓮如上人四男）も同じ寺で喝食になられました。本泉寺蓮悟（蓮如上人七男）と―中山殿―西向《むき》（心禅尼）とは丹波国《たんばのくに》へ里子に参りました。その外は吉田の摂受庵《しょうじゅあん》に出し娘達は比丘尼になさったことでございます。

(四) 勉学に懸けた日々

――史料「表資料」、『蓮如上人御一期記』七、『経覚私要鈔』、『蓮如上人御若年砌事』、『実悟旧記』一五〇――

上人十九歳の時、継母如円尼が弟の応玄《おうげん》をもうけるに至り、微妙な変化が生じた。本願寺の後継者となれるかどうか危うくなって来たのである。けれども上人は、大谷本願寺の坊舎の一室で、黙々と勉学に励んだ。

青年時代の上人について綴った記録は、極めてわずかしか残されていない。はっきりとした手掛かりは、二十歳の頃から精力的に書き写した聖教である。今日までに、本願寺を継職するまでの間に写された二十五点程《史料①》が、京都市西本願寺を始めとする各地の寺院から確認されている。書写の目的は、自習のためのものと、門下に授与するためのものに分けられる。

授与されたものには、その末尾に「右筆《ゆうひつ》蓮如」という記述があり、父存如上人の指示に従って書写されたことが分かる。聖教を本願寺に望んだ相手を見てみると、近江国《おうみのくに》長沢福田寺《ながさわふくでんじ》(滋賀県米原市長沢)の住持琮俊《そうしゅん》および加賀国木越《かがのくにきごし》光徳寺(金沢市木越町)の住

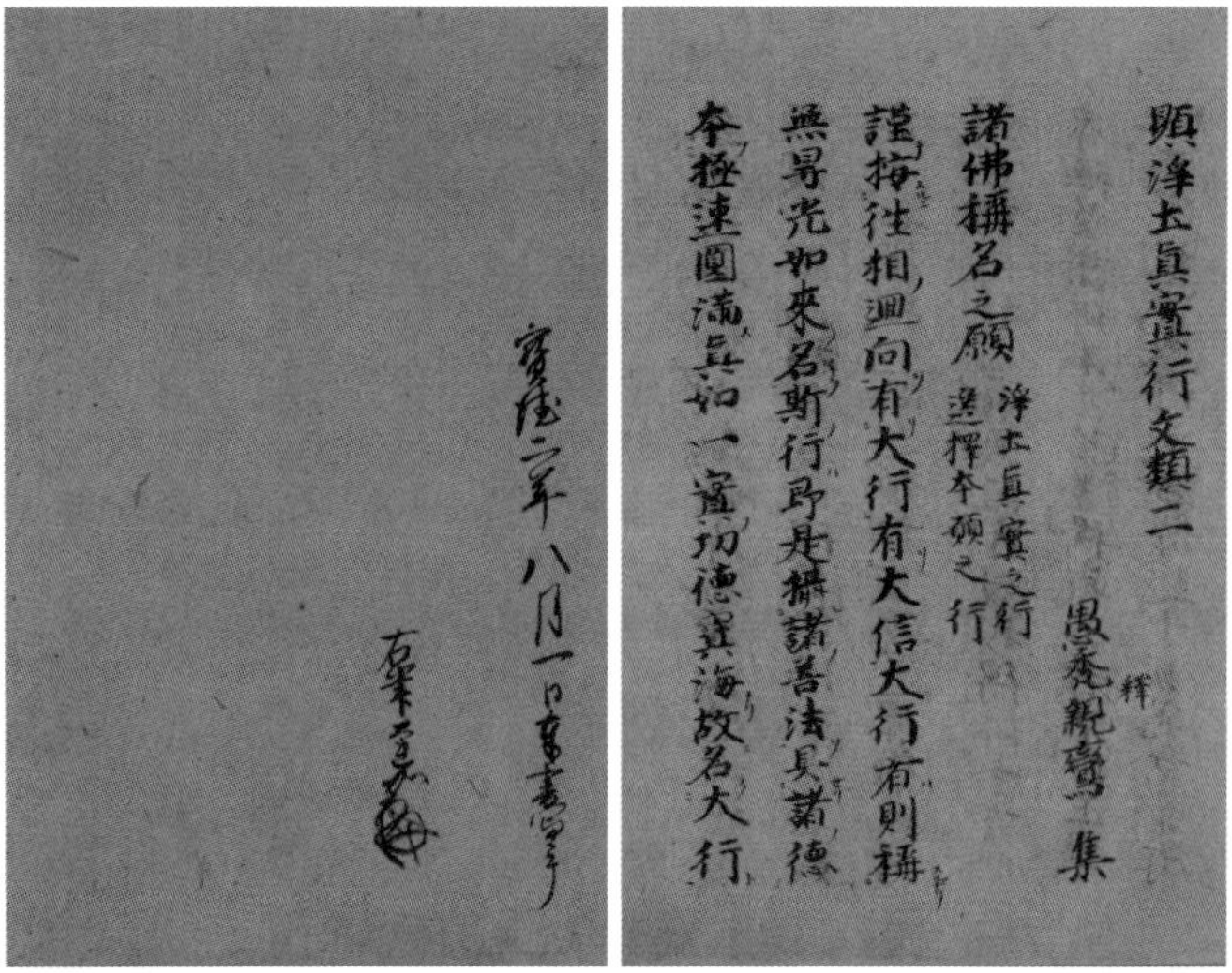
顕浄土真実行文類二

愚禿釈親鸞集

浄土真実之行 選択本願之行

諸仏称名之願

謹按往相回向有大行有大信大行者則称

無碍光如来名斯行即是摂諸善法具諸徳

本極速円満真如一実功徳宝海故名大行

蓮如上人書写『教行信証』
京都西本願寺蔵　宝徳三年（一四五一）三十七歳
八月十六日　加賀国木越光徳寺性乗に下付
行巻冒頭（右側）と行巻奥書（左側）

持性乗・性専が、各々三回に及んでいて、最も多くなっている。その外に、京都金宝寺《こんぽうじ》、信州水内郡西久保《みのちぐんにしくぼ》の勝善寺《しょうぜんじ》（長野市高田）、加賀国河崎専称寺《かわさきせんしょうじ》（石川県加賀市）、近江国手原《てはら》道場（滋賀県栗東市手原《りっとうしてはら》の円徳寺）、同国安養寺《あんにょうじ》（栗東市安養寺）といった寺院・道場の名前が見出される。

実は右に挙げた寺院・道場は、最初本願寺に所属していなかった形跡がある。長沢福田寺は寺伝によると、覚如上人の時代に本願寺に帰属したとされるが、その後は仏光寺派に属していたのではないかとの説がある[1]。また木越光徳寺は、存如上人が度々聖教を下付したことで知られる吉藤《よしふじ》専光寺（金沢市専光寺町）と並んで、北陸の真宗三門徒派の有力寺院だったと見られている。更に信州勝善寺は、関東の善性《ぜんしょう》門徒に属するし、河崎専称寺《せんしょうじ》は、時宗あるいは三門徒派と考えられ、手原道場の開基真覚は、天台宗の古刹金勝寺《こんしょうじ》に縁を持つ人物であった。

金龍静氏も指摘している通り、[2]中世の時代に聖教を書き写して与えることは、そのまま師弟関係を結ぶことを意味していた。従って当時の本願寺は、新しい浄土真宗の指導者として、同じ真宗諸門流や天台浄土教の人達に働きかけ、教えの興隆を計っていたと考えられる。

蓮如上人は父存如上人の下《もと》で、このように新しく本願寺と関係を結び始めた人達と交流を重ねながら、勉学に励んだのである。

蓮如上人には、勉学をアドバイスしてくれる貴重な人物がいた。興福寺大乗院門跡《もんぜき》[3]であった経覚大僧正《きょうがくだいそうじょう》（一三九五～一四七三年）である。上人が経覚に近づくことができたのは、本願寺と親類関係に当たっていたからである。経覚の生母は、正林という大谷本願寺の娘であった。系図からは確認できないものの、経覚がみずからの日記（『経覚私要《きょうがくしよう》鈔《しょう》』）の中で、本願寺のことを「亡母《もうぼ》の里」[4]と記している。そうしたところから、蓮如上人は経覚の弟子だったとも伝えられているが、[史料②]おそらく身近な親類として度々学問の手ほどきを受けていたものであろう。『経覚私要鈔』には、「大谷子息児千代賀」[史料③]が「榼《さかだる》・素麺《そうめん》・折《おり》一合」を持参して翌日帰ったことが記されている。この千代賀とは三十五歳の蓮如上人のことではないかと見られている。きっと父存如上人の使いとして、度々経覚の許《もと》を訪れていた[5]のであろう。

この時期に蓮如上人が用いていた照明[史料④]のことについて、内弟子の龍玄が伝えている。当時灯《あかり》としてはエゴマ[6]の油が用いられていたが、蓮如上人はそれさえほとんど手に入れることができず、大原女《おはらめ》が売る黒木《くろき》（一尺ほどの生木《なまき》を竈《かまど》で黒く燻《くす》べて薪《まき》としたもの）を焼いて代用とした。また月夜の時は、月の光でも読んだと伝えられる。まことに「蛍の光窓の雪」の歌の如く、苦労を重ねたという話しである。そこには、本願寺が盛んになってからの誇張も含まれていたことであろう。

けれども、上人の勉学の姿勢は半端なものではなかった。その勉学方法は、聖教を基礎から丹念に読み重ね、教義の理解を充分に深めて、信心の核心に迫ろうとするものであった。そうした姿勢は、幼い子供の教育を指導した『実悟旧記』[史料⑤]一五〇の言葉に反映されている。

注　1――辻川達雄氏は『蓮如実伝』近江編に、「存如は永享十年（一四三八）に、二十四歳の蓮如に書写させた覚如著の『口伝鈔』二巻を、湖北・長沢の福田寺に下付したのを皮切りに、文安四年（一四四七）には『安心決定鈔』を、宝徳二年（一四五〇）には『御伝鈔』を夫々蓮如に書写させて福田寺に下付し、当時仏光寺派の有力寺院であった福田寺の帰属化を計っているのである。」と、蓮如上人に帰依するまでの福田寺の立場について記している。

2―『蓮如』十九頁（一九九七年 吉川弘文館発行）。

3―一四一〇～三八年に大乗院門跡を務める。

4―『経覚私要鈔』寛正六年（一四六五）三月二十二日

5―本願寺と経覚との交流は思いのほか深いものがあり、康正三年（一四五六）六月二日にも、経覚が存如上人の要望により「阿弥陀名号一鋪《ほ》」を書き贈っている。このことから神田千里氏（一九四九～、東洋大学教授）は、教学上の交流の可能性を指摘している。（『蓮如の実像』一九九六）

6―シソ科の植物で灯明用に用いられた。

史料①「蓮如上人が書写した聖教」―本願寺継職以前―

表資料

※ 親 は、親鸞聖人著作　覚 は、覚如上人著作
存 は、存覚上人著作　無印は、その他の聖教

年月日・年齢	年齢	聖教名	下付先・所蔵者
永享六年（一四三四）五月十二日	二十	親 浄土文類聚鈔	新潟県上越市光源寺蔵
永享八年（一四三六）八月中旬	二十二	親 三帖和讃	京都金宝寺教俊に下付　京都市西本願寺蔵
永享十年（一四三八）八月十五日	二十四	存 浄土真要鈔	二帖を書写京都市西本願寺蔵
〃　八月十五日		存 歩船鈔	（証如上人写本）　京都市西本願寺蔵
〃　十二月十三日		覚 口伝鈔	福田寺琮俊に下付　上巻滋賀県近江町福田寺・下巻京都市西本願寺蔵
永享十一年（一四三九）五月十日	二十五	念仏往生義抄	勝善寺了慶に下付　長野市光蓮寺蔵
〃　七月二十九日		後世物語	（室町時代写本）大谷大学蔵
〃　七月下旬		他力信心聞書	京都市常楽寺蔵
嘉吉元年（一四四一）九月七日	二十七	存 浄土真要鈔（略本）	京都市西本願寺蔵
文安三年（一四四六）一月中旬	三十二	親 愚禿鈔	京都市西本願寺蔵
文安四年（一四四七）一月下旬	三十三	安心決定鈔	福田寺琮俊に下付個人蔵（巻本）・大阪市慧光寺蔵（巻末）
〃　二月三十日		親 末灯鈔	（法要本）　大阪府柏原市光徳寺蔵

文安五年（一四四八）十月十九日	三十四	還相回向聞書《げんそうえこうききがき》	（室町時代写本）　兵庫県姫路市本徳寺蔵
宝徳元年（一四四九）五月二八日	三十五	[親] 三帖和讃	木越光徳寺性乗に下付　京都市西本願寺蔵
〃　六月三日		安心決定鈔	木越光徳寺性乗に下付　奈良県岸部氏蔵
〃　七月中旬		[存] 女人往生聞書	名古屋市、加藤専慶氏蔵
〃　十月十四日		[覚] 御伝鈔	加賀国河崎専称寺真光に下付（富山県勝興寺蔵写本）
宝徳二年（一四五〇）不明	三十六	[覚] 御伝鈔	福田寺琮俊に下付　龍谷大学蔵
宝徳三年（一四五一）八月十六日	三十七	[親] 教行信証	木越光徳寺性乗に下付　京都西本願寺蔵
享徳二年（一四五三）十一月廿二	三十九	[親] 三帖和讃	近江国手原道場に下付　滋賀県円徳寺蔵
享徳三年（一四五三）四月十七日	四十	往生要集（延書）	近江国安養寺浄性に下付　滋賀県明性寺蔵
〃　七月八日		[親] 教行信証（延書）	越前国円金に下付（室町時代写本）　個人蔵
康正元年（一四五五）七月十九日	四十一	慕帰絵詞	京都市西本願寺蔵
長禄元年（一四五七）二月二十日	四十三	[覚] 最要鈔	（真宗法要本奥書）
〃　四月初旬		[存] 持名鈔	京都市西本願寺蔵

参考文献　『蓮如実伝』辻川達雄著一九九五年
『本願寺史』第一巻　浄土真宗本願寺派一九六一年
『本願寺年表』本願寺史料編纂所発行一九八一年
『蓮如上人ものがたり』千葉乗隆著一九九八年
『蓮如上人行実』真宗大谷派教学研究所一九九四年

史料②『蓮如上人御一期記』七　実悟編著

本文

…其後《そのご》ハツネニ奈良ノ両門跡ニ学文《がくぶん》等アリケレト《ド》、大乗院ニハ不断《ふだん》マシ〳〵テ、経ー《(覚)》僧正ノ弟子《御師資ノ御契約》一人タリキ。則《すなわち》彼《かの》宗門ヲモウカヽヒ《ガイ》、世俗ノ学義ニ心ヲツネニツケ給《たまイ》ヒキ。利性《りしょう》総《(聡)》明ニテ、何《いずれ》ノ道ヲモフカク不《ず》レ習《ならわ》シテ 利（マヽ）ヲサトリエ給《得ヒテ侍り》○ケルトソ《ゾ》ツタエキク《ケル》。タ、不断《ふだん》教学ニ心ヲ《フカク》○懸給《かけたまウ》フトソ《ゾ》侍《承ル》リキ…

訳文

…その後はいつも奈良興福寺の両門跡（大乗院門跡と一乗院門跡）に書物を学ぶことなどがあったというが、大乗院には絶えずおいでになって、経《きょう》覚《がく》僧正の弟子―師弟の関係を結ぶ―の一人であった。そうして、興福寺の法相《ほっそう》宗の教えを心得、世俗の学問にも常に心を働かせておられた。賢く聡明で、何の道でも深く習わずに道理を悟―ることがおできにな―った、というふうに伝え聞いている。ただ絶えず（浄土真宗の）教学に―深く―心懸けられたとお聞きしている。

史料③『経覚私要鈔』宝徳元年（一四四九）九月三日、四日

本文

三日、…

一、大谷子息児千代賀、來、榼《さかだる》・素麺《そうめん》・折《おり》一合、…

四日、…

大谷児帰了、

訳文

宝徳元年（一四四九）九月三日、

一つ、大谷本願寺の子息（円兼）の子に当たる千代賀がやって来て、榼《さかだる》・素麺《そうめん》・折詰《おりづめ》一箱を持参、

…

同四日、大谷本願寺の子息の子が帰った。

史料④『蓮如上人御若年砌事』

本文

…龍玄《りゅうげん》京へ出《いで》テ、油ナト《ド》ハ料簡《りょうけん》サフラフ《ソウロウ》。又《また》ナキ時ハ、黒木《くろき》ヲ御焼《やき》サフラフ《ソウロウ》テ、聖教ナト《ド》ヲ

御覧《ごらんぜ》セラレ候《そうろう》。又《また》月夜ノ比《ころ》ハ、月ノ光ニテ御覧《ごらんぜ》セラレケルトサフラヒ《ソウイ》ツル。教行信証又《また》ハ六要《ろくよう》抄《しょう》等、常ニ御覧《ごらんぜ》セラレ、又安心決定抄《またあんじんけつじょうしょう》ハ、三部《さんぶ》マテ《デ》御覧《ごらん》シ《ジ》ヤフ《ブ》ラセラレタル事候《そうろう》ヤ《ヨ》ウニ、聖教等御覧《ぜ》セラレ、存如上人ヘモ、法流ノ一儀《いちぎ》慇《ねんごろ》ニ尋《たずね》マヒ《まイ》ラセラレケルト見ヘ《エ》申シケル。御相《ごそう》承《じょう》ノ儀《ぎ》アキラカニ御座《ござ》サフラヒ《ソウイ》ツルト見ヘ《エ》申シサフラヒ《ソウイ》キ。

訳文

…慶聞坊竜玄《りゅうげん》が京都の町へ出て、油などは調達できるように取りはからいました。油がない時は、黒木《くろき》をお焼きになって、聖教などをお読みになりました。また月夜の時分は、月の光でお読みになったのでございました。『教行信証』または『六要鈔』[1]等は、常にお読みになり、また『安《あん》心決定鈔《じんけつじょうしょう》』は三回まで読破されることがあったほど、熱心に聖教等をお読みになり、また存如上人へも、本願寺に伝えられて来た教えの根本の意味を、丁寧にお尋ね申されたと知られていることです。存如上人より教えを相承されていることは、明らかでいらっしゃったと知られるのでございました。

注　1―存覚上人が著わした『教行信証』の注釈書。正しくは『教行信証六要鈔』という。

史料⑤『実悟旧記』一五〇（『御一代記聞書』二二五）　実悟編著

【史料解説】実悟はすでに若い頃から蓮如上人の言行録をまとめていたようで、それが四十歳の享禄《きょうろく》の錯乱《さくらん》（享禄四年、一五三一）の折に散逸してしまったと、『蓮如上人仰条々』の奥書には記されている。けれども後になって、その言行録が伝写されていたことが分かり、『蓮如上人御一代記聞書』には、六十九条以下に、それがほぼそのまま収められている。近代に入って、その原本を探求した稲葉昌丸氏（一八六五～一九四四年）は、享保二年（一七一七）に恵翁と言う人物が『蓮如上人一期記』という題名で書き写していることを発見し、その内容を『実悟旧記』と名づけている。

本文

蓮如上人、幼少ナルモノニハ、「マツ《ズ》物ヲヨメ」ト仰《おおせ》ラレ候《そうろう》。又其後《そののち》ハ、「イカニ談(読《よむ》)トモ、フクセス《ズ》シテハ詮《せん》アルヘ《べ》カラサ《ザ》ル」由《よし》、仰《おおせ》ラレ候《そうろう》。チト心モツキ候《そうら》ヘ《エ》ハ《バ》、「イカニ物ヲ談《だんじ》、声ヲヨク談知タリト、義理ヲワキマヘ《エ》テコソ」ト、仰《おおせ》ラレ候《そうろう》由《よしに》候《そうろう》。其《その》後ハ、「イカニ文《もん》尺(釈)ヲ覚《おぼ》ヘ《エ》タリトモ、信カ《ガ》ナクハ《バ》イタツ《ズ》ラコ《ゴ》トヨ」ト、仰《おおせ》ラレ候《そうろう》由《よしに》候《そうろう》。

訳文

蓮如上人は、幼い子供には「まず書物を読め。」とおっしゃいました。またその後には「どのように読むにしても、繰り返し読まなければ効果を得ることはできない。」とおっしゃいました。少し物心《ものごころ》がつきますと、「どんなに書物を読み上手に読めていても、教えの意味が理解できてこそ読んだことになる。」とおっしゃいました。その後では「どんなに文の解釈を習得しても信心が無いならば、無駄なことだ。」とおっしゃったとのことでございます。

（五）蓮如上人の勉学内容

——史料『実悟旧記』二三八、一八六、二二〇——

蓮如上人が書き写した聖教からはまた、その勉学の内容を窺《うかが》うことができる。本願寺だけに、親鸞聖人の『教行信証《きょうぎょうしんしょう》』『三帖和讃《さんじょうわさん》』『末灯鈔《まっとうしょう》』や、覚如上人の『口伝鈔《くでんしょう》』『親鸞聖人伝絵《でんね》（御伝鈔《ごでんしょう》）』等が並んでいる。けれどもそこに、覚如上人の長男・存覚上人が著わした『浄土真要鈔《じょうどしんようしょう》』『歩船鈔《ぶせんしょう》』『女人往生聞書《にょにんおうじょうききがき》』と、覚如上人の時代に本願寺の聖教に取り入れられたとされる『安心決定鈔《あんじんけつじょうしょう》』が含まれていることは、注目すべきであろう。

実は当時、存覚上人開基の常楽台《じょうらくだい》（常楽寺）には、存如上人の弟の空覚が入寺しており、本願寺でも存覚上人の著作が盛んに書き写され、信州長沼浄興寺《ながぬまじょうこうじ》や加賀国吉藤専光寺《よしふじせんこうじ》等に下付されていた。蓮如上人もこうした流れの中で、存覚上人の著作を数多く書き写し読破したようである。

中でも上人が最も依り所としたのは、存覚上人が晩年に『教行信証』を解釈した『六要鈔（教行信証六要鈔）』という聖教であった[史料①]。上人はこれを、「誠《まこと》に聖意《しょうい》はかり難き旨《むね》をあらは《わ》し、自力を捨てて他力を仰ぐ御本意にも叶ひ《かない》申し候《そうろう》ものをや。」〈**訳文**〉誠《まこと》に親鸞聖人のみ心のはかり難い内容を解釈され、自力《じりき》を捨てて他力を仰ぐという真意にもかないますことよ。〉と賞賛し、存覚上人を大勢至《だいせいし》菩薩の生まれ変わりと尊敬している。

　蓮如上人唯一の著作とされる『正信偈大意《しょうしんげたいい》』を見てみても、この『六要鈔《ろくようしょう》』をベースに、『顕名鈔《けんみょうしょう》』や『弁述名体鈔《べんじゅつみょうたいしょう》』といった存覚上人の著作が、多く引用されている。『安心決定鈔《あんじんけつじょうしょう》』[1]は、とりわけ御文を製作する上で参考とされた聖教であった。上人はこれを繰り返し読破し、「四十年余りの間《あいだ》見て来たけれども、見飽《あ》きることがない、…金《こがね》を掘り出すような聖教である」[史料②]と言ったと伝えられる。おそらく、読んでいていつも、安《あん》心《じん》（信心）[史料③]を新たに確かめさせるものがあったからであろう。これが晩年になって、「機《き》法一体《ほういったい》（たすけをたのむ他はない迷いの衆生と無条件で救ってくれる阿弥陀如来の働きは一体である）」という教義につながってゆく。

　上人が書き写した聖教で今一つ注目されるのは和讃である。元来本願寺では覚如上人以来和讃を写しては来なかったようである。和讃はむしろ高田派、仏光寺派、三門徒派といった東国系真宗門流で多く唱えられて来た。それを始めて本願寺の聖教として下付したのは存如上人である。金沢市専光寺（吉藤専光寺）には今日でも、存如上人が書き写した『三帖和讃』が伝えられている。京都西本願寺には、存如上人の手になる『正信偈《しょうしんげ》』も伝えられているから、今日のように『正信偈』に念仏和讃が本願寺の勤行として用いられるようになったのは、この時期からだと推測される。

この『三帖和讃』を継職前の蓮如上人が書写したものが、三通り[2]残されている。きっと本願寺の重要な聖教として取り上げようとの考えだったのであろう。

注　1――『安心決定鈔』は、覚如上人の頃から本願寺の聖教として取り入れられて来た書物で、平易な平仮名の文章によって、念仏の教えを分かりやすく説いたものである。本願寺では代々、覚如上人の著作と信じられて来た。ところが江戸時代に入り、東本願寺初代講師恵空が、これを浄土宗西山派の書物と見なし、今日ではおおむね、覚如上人が西山派の阿日房彰空より授かった秘蔵の書だったのではないかと考えられている。最新の研究では、蓮如上人も『安心決定鈔』のすべてを取り入れたのではなく、平易な文章を中心にして、浄土真宗の教義を表わす上で役立つ所を、取り入れたものと見られている。

2―蓮如上人が継職前に書写した『三帖和讃』は以下の通りである。①京都西本願寺所蔵本。永享八年（一四三六）八月中旬頃、金宝寺《こんぽうじ》教俊の依頼により、二十二歳の蓮如上人が存如上人に代わって写したもの。②京都西本願寺蔵、文安六年（一四四九）五月二十八日奥書本。加賀国木越光徳寺の依頼により、三十五歳の蓮如上人が存如上人に代わって写したもの。③滋賀県円徳寺蔵、享徳二年（一四五三）十一月二十二日奥書本。手原道場（円徳寺）の依頼により、三十九歳の蓮如上人が書写したもの。ただし『高僧和讃』は失われている。

史料①『実悟旧記』一三八（『御一代記聞書』三〇六）　実悟編著

本文

「存覚ハ大勢至《だいせいし》ノ化身《けしん》ナリ、ト云云。シカルニ六要鈔《ろくようしょう》ニハ、アルヒ《イ》ハ三心《さんじん》ノ字訓《じくん》ソノホカ『勘得《かんとく》セス《ズ》』、トアソハ《バ》シ、『聖人ノ宏才《こうさい》仰《あおぐ》ヘ《べ》シ』、ト云云。権化《ごんけ》ニテ候《そうら》ヘ《エ》ト《ド》モ、聖人ノ御作分《ごさくぶん》ヲ如《ごとく》レ此《かくの》アソハ《バ》シ候《そうろう》。マコトニ聖《しょう》意《い》ハカリカ《ガ》タキ旨《むね》ヲアソハ《バ》シ、自力《じりき》ヲステ、他力《たりき》ヲ仰《あおぐ》本意ニモ叶《かない》申《もうし》候《そうろう》モノヲヤ。カヤ《ヨ》ウノコト明誉《めいよ》ニテ御入候《おんいりそうろう》」ト云々。

訳文

「存覚は大勢至菩薩の生まれ変わりであると言われる。ところが『六要鈔』には、例えば、三心《さんじん》(『観無量寿経』に説かれる至誠心《しじょうしん》・深心《じんしん》・廻向発願心《えこうほつがんしん》の三つ)の字訓《じくん》(音や意味の同じ文字を用いて漢字を深く解釈すること)やその他のところを、『自分にはまだ充分に理解し切れていない』と言われ、『親鸞聖人の広い才能は尊敬すべきである』と言われている。菩薩の生まれ変わりでいらっしゃいますけれども、聖人のお作りになった文をこのように賞賛されているのです。誠《まこと》に聖人のみ心《こころ》のはかり難い内容を表わし、自力を捨てて他力を仰《あお》ぐという真意にもかないますものを。このような誉《ほまれ》が高いところから、勢至菩薩の生まれ変わりとされているのです」と言われました。

史料②『実悟旧記』一八六(『御一代記聞書』二五一)　実悟編著

本文

前々住上人仰《おおせ》ラレ候《そうろう》。「安心決定《あんじんけつじょう》抄《しょう》ノコト、四十余年カ《ガ》間《あいだ》、御覧《ごらん》候《そうら》ヘ《エ》ト《ド》モ、御覧シ《ジ》アカヌ」ト、仰《おおせ》ラレ候《そうろう》。又、「コカ《ガ》ネヲホリ出《いだ》スヤ《ヨ》ウナル聖教ナリ」ト、仰《おおせ》ラレ候《そうろう》ト云々。

訳文

前々住(蓮如)上人はおっしゃいました。「『安心決定鈔』のことは、四十年余りの間《あいだ》見て来たけれども、見飽《あ》きることがない」と、おっしゃいました。また、「金《こがね》を掘り出すような聖教である。」と、おっしゃったと言う。

史料③『実悟旧記』一二〇（『御一代記聞書』一八五）　実悟編著

本文

…「安心決定抄《あんじんけつじょうしょう》ニ云《いわく》。『浄土ノ法門ハ第十八ノ願《がん》ヲヨク〳〵コ、ロウル外《ほか》ニハナキ也《なり》』トイヘ《エ》リ。然《しか》レハ《バ》、御文ニハ、『一心一向ニ仏助《ぶつたすけ》玉ヘ《たまエ》ト申《もうさ》ン衆生ヲハ《バ》、タトヒ《イ》罪業《ざいごう》ハ深重《じんじゅう》ナリトモ、必ス《ズ》弥陀如来ハスクヒ《イ》マシマスヘ《ベ》シ。コレスナハ《ワ》チ第十八ノ念仏往生ノ誓願《せいがん》ノ意《こころ》ナリ』トイヘ《エ》リ」。

訳文

「『安心決定鈔』に言うことには、『浄土の教えの道は、阿弥陀如来の第十八願をよくよく心得るより他《ほか》のことはないのである。』と言っている。だから、『御文』には、『疑いなくひとえに仏《ほとけ》様たすけてください、とたのみ申し上げる衆生を、たとえ罪がどれほど重くとも、必ず阿弥陀如来はお救いになるに違いない。これがとりもなおさず第十八願の念仏往生の誓願（本願を信ずれば往生を約束すると誓われた願）の意味である。』と言っている」。

（六）信心発得《ほっとく》

――史料『実悟旧記』一二三――

『安心決定鈔』にしても和讃にしても、あるいは存覚上人の著作の多くも、仮名交じりの民衆に比較的親しみやすい文章で綴られている。このことは蓮如上人の勉学の姿勢を考える上でとても重要である。上人は親鸞聖人が著わした浄土真宗の真髄を徹底的に学び取り、それをいかにやさしく民衆の心に響く言葉で表わすかを、最大の課題にしていた。御文制作の由来を伝えた「愚痴《ぐち》（愚かな凡夫）がやすやすとすみやかに理解するように、千の内容から百の内容を選び、百の内容から十の内容を選ばれ、十の内容から一の内容を選りすぐって」という言葉は、何よりもよくそのことを示してくれる。こうした中から見出されたのが「信心為本《しんじんいほん》（信心を根本とする）」という教えである。『五帖御文』第五帖第十通（聖人一流の御文）にはそれが、「聖人一流の御勧化《ごかんけ》のおもむき《お》は、信心をもて本《ほん》とせられ候《そうろう》。」〈**訳文**　親鸞聖人の流れを汲む浄土真宗の宗派で教え導かれる大事な内容は、信心を根本とされるというものである。〉と表現されている。浄土真宗としては一見当たり前のようにも思われるが、どうも当時の門徒の間では、すっかり忘れられていたことのようである。上人はまずこの点を、徹底的に明らかにして行った。

蓮如上人の信心は史料○南無阿弥陀仏の名号を通して受け止められていた。そのことは、「[2]南無と帰命《きみょう》すれば、やが《が》て阿弥陀仏のたすけたまへ《え》るこころ」〈訳文〉南無と言って仏《ほとけ》の仰せのままにたのむならば、ただちに阿弥陀仏がたすけてくださるこころ〉という御文の言葉に、よく表わされている。上人は更にこの内容を大和《やまと》言葉に移し替えて、「[3]一向《いっこう》にもろもろの雑行雑修《ぞうぎょうざっしゅ》のわろき執心《しゅうしん》を捨てて、弥陀如来の悲願《ひがん》に帰し、一心にうたがひ《い》なくたのむこころの一念をこ《お》るとき、すみやかに弥陀如来光明をはなちて、そのひとを摂取《せっしゅ》したまふ《もう》なり。」という、信心を表わす極めて分かりやすい言葉を創り出したのである。

細かく見て行くと、「一向《いっこう》に（ひとえに）」も、「もろもろの雑行雑修《ぞうぎょうざっしゅ》のわろき執《しゅう》心をすてて、（様々な行を修したり、様々に雑《まじ》えて念仏を修する悪い自力のとらわれの心を捨てて）」も、また「阿弥陀如来の悲願《ひがん》に帰《き》し（阿弥陀如来が衆生を哀れむ心から起こされた本願に順《したが》い任せ）」も、「一心にうたがひ《い》なくたのむ」も、さらに、「心の一念をこ《お》る（心に初めて信心が起こる）」も、すべて信心を表わす同義語である。これが幾重《いくえ》にも重なって、門徒の心に定着し、「阿弥陀如来が光を発してその人を摂《おさ》め取られる」という救いが深く実感されて来る。

おそらく青年期のある時期に、親鸞聖人の教えの真髄に目覚めて、それをこうした平易な言葉によって民衆に伝えようと志したのであろう。

注　1―『蓮如上人御若年砌事』
2―『五帖御文』第五帖第九通
3―『筆始めの御文』

史料　**○『実悟旧記』一一三（『御一代記聞書』一八八）　実悟編著**

本文

聖人ノ御流《ごりゅう》ニハ、頼《たの》ム一念《いちねん》ノ所《ところ》肝要也《かんようなり》。故《ゆえ》ニタノムト云《いう》（コ）トヲハ《バ》、代（々）ニアソハ《バ》シオカレ候《そうら》ヘ《エ》ト《ド》モ、クワシクナニト頼《たの》メト云《いう》コトヲシラサ《ザ》リキ。然《しかれ》ハ《バ》前々住上人ノ御代《ごだい》ニ御文《おふみ》ヲ御《お》作《つくり》候《そうらい》テ、「雑行《ぞうぎょう》ヲステ、後生《ごしょう》タスケ玉《たま》ヘ《エ》」トモ、「一心《いっしん》ニ弥陀ヲタノメ」ト、アキラカニシラセラレ候《そうろう》。シカレハ《バ》御再興《さいこう》ノ上人ニテマシマスモノ也《なり》。

訳文

親鸞聖人の教えの流れは、弥陀をたのむ一念というところが大切である。だから「たのむ」を、本願寺のご歴代は教えてくださった。けれども、詳しく何とたのめということが理解されていなかった。そこで前々住（蓮如）上人の代に、「御文」をお作りになりまして、「雑多な行を捨てて今生を越えた仏の世界へ私をたすけて下さい」とも、あるいは「疑いなくに弥陀如来をたのみなさい」というふうに、明らかに教えて下さいました。ですから本願寺の御再興上人でいらっしゃるのであります。

第三節　蓮如上人継職

（一）一揆の時代

——史料『大乗院日記目録』——

室町時代は民衆が歴史の表舞台に登場して来る時代であった。そうした民衆の足音をはっきりと聞き取れる出来事が土一揆《どいっき》である。

正長《しょうちょう》元年（一四二八）九月、京の都を突如激しい民衆の暴動が襲った。それは近江国《おうみのくに》（滋賀県）方面から押し寄せて来たもので、狙われたのは金融業者や金融に深く関わっていた寺院であった。当時このような暴動を土一揆[1]と呼んだ。

この時起こった土一揆は年号から「正長《しょうちょう》の土一揆」と称されるが、興福寺の尋尊《じんそん》大僧正（一四三〇～一五〇八年）は、「国[史料○]を亡ぼす基《もと》としてこれ以上のものはない。日本始まって以来、土地の民が一斉に蜂起するようなことはこれが最初である」と述べている。興福寺の責任者として多くのことを経験して来た尋尊にとっても、余程異常な出来事だったからに相違ない。

それから十三年経《た》った嘉吉《かきつ》元年（一四四一）、京の都は再び土一揆の嵐に見舞われる。「嘉吉《かきつ》の土一揆」である。今度は前回を遥かに上回る暴動が市街を襲った。実はこの年の六月、室町幕府六代将軍足利義教《よしのり》（一三九四～一四四一年）が、招かれた守護大名赤松満《みつ》祐《すけ》（一三七三～一四四一年）の屋敷で暗殺されるという、前代未聞の事件（嘉吉の乱）が起こり、京都の主な軍勢は赤松氏の領国である播磨国《はりまのくに》へ出かけていたのである。今回の土一揆はその留守に乗じたものであった。群集は口々に徳政《とくせい》を叫び、京の寺社を始めとする十六箇所[2]を占拠して陣地を張った。「徳政」とは本来「徳にもとづく善い政治」という意味であったが、それが歴史の流れの中で「借金の棒引き」を表わす言葉に変っていた。

それにしても、一体なぜこのような大規模な暴動が京都の町を襲ったりしたのであろうか。従来から様々な見方が出されて来たが、根本的な原因としては、当時地球規模で起こっていた寒冷化の気候と、室町時代に入って急速に進展していた貨幣経済の波が考えられる。

蓮如上人が生涯を送った十五世紀は、中世でも最も飢饉《ききん》や疫病《えきびょう》（伝染病）が頻発《ひんぱつ》した時期であった。飢饉の回数は大小取り混ぜて五十回にも及び[3]、またそれに伴って疫病が蔓延《まんえん》した。それはこの時期が今日の科学の目で見て、小氷期[4]とも言える寒冷な気候のピークであったからで、当然のことながら冷夏が続き、長雨のために水害が田畑を直撃した。作物は実らなくなり、人々は生活の糧《かて》を失ってしまった。こうして大量の難民が京都へ殺到するような事態に至ったのである。

一方でまた室町時代は、貨幣経済[5]が社会の隅々にまで及んで行く時代でもあった。その結果、金融業と言う新興の業者が誕生する。京都には立派な土蔵《どぞう》を備えた金融業の店が、およそ三百軒も営業していた。土蔵は借金の担保として預かった質種《しちぐさ》を保管するためのもので、そこから彼らの店は土倉《どそう》[6]と呼ばれるようになる。それとは別に酒の商いから金融業に乗り出す店も三百軒余りと数多く、その名の通り酒屋《さかや》と呼ばれていた。その他に京都五山《ござん》の名で知られる禅宗寺院や真言・天台の寺院等が、祠堂銭《しどうぜん》という名目で金融を行っていたことが知られている。融資を受けていたのは主に京都の公家や武士達だったが、周辺に住む民衆の中にも、土地や物品を担保に借金をする者がかなりあった。その利息は三文子《もんし》（月三％）や五文子（月五％）、時には七文子（月七％）という高利で、業者に豊かな富をもたらしていた。

土一揆はこうした社会状況から誘発された。飢饉による疲弊《ひへい》をまともに被《かぶ》ってしまった人々は、そのままでは飢え苦しんで京都の乞食となり、行き倒れる他はなかった。そんな彼らの目に映ったのが、裕福な富を得ていた京都の金融業者であった。そこで民衆が生き抜くために起こしたサバイバルの[7]営みが、土一揆だったのではないかと言う説が主張されている。

その後も土一揆は続いた。一四五〇年代に入ると、一～三年の間隔で恒常化《こうじょうか》して行く。一揆の参加者にも守護大名の家来が目立つようになり、鎮圧に当たる幕府の軍勢までもが略奪行為に走るようになった。すでに世の中の治安は屋台骨《やたいぼね》から崩れて来ていたのである。

頻発《ひんぱつ》する飢饉、疫病、恒常化する土一揆、こうした深刻な社会現象が蓮如上人に及ぼした影響には、はかり知れないものがある。上人は東山大谷本願寺の片隅から、生きる術《すべ》もままならず治安も保証されない乱世に在って、ひたすら救いを願う民衆の心を、深い慈悲の眼《まなこ》から見据《みす》えていたものと思われる。それというのも、民衆の足音がこれほどまで響き始めているにも関わらず、人々の立場に立った仏教の救いがほとんど説かれていなかったからである。

注　1――「つちいっき」とも言う。「土」とは「土民」すなわち土地の民衆のことで、「一揆」とは「互いに団結する集団」を言った。「土一揆」の集団は金融業者の倉を襲撃して借用証文を破棄し、質種《しちぐさ》（抵当として質に置く品物）を奪い返したばかりか、金品の強奪や放火にまで走る者がいた。

2―東福寺、東寺、今宮社、北野社（北野天満宮）、太秦寺《うずまさでら》（広隆寺）等が占拠された。

3―藤木久志氏（一九三三〜、立教大学名誉教授）は、平成五年からおよそ十年をかけて、中世の気象災害情報のデータベースを作成しているが、そこから十五世紀の気候の実態を見ることができる。藤木久志著『土一揆と城の戦国を行く』（二〇〇六年朝日新聞社発行）に所収。

4―十四世紀半ばから十九世紀半ばまで続いたやや寒冷な期間。

5―当時の貨幣は日本で作られたものではなく、中国の明《みん》から輸入していた。これを渡来銭《とらいせん》と呼ぶ。

6―「とくら」「つちくら」とも言う。

7―徳政という旗印《はたじるし》も、高利を貪る土倉、酒屋、寺院から、そこに集められた豊かな富を公然と略奪するための口実だった可能性がある。その背景には、当時金持のことを有徳人（徳のある人）と呼び、その徳は社会に施されるべきだとの考え方があった。

史料○『大乗院日記目録』正長元年（一四二八）九月

［史料解説］峰岸純夫氏（『中世社会の一揆と宗教』二〇〇八年発行）によれば、これを記した尋尊は、永享二年（一四三〇）に誕生し、長禄元年（一四五七）に大僧正となっているから、おそらく前任者（経覚か）の日記を読んで、それをそのまま記したものと見られる。

本文

天下《ノ》土民《どみん》蜂起《ほうきス》。号《ごうシ》二徳政《とくせいト》一、令《しメ》レ破《は》二却《きゃくセ》酒屋《さかや》・土倉《どそう》・寺院等《ヲ》一、雑物等恣《ほしいままニ》取《とル》レ之《これヲ》。借銭《しゃくせん》等悉《ことごとク》破《やぶル》レ之《これヲ》。管領《かんれい》成二敗《ス》之《これヲ》一。凡《およソ》亡国《ぼうこくノ》基《もとい》不《ず》レ可《ベカラ》レ過《すグ》レ之《これニ》。日本開白《かいびゃく》以来土民蜂起是初也《これはじめなり》。

訳文

世の中の土地の民《たみ》が蜂起した。徳政と称して、酒屋・土倉・寺院等を破壊し、様々なものをしたい放題に奪い取り、借金等をすべて棒引きにした。管領（畠山満家《はたけやまみついえ》）がこれを成敗した。およそ国を亡ぼす基《もと》として、これ以上のものはない。日本始まって以来、土地の民が一斉に蜂起するようなことは、これが最初である。

（二）東国への旅

――史料『拾塵記』、『蓮如上人書状（八月一日付）』――

蓮如上人の布教活動は、親鸞聖人の関東の御旧跡に強く心を動かされるところから始まる。そこには、乱世の民衆が確かに救われる道を原点に立って見定めたいという、大きな願いが感じられる。

『蓮如上人御一期記』[1]によれば、本願寺の歴代は生涯に必ず一度は東国に下向して、親鸞聖人の旧跡を巡ることが慣例とされ、「坂東《ばんどう》御修行」あるいは「東国御修行」と呼ばれていたという。蓮如上人の場合は、「一生の間に三度（東国に）下向しようとのお考えであった。」[史料①]と伝えられている。

そのうち最初の東国下向は、三十歳余り[2]の頃に思い立ったという。この時上人が辿《たど》った道筋を探ることができる貴重な記録が、京都大谷派本願寺と新潟県上越市高田の浄興寺に残されている。共に京都の蓮如上人から、当時信濃国（長野県）長沼（長野市）にあった浄興寺の住持へ宛てた書状で、東国巡見のことが記されている。

まず大谷派本願寺の書状[3]には、東国へ出発する以前の五月二日付けで、「京都をは《ば》五月廿日比《ごろ》罷立候《まかりたちそうらい》て、加州《かしゅう》に逗留《とうりゅう》す可《べ》く候間《そうろうあいだ》、…」〈**訳文** 京都を五月二十日頃に出発し、加賀（石川県南部）に逗留しますので…〉と記され、七月上旬頃浄興寺へ立寄ることが予定されている。

次に浄興寺の書状には、京都帰還後の八月一日付で、[史料②]「私の坂東下向の旅は、道中何事もなく松島まで下向することができました。」という報告とともに、奥州で信濃の戦乱[4]のことを聞いたために、浄興寺へ立寄るのを断念したと記されている。これらの記録から、京都を出発した上人は、加賀国へ逗留した後、越後（新潟県）に入り、そこから関東・東北へ向ったことが判る。

この時上人は、奥州下郡（津軽地方）にまで足を伸ばしたと、『拾塵記』[史料①]は伝えている。その旅は乗り物を一切使わずに、親鸞聖人に習って草鞋《わらじ》ばきで歩くという辛労《しんろう》の多いもので、供《とも》の者も一、二人だったという。これを皮切りにして上人は、どのような険阻《けんそ》な山里へも草鞋ばきでまめに足を運ぶようになる。晩年息子達に、草鞋のくい込んだ跡《あと》を見せたという話しは有名だが[史料①]、親鸞聖人のご苦労を慕うひたむきな姿勢が窺われる。

上人が訪れた関東の御旧跡は、すでに衰退期に入り、往年の面影は失われていたものと思われる。けれども、旧跡寺院に残されている宝物からは、磯部《いそべ》の勝願寺《しょうがんじ》（茨城県古河市磯部）や横曽根《よこぞね》の報恩寺《ほうおんじ》（茨城県常総市豊岡町）、高田《たかだ》の専修寺《せんじゅじ》（栃木県真岡市高田）等で、当時の住持達と親しい交流が結ばれていたことが、想像されて来る。

関東の御旧跡を目の当たりにし、ゆかりの住持と親しく語り合った体験は、親鸞聖人を慕う思いを、いよいよ募らせたに違いない。

注

1―『蓮如上人御一期記』九八

2―近世の記録では、『蓮如上人遺徳記』に宝徳元年（一四四九）三十五歳の時、『本願寺通紀』には文安四年（一四四七）三十三歳と言う年代が見える。

3―千葉乗隆氏や堅田修氏は宝徳《ほうとく》元年の書状と見做《みな》しているが、金龍静氏は十年近く早い永享《えいきょう》十一年（一四三九）、北西弘《きたにしひろむ》氏（一九二五年〜）は反対に十年近く後の長禄二年（一四五八）の時のものとそれぞれ推定している。

4―守護をめぐる小笠原宗康と従兄弟持長との家督争いの最中であった。

史料①『拾塵記』より「蓮如上人事」　実悟編著

本文

本願寺ノ御住持ハ、鸞上人ノ御修行ノ例トシテ、必《かならず》御一代ニ一度関東奥州下向セシメ給《たもう》事《こと》也《なり》。然《しかれども》而蓮如上人ハ御一期《ごいちご》ニ三ケ度可《べき》レ有《ある》二下向一御所存《しょぞん》タリシ。両度ハ如《ごとし》二御本意《ほんいの》一、三ケ度メニハ越中瑞泉寺《ずいせんじ》マテ《デ》御下《おくだり》アリシ。一番ニハ奥州下郡《しもぐん》マテ《デ》御下向也《なり》。…其《その》時ハ鸞上人御修行ノ例ヲマナハ《バ》レシニヤ、○御カチナレハ《バ》、御供《とも》ノ人モ一両《いちりょう》輩《はい》トソ《ゾ》キコエシ。御足ニワランツ《ズ》ク井入《イいり》タル跡《あと》マシ〳〵テ、御往生ノ砌《みぎり》モトリ出《いだ》シ各《おのおの》ニミセシメ給《たま》ヒ《イ》、カヽル御辛労《しんろう》アリツル故《ゆえ》ニイマ各《おのおの》心安《こころやす》ク侍《はんべ》ルソ《ゾ》、トノ仰事《おおせごと》アリシト也《なり》。

訳文

本願寺の御住持は、親鸞聖人が関東へ伝道の旅に立たれた例により、必ず一代の間に一度、関東・奥州へ下向なさるのである。しかしながら、蓮如上人は一生の間に三度下向しようとのお考えであった。二度まではお考え通りに下向され、三度目には越中国瑞泉寺《えっちゅうのくにずいせんじ》まで下向して戻られた。一番初めの時は奥州の下郡までのご下向であった。……この時は親鸞聖人のご伝道の時の先例をまねられたのであろうか、―徒歩の旅であったので、お供の人も一、二人と知られている。お足に草鞋《わらじ》が食い入る跡がおありになって、ご往生の時も、足を出されて面々にお見せになり、このようなご辛労があったから今皆が安らかにしていられることよ、とのお言葉があったということである。

史料②『蓮如上人書状（八月一日付）』蓮如上人真筆　上越市浄興寺蔵

本文

（追伸文）

返々《かえすがえす》御志《こころざし》難《がたく》レ有《あり》候《そうろう》。こうに留《とどまり》候《そうらい》て、今泉《いまいずみ》までも立寄候《たちよりそうら》はす《わず》候《そうろう》。京都之《の》事八《は》無《なきの》二
子細《しさい》一之由《よし》、是《ここ》にて聞候《ききそうろう》。

誠《まことに》今度《こんど》其方《そのほう》までも可《べく》二立寄《たちよる》一存候《ぞんじそうろうの》之処《ところ》、物忩《ぶっそうの》之由《よし》奥にて聞候《きキそうろう》上《うえ》、はや思留候《おもいとどまりそうろう》。
思召《おぼしめし》寄《き》預《よの》御《ご》状候《じょうそうろう》。難《がたく》レ有候《ありそうろう》。結句《けっく》二百疋《ぴき》御志之《ノ》至《いたりて》為《なし》レ悦《よろこびと》候《そうろう》。内々は老体事《の》候《そうろう》にて御
渡候《わたりそうろう》の間《あいだ》、可《べく》二見参《けんざん》入《る》一候《そうら》へ共《えども》、無《なき》レ力《ちから》次第《しだいに》候《そうろう》。国も静《しずまり》候《そうらい》て、ふと可《べく》二上洛《す》一候《そうろう》。坂東下
向の事、路次《ろしの》之中《うち》無《なく》二子細《しさい》一松島《まつしま》まて令《でしめ》二下向《せ》一候《そうろう》。心安《こころやすらかに》可《べく》レ被《る》二思食《おぼしめさ》一候《そうろう》。返々《かえすがえす》国中物忩《ぶっそう》
無《なく》二勿体《もったい》一候《そうろう》。毎《まい》事《じ》期《ごし》二上洛《の》之時《を》一候《そうろう》。恐々《きょうきょう》謹言《きんげん》。

八月一日

蓮如（花押）

訳文

今度はそちらの方まで立ち寄ろうと思っていましたが、そちらが混乱しているとのことを、奥州で聞きまして、すでに行くのを中止しました。お気持を寄せて下さったお手紙が届きました。有り難く存じます。その上、お志の二百疋も頂戴しうれしく思います。御老体でいらっしゃるので、内心お目にかかりたいと思っていましたけれども、残念なことです。国が平穏になって、ひょいと上洛されますようお待ちしています。私の坂東下向の旅は道中何事もなく松島まで下向することができました。どうかご安心下さいますように。ほんとうに国中が混乱していますのは不都合なことです。いつでも上洛される時をお待ちしています。かしこ。

八月一日

蓮如（花押）

（追伸）ほんとうにお志ありがとうございます。国府《こう》（仙台市）に留まり、今泉《いまいずみ》（岩手県陸前高田市）にまでは立ち寄りませんでした。京都の情勢は変わりがないということを、こちらで聞きました。

(三) 蓮如上人を見出した道西
―史料『蓮如上人御若年砌事』、『善龍寺物語』―

東国巡見の体験は、蓮如上人の気持をますます親鸞聖人へと向かわせた。そして、乱世の名もない民衆の願いに応えようと、いよいよ熱心に教えを説くようになる。

そんな蓮如上人の姿が、一人の人物の目に留まる。金森《かねがもり》の道西《どうさい》(一三九九～一四八八年)である。道西は川那辺《かわなべ》氏という土着の武士の一族で、二百戸余りからなる近江国金森集落の指導者の一人であった。当時の金森は、東山道《とうさんどう》(中山道)から京都へと入る交通の要《よう》衝《しょう》に当たっていて、乱世にもかかわらずかなり裕福な土地であった。

その昔は、近江国から京都へ入るのに、琵琶湖から瀬田川・宇治川へと続く水路が多く用いられていた。江戸時代は、草津から矢橋《やばせ》の港へ抜けて、このコースを辿ったが、中世までは、守山から金森を経て志那《しな》[1]の港へ抜け、対岸の坂本からこのコースへ向かう道が本道とされていた。金森はこうした物資流通の中継地として栄えていたのである。

そんな金森の道西と蓮如上人との出遇いの様子が、『蓮如上人御若年砌事』に伝えられ[史料①]

ている。ある時大谷本願寺にご機嫌伺いに訪れた道西は、蓮如上人より招きを受けて、その話に強い感動を覚える。そして、これがきっかけとなって、道西は金森へ蓮如上人を招待して法話を聴聞するようになった。間もなく金森一帯は、人々の信仰の熱気で包まれるようになる。この時道西の甥《おい》に当たる龍玄（慶聞《きょうもん》坊）が上人の内弟子[2]となっているが、龍玄は当時八歳だったと[3]伝えられ、そのことからこれは、上人三十八歳の時の出来事だと考えられる。

上人が訪れるようになってから以後の金森の有様は[史料②]、道西の寺・善龍寺《ぜんりゅうじ》（善立寺）に生まれた東本願寺初代講師恵空《えくう》（一六四四～一七二一年）によって[4]記録されている。こうして金森で形成された聞法の輪は、金森周辺から琵琶湖の対岸の堅田《かたた》に広がり、さらに近江国全体に及んで行く。そしてやがてこれが大きく実を結び、本願寺に驚くべき未来が開けることになるのである。

注　1―現在の草津市志那町の湖岸に志那港があった。そして、金森からこの港までの道は、志那街道と呼ばれていた。

2―『蓮如上人御若年砌事』に、「其時稚人《おさなきひと》多クアツマリ居ラレサフラフ《ソウロウ》中ニ、一人蓮如上人『アレハ誰レソ《ゾ》』ト御尋ネサフラヒ《ソウイ》ツルニ、従善申サレサフラフ《ソウロウ》ハ、『私カ《ガ》甥《おい》ニテサフラフ《ソウロウ》』ト申シ上《たてまつ》ラレ候ラへハ《エバ》、『利根相《りこんそう》ノ者ソ《ゾ》、我ニクレヨカシ』ト、御意《ぎょい》サフラヒ《ソウイ》シニ、頓《とみに》テ進上申サレ召連《めしつれ》、大谷殿へ御帰寺《きじ》ナサレ候ヒ《イ》テ、召ツカハ《ワ》レサフラヒ《ソウイ》ツルカ《ガ》、慶聞坊龍玄ニテサフラフ《ソウロウ》。」とある。

3―恵空の『善龍寺物語』には、「私云《わたしにいわく》、是《これ》ハ享徳《きょうとく》元年ノ事也。慶聞坊コノ時辰寿《たつじゅ》ト名《なづ》ク。今年ハ八歳ナリキ。」とある。また同書には龍玄について、道西の弟の子で養子となっていたことが記されている。

4―『善龍寺物語』善立寺蔵

史料①『**蓮如上人御若 年《ごじゃくねん》砌《みぎり》 事《のこと》**』

本文

近江《おうみ》ノ金 森《かねがもり》ノ道西《どうさい》ト申《もう》セシ人ハ、後《のち》ニハ従善《じゅうぜん》ト申《もう》シ 候《そうろう》。此人細々《このひとさいさい》大谷殿《どの》へマヒ《イ》ラレ、仏法者ニテサフラヒ《ソウイ》ツルカ《ガ》、有時《あるとき》存如上人ノ御前《おんまえ》ニ此《この》従善伺公《しこう》セラレ侍《はべ》ル時、蓮如上人御招《まね》キサフラヒ《ソウイ》テ召寄《めしよせ》ラレ、御物語《おんものがたり》トモ《ド》サフラヒ《ソウイ》ツル。従善有難ク存《ぞんぜ》セラレ、常ニ金 森《かねがもり》へ御方様《おかた》ヲ申入《もうしいれ》ラレ、聴 聞《ちょうもん》サフラヒ《ソウイ》ツルニ、在所《ざいしょ》ノ人々モ驚カレ、仏法モ此時《このとき》ヨリイヨ〳〵弘《ひろ》マリ申《もうし》サフラヒ《ソウイ》キ。

訳文

近江国《おうみのくに》（滋賀県）の金森《かねがもり》の道西《どうさい》と申し上げた人は、後に法名を善従《ぜんじゅう》と申しました。この人は、しばしば大谷本願寺殿《どの》のところへ参詣され、仏《ほとけ》の道を修める人でしたが、ある時存如上人の御《おん》前《まえ》に、この善従《ぜんじゅう》（道西《どうさい》）が、ご機嫌《きげん》うかがいに参上されていました時に、蓮如上人のお招きがありまして、お呼び寄せになり、お話が色々ございました。善従《ぜんじゅう》（道西《どうさい》）は、これを有難く思われ、いつも金森《かねがもり》へ御方様《おかたさま》（蓮如上人）を招待され、（ご法話の）聴聞《ちょうもん》がございましたが、（金森《かねがもり》の）土地の人々もお話の素晴らしさに驚かれ、この時から仏法もますます弘まってゆかれたのでした。

史料②『善龍寺《ぜんりゅうじ》物語』　恵空著　滋賀県守山市金森　善立寺蔵

［史料解説］元禄十三年（一七〇〇）十二月六日、東本願寺初代講師恵空（一六四四～一七二一年）が、出身地金森の善龍寺や因宗寺の由来について、見聞した内容を表わした書。内容は、道西や金森での蓮如上人の事跡を中心に、東本願寺の教如上人や宣如上人の時代の事にまで及んでいる。

本文

蓮如上人毎々来住《つねづねらいじゅう》シ給《たまい》ケルニ依《よって》、諸方《しょほうの》群集御馳走等《の》事繁《しげ》シ。依《よって》レ之《これに》道西《が》一族手寄々々《てよりてよりに》取次シ支配シ諸事ヲ勤《つとめ》シ…

訳文

蓮如上人が常日頃《つねひごろ》お話しにお出《い》でになったので、あちこちから群集が集まって来て、その世話などで忙しくなった。こういう訳で道西の一族は、それぞれの縁故で聖人との間を取り次ぎ、彼らを門徒として、何事につけ勤めるようになった…

(四) 蓮如上人の妻I—如了と蓮祐—

—史料『光闡百首』「如了・蓮祐の子女達」—

蓮如上人は生涯五人の妻を迎えているが、そのうち継職前のまだ若かったころに支えとなったのが最初の妻如了《にょりょう》(一四一五~五五年)、継職後の激動の時代を共にしたのが二番目の妻蓮祐《れんゆう》(一四三八~七〇年)であった。

如了といつ結婚したのか、確かな記録はないが、長男の順如が嘉吉二年(一四四二)蓮如上人二十八歳の年に誕生しているところから、およその推測はできる。その時如了が十八歳だったことが、『本願寺系図』[1](証如上人筆)にある没年齢から逆算される[2]。

実悟の『日野一流系図』によると、如了は下総守《しもうさのかみ》 平 貞房《たいらのさだふさ》の娘と伝えられる[3]。平貞房は、室町幕府の政所《まんどころ》 執事《しつじ》を代々務めた伊勢氏の一族で、足利六代将軍義教《よしのり》の近くに仕える御供衆《おともしゅう》の一人であったことが知られている。当時の本願寺は、父存如上人が住職を継承していたから、きっと蓮如上人の将来を考えて、ふさわしい家柄の娘が選ばれたのであろう。

如了との夫婦関係がどのようなものだったのか、伝えてくれる記録はほとんど残されていないが、二人の間に誕生した子女の数から、ある程度のことが推測される。それは全部で四男三女[史料②]の七人で、最初に長男順如（一四四二～八五年）が誕生してから、最期に四男蓮誓（一四五五～一五二一年）を出産するまで十三年間であったから、ほぼ一年おきに子供が生まれていたことが知られる。きっと、とても愛情に満ちた間柄だったのではなかろうか。

それにしても、これだけ多くの子供を育てるのは、部屋住みの立場を考えると、容易ではなかったはずである。手元で育てられたのは長男順如だけで、他の六人は皆「口べらし」のために他家の寺や尼寺へ出されている。けれども、その寺の名を調べてみると、次男蓮乗や四男蓮誓は禅寺の名刹《めいさつ》南禅寺、他は浄土宗鎮西派の筆頭寺院と崇められていた浄華院《じょうけいん》（清浄華《しょうじょうけ》院）に所属している。やはり本願寺一族としての権威は重んじられていたようである。

如了は康正《こうしょう》元年（一四五五）、四男蓮誓の産後の肥立ちが悪かったためか、十一月二十三日に没[3]している。それは蓮如上人が本願寺を継職する二年前のことで、夫の晴れ姿を見ることもない、三十一歳の苦労の多い生涯であった。

それから間もなく如了の妹の蓮祐が二番目の妻[4]となったようで、如了が没した三年後の長禄二年（一四五八）八月に五男実如上人（一四五八～一五二五年、本願寺九世）が誕生している。

その経緯については、蓮誓の四男顕誓（一四九九～一五七〇年）が永禄《えいろく》十年（一五六七）に詠んだ『光闡百首』という和歌集の記述[史料①]から、病気の姉の看護に来ていた妹の蓮祐が、子供達からも慕われて、そのまま後添えとなったことが窺い知られる。

蓮祐がこの時何歳だったかは不明だが、蓮如上人との夫婦関係は姉以上に愛情深いものだったと想像される。と言うのも二人の間には十三年程の間に、[史料②]三男七女もの子女が誕生しているからである。

すでに蓮如上人は本願寺を継職していたから、蓮祐も本願寺の中でお裏方様と信望を集めるような存在になっていたものと思われる。その子女たちも、乳飲み子で残された七男蓮悟《れんご》（一四六八～一五四三年）と十女祐心（一四六九～一五四〇年）を除いて、すべて蓮祐の手元で養育されている。

注　1―証如上人（本願寺十世）の筆になる本願寺の家系図。系図の記載が証如上人で終わっており、天文十年代（一五四一～五〇年）に書かれたものと見られている。その内容から、実悟の『日野一流系図』とは別系統の家系図と推測される。

2―「母下総守平貞房女法名如了。康正乙亥十一月廿三日卒卅一歳」とある。

3―『日野一流系図』順如の記述には、「母下総守平貞房女法名如了」とある。

4―『日野一流系図』実如の記述に、「母同貞房女　法名蓮祐。如了妹也」とある。

史料①『光闡百首』顕誓著

［史料解説］『光闡百首』は、蓮如上人の孫に当たる光教寺顕誓が、昔のことを思いながら詠んだ百首の和歌集で、その間に歌に関する故事を色々と綴ったもの。永禄十年（一五六七）十二月二十二日に完成されている。ここに取り上げた本文は、龍谷大学蔵の天正十四年（一五八六）古写本の虫食い部分を、妻木直良蔵の文政三年（一八二〇）の写本で補ったもの。（本文□内が補った部分である。）

本文

ケフ《キョウ》ハ又《また》祖母如了禅尼ノ卒逝《そっせい》ノ日ニアタリ給《たま》フ《ウ》。スキ《ギ》シニ康正《こうしょう》ノ昔亡父出生ノノチ仲《ちゅう》冬《とう》下旬、身マカリ給《たまい》ケルトナン。シカレハ《ば》、毎年コノ月十三日ニ、トリコシ、志ノツトメヲナシ給《たまい》シ事、今サラノヤ《ヨ》ウニ思ヒ《イ》出《いで》侍《はべ》ル。ハヤステ《デ》ニ百《もも》トセアマリ十トセニス（キ《ギ》）侍レト《ド》モ、コトシ身ノウヘ《え》ニシラレテ、アハ《ワ》レニ覚ヘ《エ》侍《はべ》ル。父ハ平の貞牧《(房)》ト申セシ人ナリ。教恩院法印ノ女《(母)》公モ即カノ御妹公ニテマシ〳〵ケレハ《バ》、幼少ヨリ同ク伯母ノ御イツクシミニテ、ヒト、ナリ給シカハ《バ》、康兼は実如上人トコトニシタシク、御兄弟ノ中ニモトリワキ法友ニテマシ〳〵ケル。

訳文

今日はまた、祖母如了禅尼の亡くなられた日に当たられる。過ぎ去りし康正（一四五五～七年）の昔、亡き父出生の後、十一月下旬死去されたということである。だから、毎年この月（十一月）の十三日に繰り上げて、供養のお勤めを為されたことを、今さらのように思い出します。早いもので、既に百十年過ぎますけれども、今年は境遇が我が身の上に感じられて、哀れに思われます。父親は平貞牧（貞房）と申した人であります。教恩院法印（実如上人）のお母様もすなわちその妹公《ぎみ》でおられたので、幼少より同じように叔母にかわいがられて成人され、それで康兼《こうけん》（蓮誓、一四五五～一五二一年）は実如上人と殊《こと》に親しく、ご兄弟の中でもとりわけ仏法で結ばれた友でいらっしゃった。

史料②如了・蓮祐の子女達
—『日野一流系図』実悟編による—

子　女名	年紀	母親	
長男　順如（光助、願成就院）	嘉吉二年（一四四二年）	如了	二十八歳
長女　如慶	文安元年（一四四四年）	〃	三十歳
次男　蓮乗（兼鎮）	文安三年（一四四六年）	〃	三十二歳
次女　見玉	文安五年（一四四八年）	〃	三十四歳
三男　蓮綱（兼祐）	宝徳二年（一四五〇年）	〃	三十六歳
三女　寿尊	享徳三年（一四五四年）	〃	四十歳
四男　蓮誓（康兼）	康正元年（一四五五年）	〃	四十一歳
五男　実如（光兼、教恩院）	長禄二年（一四五八年）	蓮祐	四十四歳
四女　妙宗	長禄三年（一四五九年）	〃	四十五歳
五女　妙意	寛正元年（一四六〇年）	〃	四十六歳
六女　如空	寛正三年（一四六二年）	〃	四十八歳
七女　祐心	寛正四年（一四六三年）	〃	四十九歳
六男　蓮淳（兼誉）	寛正五年（一四六四年）	〃	五十歳
八女　了忍	文正元年（一四六六年）	〃	五十二歳
九女　了如	応仁元年（一四六七年）	〃	五十三歳
七男　蓮悟（兼縁）	応仁二年（一四六八年）	〃	五十四歳
十女　祐心	文明元年（一四六九年）	〃	五十五歳

（五）存如上人遷化による継職問題
—史料『拾塵記』、『山科御坊事幷其時代事』四十九、『蓮如上人御一期記』八—

如了に先立たれた悲しみに沈んでいる間もなく、蓮如上人に大きな試練が訪れる。本願寺の継職問題である。すなわち、上人四十三歳の長禄《ちょうろく》元年（一四五七）六月十八日、本願寺七世存如上人が六十二歳で没したのである。この時後継者をめぐって思わぬ騒動が持ち上がる。

この騒動のことを伝えているのはすべて、実悟記と呼ばれる蓮如上人十男実悟《じつご》の手になる複数の著作[1]である。かなり具体的に著わされ[史料①②③]てはいるものの、何分実悟誕生の三十五年前の出来事で、直接の見聞とは言えない。あくまでも兄弟や上人側近の間で語られていた伝承と見るべきであろう。

そのうち『拾塵記』には、その騒動のことが、継母如円尼の謀《はかりごと》から始まったとして、次のように記されている。

[史料①]「兼寿《けんじゅ》法印（蓮如上人）は嫡子《ちゃくし》（跡継ぎとなる子）となるので、御譲状を始めとして、『蓮如

上人が確かに本願寺の住持となるべき』との内容を記した、存如上人自筆の文書を伝授されていた。しかしながら如円尼は継母にありがちな方でいらっしゃったので、『存如上人が応玄阿闍梨を附弟《ふてい》（法を授けられた弟子）として本願寺住持を御相承された』とごまかして申された。そのため諸国の片田舎に住む一門の僧侶や門徒までもが、『応玄阿闍梨をご住持にするように』との意見で一致していた。こうして蓮如上人はもう、傍らに蟄居《ちっきょ》させられたように皆の人々も扱っていたという。」

　本願寺には覚如上人以来譲状によって後継者を決める伝統が続いて来た。北陸や近江国一帯に積極的な布教活動を展開していた存如上人にとって、本願寺の後継者としてふさわしいのは、当時、世の中に急速に台頭して来ていた民衆の力に訴えることのできる、蓮如上人を措《お》いて他には居なかったと思われる。けれども、その存如上人の譲状というものがまったく伝えられていない。京都西本願寺には、親鸞聖人の末娘・覚信尼から始まって、九世実如上人までの八代十二通の譲状[2]が残されており、国の重要文化財に指定されている。その中に、七世存如上人が書いた譲状が見当たらないのである。後継者を巡ってこのような騒動[3]が起こったこと自体からして、譲状が最初から書かれていなかったのではないかとの見方も成り立つが、実悟の記述が一貫して、存如上人自筆の相伝書《そうでんしょ》の存在を根拠とした内容になっている以上、やはり何かの理由で失われてしまったのではなかろうか。

ところが、本願寺の親族や一門の人達の間では、後継者についての意見が分かれていた。一つは青蓮院の末寺として天台宗の威儀を重んじようとする路線、もう一つは蓮如上人が先代の意向を受けて進めようとしていた改革路線である。

実悟の記録には、そこに付け込む如円尼の姿が見出される。すなわち、譲状を無視し、息子応玄が附弟（法を授けられた弟子）として本願寺の住持を相承《そうじょう》されたと偽り、本願寺の進むべき道として旧仏教の権威を導入する道を是《ぜ》とする人達に働きかけて、青蓮院に居た応玄を呼び戻し、四十九日までの間の葬式・中陰法要のすべてを執り行わせ、事実上の後継者として認めさせようとしたというのである。

このように、同記録では騒動の原因が一人如円尼のせいにされているのだが、果たして我が子かわいさの余り計画された身勝手な謀《はかりごと》というだけで、済まされる話であろうか。こうしたことから近年では、当時の本願寺が選択しなければならなかった二つの路線の対立が、存如上人の遷化をきっかけとして、一挙に表面化した出来事だったのではないかと見られている。

実悟の記述はこれに続き、存如上人の葬儀と中陰法要が、如円尼の子息応玄によって執り行われる様子が綴られている。けれどもこれは、次の大逆転劇へと進むシナリオに過ぎない。事実は、ここから二つの路線の本格的な対立が始まるのである。

注　1―弘治年間～元亀年間（一五五五～七三年）に成立した『拾塵記《しゅうじんき》』、天正三年（一五七五）六月上旬に書かれた『山科御坊事《やましなごぼうのこと》幷《ならびに》其時代事《そのじだいのこと》』、天正八年（一五八〇）九月中旬と奥書に記された『蓮如上人御一期記《ごいちごき》』の三つ。いずれも、実悟の手になる原本が伝えられている。この他に昭和三十七年に上越市浄興寺から発見された『蓮如上人塵拾鈔《じんしゅうしょう》』が挙げられる。これも実悟の著述と見られ、天正初年の成立と推定されている。

2―「本願寺御影堂留守職歴代譲状類」十二巻。国重要文化財。親鸞聖人の娘覚信尼（一通）に始まり、覚恵（三通）。覚如上人（六通）、善如上人（一通）、綽如上人（三通）、巧如上人（一通）、蓮如上人（二通）、実如上人（一通）の八代十八通の譲状が十二巻にまとめられている。

3―源了圓《みなもとりょうえん》氏（一九二〇年～）は著書『蓮如』三二一頁（浄土仏教の思想第十二巻、一九九三年講談社発行）に、「この『拾塵記』に記された存如上人の蓮如への

「御譲状」が確かにあったという記事には、いささか疑問がある。もしそれがあったのなら、事態はこんなに紛糾しなかったに相違ない。」と記している。

史料①『拾塵記』より「蓮如上人事」　実悟編著

カクテ経《へ》年序《ねんじょを》、長禄《ちょうろく》元年六月十八日ニ円兼《先考》法印円寂《ほういんえんじゃく》ニ入給《いりたまい》ヌ。兼寿《けんじゅ》法印ハ《蓮如上人》依《よりて》為《たるに》嫡《ちゃく》孫《子》、御譲状《ゆずりじょう》已下《いか》、「コトタシカニ本願寺住持《じゅうじ》タルヘ《べ》キ」由《よし》、御自筆《ごじひつ》ノ相伝《そうでん》ノ書ヲ伝請取給《つたへうけとりたま》ヒ《イ》ケリ。雖《いえども》然《しかりと》、○尋常の継母《けいぼ》ナラヒ《イ》ニテマシマセシカハ《バ》、「応玄阿闍梨ヲ以テ附弟トシテ、御相承」之《の》由《よし》申カスメ給《たまい》、諸国辺鄙《へんぴ》ノ門人《もんじん》・僧俗《そうぞく》マテ《デ》モ一同《いちどう》、「応玄阿闍梨《おうげんあじゃり》ヲソ《ゾ》可《べき》為《たる》御住持《ごじゅうじ》」由《よし》、同心《どうしん》ニ被《れ》申《もうさ》調《ととのう》ニヨリテ、既兼寿《すでにけんじゅ》法印ハ傍《かたわら》ニ可《べき》有《ある》蟄居《ちっきょ》ヤ《ヨ》ウニ、ミナ人○々モ既《すでに》事成ニケリ。ヤカ《ガ》テ円兼《先考》法印御葬送《ごそうそう》ノ義(儀)式ノ時モ、応玄阿闍梨《おうげんあじゃり》附弟《ふていとして》、遺跡《いせき》ヲ得《え》タマヒ《イ》シ体《てい》ニテソ《ゾ》侍《はべ》リキ。

訳文

こうして年月が過ぎ、長禄《ちょうろく》元年（一四五七）六月十八日に、亡父の本願寺七世円兼《えんけん》法印（存如《ぞんにょ》上人《しょうにん》）が入寂《にゅうじゃく》された。兼寿《けんじゅ》法印（蓮如上人）は嫡子《ちゃくし》（跡つぎとなる子）であったので、御譲状《ゆずりじょう》を始めとして、「蓮如上人が確かに本願寺住持であるべき」との内容を記した、存如上人自筆の相伝の文書を伝授されていた。しかしながら、継母《けいぼ》の如円尼は継母にありがちな方でいらっしゃったので、「存如上人が応玄阿闍梨《おうげんあじゃり》を、附弟《ふてい》（法を授けられた弟子）として本願寺住持を御相承された」とごまかして申された。そのため諸国の片田舎《かたいなか》に住む一門の僧侶や門徒までもが、「応玄阿闍梨を御住持とするように」との意見で一致していた。こうして兼寿法印（蓮如上人）はもう、傍《かたわら》に蟄居《ちっきょ》させられたように、皆の人々も扱っていたという。間もなく、円兼法印のご葬儀が行われた時も、応玄阿闍梨が附弟《ふてい》（法を授けられた弟子）として、相続者となられたような体裁《ていさい》でございました。

史料②『山科御坊事并其時代事』四十九　実悟編著

【史料解説】『山科御坊事并其時代事』は、山科本願寺時代の儀式・作法や本願寺の歴史に関する記述を、天正三年（一五七五）実悟が綴ったもので、全十九条からなる。原本は大阪府門真市願得寺に所蔵されている。

本文

…御継母法名如蓮の御わざ《ざ》なれハ《バ》、青蓮院にまし〳〵ける円光院応玄をおとし申され、嫡々《ちゃくちゃく》の儀《ぎ》と申し成《なさ》れ、御譲旨《おゆずりのむね》なりとて、既に御葬送の時も御住持分たりき。

訳文

…継母《けいぼ》如円尼の仕業《しわざ》なのだが、青蓮院においでになる蓮如上人の弟の円光院応玄《えんこういんおうげん》という方を本願寺へ移され、家を継ぐ正統な流れだと、うまくこしらえ上げて申し上げ、存如上人が御譲りになったのだと言って、すでにご葬儀の時も応玄が住持の立場となっていた。

史料③『蓮如上人御一期記』八　実悟編著

本文

…則《すなわち》御相続ノ儀《ぎ》蓮―上人ヘ慥《たしかに》ニ是《これ》アリトイヘ《え》ト《ド》モ、御継母○如円御方ハ知セ給《たま》ハ《ワ》サ《ざ》ルニヨリテ、御舎弟円光院《ごしゃていえんこういん》応玄トテ青蓮院《しょうれんいん》ニオハ《ワ》シマスニ御相続ノ儀様ニテ、シハ《バ》シハ《バ》ト丶《ド》コホ《オ》ル儀アリテ、御中陰ノ間ハ応玄ノ御ハカラヒ《イ》タリキ。

訳文

…とりもなおさず、御相続は確かに蓮如上人に命ぜられていたのだが、継母《けいぼ》如円尼のお方はそれをお知らせにならなかった。それで弟君で円光院―応玄―という青蓮院にいらしゃる方を相続させようとしたので、しばらくの間、継職問題は滞り、中陰法要を営まれる間は、応玄が導師となった。

（六）蓮如上人継職

—史料『蓮如上人塵拾鈔』、『山科御坊事幷其時代事』四十九、『拾塵記』—

応玄に有利に進むかに見えた継職の問題は、ある人物の登場で大きく転換してゆく。北陸から駆け付けて来た叔父の如乗《にょじょう》である。

宣祐《せんゆう》法印如乗は、存如上人の下の弟に当たり、蓮如上人よりわずかに三つだけ年上で、共に正妻の子供でない庶子《しょし》という間柄であった。おそらくは、幼い頃からかなり気心の知れた仲だったのであろう。

『日野一流系図』[1]によると、如乗の経歴は、初め延暦寺の慈尊院で修行し、青蓮院の門侶として青光院に住んでいた。ところがどういう理由からか、「万人恐怖」と恐れられた六[2]代将軍足利義教の怒りにふれて、北陸の瑞泉寺《ずいせんじ》に追放の身となっている。

富山県南砺《なんと》市井波《いなみ》の瑞泉寺は、本願寺五世綽如《しゃくにょ》上人によって創建されたと伝えられている北陸最大の真宗寺院だが、当時はまだ浄土系の様々な信仰が入り混じる天台宗の寺院だったと見られる。

この時の如乗の様子が、実悟の『蓮如上人塵拾鈔』に伝えられている。如乗は瑞泉寺の雰囲気に馴染めなかったのか、「心にあわざる事有《ことあり》て」〈**訳文** 気に入らないことがあって〉という理由から、京都へ帰ろう[史料①]とした[3]とある。その背景には、如乗を追放した足利義教が暗殺されるという事件（嘉吉の変）があったようである。ところがその途中で、如乗が帰還しようとするのを押し留める人達[4]がいた。加賀国《かがのくに》（石川県南部）河北《かほく》郡の門徒衆である。その時の様子が、「瑞泉寺を出て上洛しようと思い通り掛かられたのを、加賀国河北郡の門徒衆がお留め申[史料①]し上げて、同じく河北郡井家庄《いのいえしょう》二俣《ふたまた》村にあった道場にお迎えした」と伝えられている。

二俣を東西に走る街道は二俣越《ごえ》（朴坂越《ほおざかごえ》）と称されて、西方の加賀平野と東方の河上《かわかみ》地方（富山県城端《じょうはな》・福光《ふくみつ》・井波《いなみ》地方）とを結ぶ、古くからの主要な交通路であった。如乗も瑞泉寺からこの朴坂峠《ほおざかとうげ》を越えて京都へ向おうとした所を、地元の門徒衆に押し留められたのであった。そしてこれをきっかけに、白山連峰の医王山《いおうぜん》に抱《いだ》かれた二俣という山里に[5]道場を築き、土地の民衆に念仏の教えを伝えることとなった。

やがて如乗はこの地で、本願寺の親類筋に当たる女性を妻に迎える[6]。越前国《えちぜんのくに》荒川[7]華蔵《けぞう》閣《かく》（興行寺）を開いた周覚の三女勝如である。

本泉寺山門　金沢市二俣町
かつての本泉寺の場所については諸説あるが、山寺の静かなたたずまいが、その当時を偲ばせてくれる。

北陸には早くから本願寺の血筋を引く寺院が[8]点在し、存如上人もそれらの寺院を足掛かりとして、北陸の真宗寺院と頻繁に交流を重ねていた。それだけに蓮如上人も、そんな父親に従って北陸へたびたび足を運んでいたと見られ、おそらく如乗とも接触をくりかえしていたことであろう。こうした縁を通じてすでに、蓮如上人の並々ならない宗教的才能を見出していた可能性がある。

二俣の地は、今日でも平家の落人が住み着いて踊ったと伝えられる「二俣いやさか踊り」や、杉原紙《すいばらがみ》（加《か》賀奉書《がほうしょ》）の産地として知られている。

当然のことながら、如乗が布教の相手とした民衆は、厳しい山仕事や零細な畑作で生活していたことであろう。そんな彼等との心の触れ合いを深て行くうちに、必死で救いを求める激しい精神のうねりを感じ取る。「この者達は、従来の仏教とは違う自分達のための教えを求めている」。そうした実感が、新しい布教活動を試みていた蓮如上人に、増々大きな期待を寄せることになったと想像される。

さて、北陸から大谷へ駆け付けた如乗は、早速本願寺の中で進められていた動きに激しく抗議する。[史料②]「これはおかしい。まったく存如上人の御譲状と申し、跡取りとされていることといい、応玄を住持にすることは承知し難い。」

如乗の主張はもっぱら、存如上人が譲状を与えたのは、蓮如上人だという一点であった。これ程に如乗の主張が譲状に集中しているところを見ると、少なくとも譲状を書こうとしていた存如上人の意向は、周知されていたのであろう。にもかかわらず、如円尼の考えで葬儀が進められたのは、存如上人の改革路線に多少なりとも不安を抱く意見があったためであろう。そのことは、如乗の抗議に対する関係者の態度によく表われている。

特にそっけない態度を取った[史料②]のは、兄の空覚《くうかく》（生没年不詳）であった。元々本願寺は、浄土真宗の寺であるとともに、青蓮院に所属する天台宗の寺でもあった。とりわけ四世善如上人（一三三三〜八五年）と五世綽如《しゃくにょ》上人（一三五〇〜九三年）の時代は、天台宗の作法に則《のっと》った立ち居振る舞いが重んぜられ、黄色の袈裟や衣が用いられたと伝えられている。それだけに、打ち続く社会不安の時代を、天台宗の権威に頼って乗り切ろうとする路線が、頭をもたげたとしても不思議はない。

おそらく、存如上人の遷化に先立って、機先を制して改革路線を抑え込もうとする計画が、暗黙のうちに進められていたのではなかろうか。だとすると、騒動の張本人と目されている如円尼も、この計画を推進する者達に担がれていたのかもしれない。

それだけに如乗も、この計画を打破し、関係者が率直に意見を述べられるようにと、懸命に説得を繰り返す。

「亡き兄上、存如史料③上人のお言い付けに、少しも違うことがあってはならない。けっして応玄のことを、御附弟《ごふてい》（教えを授けられた弟子）としてお許しになったなどとは聞き及んでいない。」

如乗の言葉には、「本願寺の将来を託せる人物は蓮如上人を措いて他にはいない」とする信念が、満ち溢《あふ》れていた。再三再四説得が繰り返された結果、「これはおかしい」とする如乗の主張に、今まで態度を明確にしていなかった親族や一門の弟子達も、次々と同調して行き、ついに蓮如上人の継職が実現[9]したのであった。

注　1—『日野一流系図』の宣祐の部分には、「元山門慈尊院住《じそんいんじゅう》。青蓮院一門侶。青光院《しょうこういん》住之《ノ》時、将軍善広院《ぜんこういん》依《より》レ仰《おおせニ》被《る》レ召《めシ》二放《はなタ》彼《カノ》院《ニ》一。法印権少僧都《ほういんごんのしょうそうず》。左衛門督《さえもんノかみ》。法名如乗。瑞泉寺《ずいせんじ》住。本泉寺《ほんせんじ》開基。」とあり、更に生没年について、「寛正元庚辰正月廿六日寂四十九。加州二俣坊《ふたまたぼう》開山是《これ》本泉寺也《ナリ》」とある。

2—足利義教は、比叡山根本中堂の炎上について噂《うわさ》することを禁止した。その折、禁を犯した商人が斬首されたが、この出来事に関して伏見宮貞成《ふしみのみやさだふさ》親王は『看聞日記』永享七年（一四三五）二月八日の条に、「万人恐怖、言フ莫《なか》レ、言フ莫レ」と記して、歎いている。

3—この時如乗が瑞泉寺を離れようとした理由として、井上鋭夫《としお》氏（一九二三～七四年）は『本願寺』（昭和四十一年発行）で、「如乗は天台的な瑞泉寺の主流と相いれなかったのであろう。」と見ている。

4—ここをルーツとする光徳寺（富山県南砺《なんと》市法林寺）の縁起には、この時如乗を留めた人物は、土地の豪族高坂定賢《こうさかじょうけん》と田島《たのしま》村（金沢市田島町）の長《おとな》百姓右衛《うえ》門《もん》の二人だったとある。

5—今日、金沢市二俣町（金沢市の中心部より東方十キロメートル程の白山山系医《い》王山《おうぜん》の麓）に、如乗が開いたと伝えられる本泉寺（真宗大谷派）がある。けれども辻川達雄氏（『蓮如実伝』北陸篇上一九九六年）はこの坊舎について、瑞泉寺三世賢心（一四八九～一五五二年）の孫に当たる心祐が、天正年間（一五七三～九二年）に、旧坊に近い真言宗寺院の寺地を入手して再興したものと見ている。また実際の二俣道場については、『拾塵記』や『蓮如上人塵拾鈔』に、その後この道場が、二俣から田島、田島から平尾（医王山南西麓の栃尾谷地区）、更には若松（金沢駅より東南東四・五キロメートルの集落）と移住している事実から考えて、現在の場所から更に奥の、砂子坂集落の辺りと推測している。

6—辻川達雄氏は、高坂定賢一族が二人の関係を取り結んだのではないかと推測している。（『蓮如実伝』北陸篇上第二章）それは、越前国《えちぜんのくに》足羽《あすわ》郡稲津荘桂島村にあった高坂定賢一族の菩提寺照護寺（現在は福井市松本）に、周覚の次女良宗が嫁いでいるからである。

7―本願寺五世綽如上人の三男周覚（玄真《げんしん》）が越前国志比庄下郷大谷に開いた真宗寺院。現在の住所は福井県吉田郡永平寺町藤巻。

8―当時北陸には、本願寺五世綽如上人の創建と伝えられる瑞泉寺（富山県南砺市井波、大谷派井波別院）を始めとして、綽如上人の次男頓円《とんえん》（一三八七～一四四七年）開創の超勝寺《ちょうしょうじ》（福井市藤島町、本願寺派）、同三男周覚（一三九二～一四五五年）開創の華蔵閣《けぞうかく》（後の興行寺。福井県吉田郡上志比村藤巻、本願寺派）、周覚の息女・良宗の夫・良空が建立した照護寺《しょうごじ》（福井市松本、本願寺派）、本願寺七世存如上人が建立し、周覚の長男永存が蓮如上人の妹如祐を娶って住持に入っていた西光寺（福井県鯖江市吉江町、本願寺派）等、本願寺の親族寺院がいくつもあった。

9―蓮如上人は本願寺の八代目に数え上げられているが、在世中は必ずしもその代数がはっきりとしていなかったようである。当時の宝物類によれば、七、八、九という、三通りの数え方が認められている。まず蓮如上人の絵像の裏書、すなわち愛知県岡崎市矢作《やはぎ》町勝蓮寺（大谷派）、東京都台東区東上野報恩寺（大谷派）、岐阜県安八郡神戸町正覚寺（本願寺派）各所蔵の三点には、「第七世」あるいは「第七代」と記されている。これは、本願寺を創った覚如上人に始まり、蓮如上人に到る七代を指している。この中には覚如上人の次男従覚が含まれている。一方、北陸の金沢市専光寺（大谷派）の「歴代宗主銘」には、親鸞聖人に始まり蓮如上人に到る今日と同じ八名の名前が墨書されている。更に、京都西本願寺所蔵の山科八幅と呼ばれる本願寺歴代影像には、親鸞聖人に続き蓮如上人に到る従覚を含めた八名（如信・覚如・従覚・善如・綽如・巧如・存如・蓮如）の姿が描かれている。こうしたところから推測すると、蓮如上人以降の時代に、本願寺教団の確立に伴い、今日のような数え方が定着したものと考えられる。

史料①『蓮如上人塵拾鈔《じんしゅうしょう》』より「加賀国諸末寺事」　実悟編著

【史料解説】実悟の著述の一つと見られ、天正初年の成立と考えられている。昭和三十七年（一九六二）新潟県上越市浄興寺に収蔵されていることが、笠原一男氏等の調査によって明らかになった。内容は全部で七項目よりなり、第二項「加賀国諸末寺事」第三項「越中国寺事」第四項「本泉寺事」には、『拾塵記』より詳しい内容が記されている。特に第七項「本泉寺与和田蓮恵申事」は、従来のどの書にもない記述である。

本文

…越中国《えっちゅうのくに》へ下給《くだりたまい》て、瑞泉寺住持と成り給ひ《い》しか、彼寺《かのてら》も心にあわさ《ざ》る事有《あり》て、又上洛すへ《べ》きよし二《に》て、瑞泉寺お《を》出て、上洛有るへ《べ》きとて、通り給ひ《い》しお《を》、加州加(可)北郡の門徒衆留奉《とどめたてまつり》て、同郡内井家庄《いのいえしょう》内二俣村の道場の侍《はべり》しに留《とどめ》て置申《おきもうす》。いまに其所《そのところ》坊とし居住の《の》間坊也《なり》。

訳文

…越中国《えっちゅうのくに》（富山県）へ下られて、瑞泉寺の住持と成られた。けれどもその寺も心に合わないことがあって、再び上洛しようというわけで、瑞泉寺を出て上洛しようと思い、通り掛かられたのである。加賀国《かがのくに》（石川県南部）河北郡の門徒衆は、そこをお留め申し上げて、同じく河北郡井上《いのいえ》庄内二俣村にあった道場にお迎えした。今でもその場所は、坊舎として居住しているあたりの所である。

史料②『山科御坊事并其時代事』四十九　実悟編著

本文

然《しかれ》ハ《ば》存如上人御舎弟《しゃてい》如乗一人、「是《これ》不ㇾ《ず》可ㇾ《べから》然《しかる》。さりとて御譲状と申《もうし》、嫡子の儀《ぎ》といひ《い》、応玄の儀心得《こころえ》か《が》たし」とそ《ぞ》の給ひ《い》ける。雖《いえども》ㇾ然《しかりと》御継母御とり持なれハ《ば》、無《なき》㆓是非《ぜひ》㆒事《こと》と、申出すへ《べ》き様もなき所に、是非《ぜひ》共《とも》不ㇾ《ざる》謂旨《いわむね》、達《たっ》て如乗一人の仰事《おおせごと》ありけるに、常楽台光崇《じょうらくだいこうすう》も一向《いっこう》疎略《そりゃく》の体也《ていなり》。然《しかれ》ハ《ば》其外《そのほか》ハ《は》皆々閉口侍《へいこうはべり》しに、「大《おおい》に不ㇾ《ざる》可ㇾ《べから》然《しかる》」の旨《むね》、青光院宣祐《しょうこういんせんゆう》（如乗也）一人各《おのおの》へ被《れ》㆓申出《もうしいださ》㆒、「か様にハ不ㇾ《ざる》可ㇾ《べから》有《ある》」事之《の》由《よし》、一人はりて有《あり》㆓馳走《ちそう》㆒て、兼寿法印《けんじゅほういん》家督の儀ハ《は》、被《れ》ㇾ申《もうさ》㆓沙汰《さた》㆒たる事也《ことなり》。

訳文

そのため、存如上人の弟の如乗一人が、「これはおかしい。それだからといって、存如上人の御譲状と申し、嫡子であるということと言い、応玄を住持にすることは承知し難い」とおっしゃった。けれども、御継母の仲介であるため、皆の者はやむを得ないことと申し出かねていた。そんな時、是とも非とも言わないことに、達てそれを言うようにと、如乗一人がお言い付けになったのだから、もう一人の叔父の常楽台光崇《じょうらくだいこうすう》も一向に無関心の様子であった。それで、その他の人達は皆口を閉ざしていたのだが、「はなはだおかしい」と青光院宣祐《しょうこういんせんゆう》（如乗）一人が面々の人達に申し出され、「このようにあるべきではない」とのことを、一人言い張って奔走したので、兼寿法印（蓮如上人）が家督を相続することに定まったことである。

史料③『拾塵記』より「蓮如上人事」　実悟編著

本文

爰《ここ》ニ蓮-上人叔父宣祐《せんゆう》法印（本泉寺但其比瑞泉寺住元為門跡青光院元号慈尊院遁世法名如乗本泉寺）申給《もうしたまい》ヒ《イ》侍《はべ》リシハ、「先考法印ノ仰《おおせ》更《さらに》以《もって》不《ず》㆑可《べから》㆑有《ある》㆓相違《そうい》㆒。努《ゆめゆめ》阿闍梨《あじゃりの》事、○御附弟ニハ許容覚悟ニ不《ざるの》㆑及《およば》」之趣《おもむき》、イキト《ど》ヲ《お》リ対《たいし》㆓諸人《に》㆒再三出言ノ上、各《おのおの》横韻ニ入《いり》㆓同心《に》㆒、「不《ざるの》㆑可《べから》㆑然《しかる》」之旨《むね》、就《なる》㆓教訓《きょうくんと》㆒。各又《おのおのまた》宣祐法印ノ儀ニ同心ニヨリテ、兼寿法印之《ほういんの》儀可《べきの》㆑為《たる》㆓御附弟《ごふてい》㆒之旨《むね》、強《あながちに》継母《の》御方《も》不《ざルの》㆑及《およば》㆓出言《しゅつごんに》㆒之子細有《あるか》㆑之《これ》歟。…

訳文

この時、蓮如上人の叔父宣祐法印（如乗）と申し上げる方は—本泉寺の住職で、あるいは同じ時分瑞泉寺に住んでいた。初めは青蓮院門跡の門侶として青光院《しょうこう》に住んでいた。元は比叡山延暦寺の慈尊院で修行し、遁世《とんせい》して法名を如乗と名乗り、本泉寺に住むようになった。—、「亡き兄上《あにうえ》存如上人のお言い付けに少しも違うことがあってはならない。けっして応玄阿闍梨のことを、御附弟《ごふてい》—教えを授けられた弟子—としてお許しになったなどとは聞き及んでいない」との事情を、憤《いきどお》りながら人々に対して再三説かれた結果、面々の人達も一斉に同調するようになり、一致して「それはおかしい」

との内容が教訓となった。面々の人達も宣祐法印（如乗）の言うことに賛成したため、継母の御方《おかた》も、兼寿法印（蓮如上人）のことを御附弟とするべきとのことに、強《し》いて口をはさむことができないという事情があったものであろう。…

（七）継職時の伝説的話

―史料『拾塵記』、『山科御坊事并其時代事』四十九―

如乗の説得による大逆転劇は、周囲の人達にとって余りにも衝撃的な出来事であった。このことが蓮如上人や如円尼について、様々に伝説的逸話を生み出させる結果となった。

史料①「ここに不思議な事があった。存如上人の葬送の庭で、代々相承されて来た親鸞聖人の御数珠を、後継者であるということで、応玄に持たせたところ、突然数珠の緒《お》が切れて蓮如上人の前へ落ち、人々はこれを取り上げてお渡しした」。史料②「開山親鸞聖人の御道具（御袈裟・御助老《じょろう》・御数珠）が、三種類共《とも》に、蓮如上人の許《もと》へ参ったことがあった。これは不思議なことである」。これは明らかに、この衝撃的な出来事が、蓮如上人を待望する多くの門徒の心情を背景に、不思議な伝説として語られるようになったものであろう。

これと並んで注目されるのが、事件後の如円尼にまつわる話しである。史料③如円尼は腹立ちまぎれに、本願寺の蔵の中にあったものをことごとく持ち去ったというのである。

けれども、興福寺大乗院門跡経覚《きょうがく》の日記（『経覚私要抄《きょうがくしようしょう》』）には、その三年後の寛正《かんしょう》元年（一四六〇）二月に「兼寿僧都（蓮如上人）兄弟ならびに子息・若党等十人計り」が奈良を訪れたという記事があり、またその四年後の寛正五年（一四六四）八月には、大谷本願寺に「兼寿僧都（蓮如上人）・舎弟（応玄）ならびに子息右衛門督《えもんのかみ》（長男の順如）」が経覚を出迎えたという記事が記されている。このことから推して、右の話しもやはり、事件の際の如円尼の感情の激しさが、伝説的に語られたものであろう。事実は、蓮如上人と如円尼、応玄との親族関係がその後も続けられているのである。

史料①『拾塵記』より「蓮如上人事」

本文

…爰《ここに》不思議之《の》子細侍《しさいはべ》リキ。彼《かの》葬送ノ庭ニヲヒ《オイ》テ、代々御相承《そうじょう》ノ鸞上人御珠数ヲハ《バ》為《たるの》二附弟一之儀《にて》応玄阿闍梨持《もた》セ給《たまい》シカ、俄《ガにわかに》珠数ノ緒《お》切レテ兼寿法印ノ御前《おんまえ》ヘ落《おち》、人々取《とり》レ之《これたてまつると》奉レ渡《わたし》云々《うんぬん》。

訳文

…ここに不思議な事があった。存如上人の葬送の庭で、代々相承されて来た親鸞聖人の御数珠を、附弟であるということで、応玄阿闍梨にお持たせになったが、突然数珠の緒《お》が切れて兼寿法印（蓮如上人）の御前へ落ち、人々はこれを取ってお渡し申し上げたという。

史料②『山科御坊事并其時代事』四十九

本文

…開山上人《の》御道具等、先《に》三種共《とも》、蓮如上人へ参事《まいること》ありき。是《これ》不思議の子細共也《どもなり》。開山御袈裟・御助老《じょろう》・御珠数等 参也《まいるなり》。

訳文

開山親鸞聖人の御道具等《など》が、先に三種共に蓮如上人の許へ参ることがあった。これは不思議なことである。開山聖人の御袈裟・御助老《じょろう》・御数珠等が参ったのである。

史料③『山科御坊事并其時代事』四十九

本文

然《しかれ》ハ《ば》此儀《このぎ》各《おのおの》同心《どうしん》の由《よし》御《お》聞候《ききそうらい》て、土蔵等に有《あり》ける物、経論正教《きょうろんしょうぎょう》迄《まで》、悉《ことごとく》御継母の御方へ夜中に取かくされて、倉にはたゞ、一尺ハ《ば》かりの味噌桶一《ひとつ》と代物《だいもつ》百疋《ぴき》、蔵にハ《は》残され置《おか》れけれ共《ども》、其比《そのころ》未《いまだ》御方《おかた》と申《もうし》ける蓮如上人の御方にハ《は》、いさゝかも兎角《とかく》の違乱《いらん》不《ざるの》レ可《べから》レ申《もうす》之由《よし》被《らる》二仰定《おおせさだめ》一。御住持職のわたり申す一儀斗《ばかり》を、肝要と被《れ》二思食《おぼしめさ》一たる事也《なり》。

訳文

さて、この蓮如上人の継職におのおの人達が一斉に同調したとのことを如円尼が聞いて、土蔵等にあった物、経論・聖教まで、ことごとく、継母の御方の許《もと》へ夜中に取って隠されて、蔵にはただ直径一尺ほどの味噌桶《みそおけ》一つと銭百疋《ぴき》（一貫文）が、蔵には残されていただけであった。けれども、その頃まだ御方《おかた》様と申した蓮如上人様は、少しもあれこれといった混乱があってはならないとのことをお定めになった。御住持職を手に入れるという一つのことだけを、大切なこととお考えになられたのである。

（八）如乗への恩と如円尼への心配り

――史料『山科御坊事并其時代事』四十九、『拾塵記』、『御文』――

蓮如上人の本願寺継職を実現させた叔父の如乗は、残念なことにその三年後（寛正元年、一四六〇）、四十九歳で生涯を終えてしまう。「如乗から大恩を受けた事である」と口にする程、並々ならない深い恩義を感じていた蓮如上人は、その恩に報《むく》いるために、後《あと》継《つぎ》として次々とみずからの子息を送った。まず二男蓮乗を娘の如秀尼の養子として送るが、蓮乗は病弱で男子も居なかった。そこで文明（一四六九〜一四八六年）の初め頃七男の幼い蓮悟を後継として蓮乗の娘如了尼に結び合わせる。さらにこの蓮悟にも後継が出来なかったので、明応元年（一四九二年、蓮如上人七十八歳）に誕生した十男実悟を出生して間もなく本泉寺へ下向させている。史料①

もちろん如乗の家系を絶やすまいとの思いからであろうが、本願寺の後継者の地位に就《つ》かせてくれた叔父の存在が、あるいは仏《ほとけ》の化身と映っていたのかもしれない。その後蓮悟に永正五年（一五〇八年、蓮如上人没後九年）男子が誕生したため、実悟は別に寺（願得寺）を開くことになる。こうして二俣本泉寺は、血縁により本願寺と強固に結ばれ、北陸の重要な拠点となって行ったのである。

一方本願寺継職をめぐって騒動を起こした継母如円尼にも、上人は心配りを欠くことがなかったようである。

如円尼は奇《く》しくも、如乗が没した同じ年（史料②）に他界している。上人は亡くなるまで継母の面倒を見、葬儀の際にも、棺に肩をかけたと伝えられる。文明四年（一四七二）三月に吉崎で、如円尼の十三回忌が勤められ、翌年如円尼のことを感慨深く偲《しの》んだ御文（史料③）を製作している。その文の中には、「この亡者安心《もうじゃあんじん》のかたも、いかゞとこゝろもとなく候《そうろう》…」〈**訳文**この死んだ人の信心の様子が、どうだろうかと、不安に思います…〉という、如円尼の往生の事を心配する言葉が見出される。だがここからは、良くも悪《あし》くも如円尼のことをありのままに受け止めつつ、如来の深い慈悲の心をたのもうとする上人の姿が浮かんで来る。したがってその後には、「いまはや五障《ごしょう》の雲もはれぬらん　極楽往生はちかきかのきし」という。継母の極楽往生を信じる和歌が詠われている。この御文は、文明六年（一四七四）頃に吉崎を訪れた如円尼の子息応玄に与えられた。これを見た応玄は、蓮如上人の深い教えに感激の思いを新たにする。そして、それまで居た青蓮院を離れて遁世し、学本坊蓮照《れんしょう》と名乗って加賀国大椙谷《おおすぎだに》に入るのである。そして生涯を蓮如上人の一弟子として送ってゆく。2

注　1―顕誓の『反古裏書《ほごのうらがき》』には、「出生百日ノ内ヨリ北国へ下シ申サレ本泉寺蓮悟ノ養子タリ。」とあり、如秀尼の母・勝如尼が願い出て、如了尼の息女に縁付くようにと、本泉寺に迎えられたようである。ところが、その息女が他界し、それまで男子が無かった蓮悟に永正五年（一五〇八）男子実教が誕生したため、蓮悟の開いた石川郡河内庄剣村（現在の白山市鶴来朝日町。菊姫酒造の近く）の清沢《きよざわ》の坊（願得寺）へ移っている。

2―応玄（蓮照）が加賀国大椙谷《おおすぎだに》（小松市大杉谷）に入ったことについては異論も出されているが、金沢市四十万善性寺《しじまぜんしょうじ》には、蓮照が蓮如上人御往生の五ヶ月後に書写した御文が残されており、その末尾に「大杉陰士愚者蓮照（花押）」と署名がされていて、晩年まで大椙谷《おおすぎだに》で暮らしていたことは間違いないと見られる。ただし最晩年には山科小山の地に移って没したようで、千葉乗隆氏は山科小山の明教寺（本願寺派）に、その伝承が伝わっていることを紹介している。

史料①『山科御坊事并其時代事』四十九　実悟編著

本文

…依《よって》レ之《これに》青《しょう》光院《こういん》を別而《べっして》御執事《ごしつじ》の儀《ぎ》也《なり》。仍《よって》二役《ふたまた》(俣)の坊に青光院居住の間《あいだ》、細々《さいさい》吉崎の御坊に御座の時も、二役《ふたまた》の坊へ御出《い》でありし事也《なり》。依《よって》レ之《これに》如乗の跡にも蓮乗、又《また》蓮乗の跡にも蓮悟又《また》実悟、兄弟三人を被《らるる》二仰付《おおせつけ》一事にて侍《はべ》り。然《しかれ》ハ《ば》又徳度《まととくど》の時ハ《は》、自余《じよ》にかハ《わ》りて、代々実悟《じつご》まて《で》、御太刀《たち》拝領せしむる事也《なり》。其外《そのほか》本泉寺ハ《は》自余末にかはる《わ》へ《べ》き旨《むね》、被《られ》二仰出《おおせいで》一たる事共有《どもありと》レ之《これ》云々。

訳文

こういうわけで、青光院（如乗）を特別に重視されたのである。すなわち、二俣《ふたまた》の御坊に青光院（如乗）が住んでいたので、蓮如上人は吉崎御坊に居られる時でも、二俣《ふたまた》の御坊にたびたびお出でになられたのである。こういうわけで、如乗が亡くなった後は次男の蓮乗が、また蓮乗の後には七男蓮悟やまた十男実悟というように、兄弟三人が本泉寺を受け継ぐようにお言いつけになったのである。それで、得度の時は、他の者に代わって御歴代上人が代々実悟の時まで、御太刀《たち》を拝領《はいりょう》されたのである。その他に、「二俣御坊本泉寺は、他の末寺とは違っていなければならない。」とのことを、おっしゃったことがあったという。

史料②『拾塵記』より「蓮如上人事」　実悟編著

本文

如円禅尼ハ、○寛正《かんしょう》元年十月四日逝去《せいきょ》シマシ〳〵テケリ、其後《そのご》越前国《えちぜんのくに》吉崎坊ニテ○文明第四、十月四日、十三年忌、サマ〳〵《ザマ》仏事等行ヒ《イ》給《円寂シたまい》ケル。雖《いえども》レ為《たりと》二継母一、如《ごとく》二実母《の》一○御存生ノ折々ハ、連日種々上人被《られ》レ奉《たてまつ》二養育一ケレハ《バ》、禅尼モ、古ノ事《こと》トモ《ド》後悔ノ涙ヲナカシ《ガ》、ツネ〳〵《ヅネ》ハ懺悔《ざんげ》セサセ○給テ、アサマシカリシ事共《ことども》恨《うらみ》思《おもい》給《たまう》。信心歓喜《かんぎ》セシメ給《たまい》、往生ノ素懐《そかい》ヲトケ《ゲ》サセタマフ《モウ》。則《すなわち》葬送ノ時ハ、吉崎ニテ上人御肩カケセ《サ》給《たまい》、御堂ノ庭マテ《デ》供奉《ぐぶ》シ給《たま》ヒ《イ》ケルトソ《ゾ》。

訳文

如円禅尼は、寛正元年（一四六〇）十月四日逝去《せいきょ》なさった。その後、越前国《えちぜんのくに》（福井県）吉崎御坊《よしざきごぼう》で、文明四年（一四七二）十月四日、十三回忌に様々に仏事等《など》を営まれた。蓮如上人にとって如円禅尼は継母とはいうものの、御存命の時には実母のように折に触れてずっと色々大事にして差し上げられたので、如円禅尼も昔の事に後悔の涙を流し、常々懺悔なさって、昔の浅ましかったことを恨みに思われた。それで信心を喜ばれ、往生の素懐《そかい》（極楽に往生したいというかねてからの願い）を遂げられたのである。葬送の時は、蓮如上人も棺《ひつぎ》に肩をかけられ御堂の庭まで行列に加わられたということである。

史料③『御文』文明五年（一四七三）八月廿八日 名塩《なじお》教行寺本

本文

文明第四 十月四日、亡母《もぼ》十三廻ニアヒ《イ》アタリ候《そうろう》。今日ノコトニ候《そうろう》ア《あ》ヒ《イ》タ《ダ》、ヒトシヲ《オ》アハ《ワ》レニコソ候《そうら》ヘ《エ》。三月ヒキアケ《ゲ》仏事ヲナサレ候《そうろう》ア《あ》ヒ《イ》タ《ダ》、サタ《ダ》メテ亡者モ仏果菩提《ぼだい》ニモイタリタマヒ《イ》候《そうろう》ラン。サリナカ《ガ》ラ、カクノコ《ゴ》トクオモヒ《イ》ツ《ヅ》、ケ候。

十三年《とみとせ》ヲ ヲ《オ》クル月日ハ イツノマニ
今日メク《グ》リアフ《ウ》 身ソ《ゾ》アハ《ワ》レナル

マタ、愚老ナニトナク当年サヘ《エ》、コノ国ニ居住セシメ、十三廻ノ仏事ニアヒ《イ》候モ、真実ノ宿縁《しゅくえん》トコソオホ《ボ》ヘ《エ》候ヘ《エ》。サリナカ《ガ》ラ、コノ亡者安心《もうじゃあんじん》ノカタモ、イカ《ガ》、トコ、ロモトナク候《そうろう》アヒ《イ》タ《ダ》、カクノコ《ゴ》トキオモムキヲナシテ、カヤ《ヨ》ウニツ《ヅ》、ケ候《そうろう》ナリ。

オホ《ボ》ツカナ マコトノコ、ロ ヨモアラン
イカナルトコロノ 住家ナルラン

サリナカ《ガ》ラ、他経《きょう》ニヨラハ《バ》、一子出家七世ノ父母《ぶも》皆往生トヤラン。マタ当流ノコ、ロナラハ《バ》、還来穢国度人天《げんらいえこくどにんでん》ト。コレハイマタ《ダ》シキコトニテヤ候ヘ《べ》キ。シカリトイヘ《エ》ト《ド》モ、マコトニ変成男《へんじょうなん》子転女成男《してんじょじょうなん》ノ道理ハ、サラニウタカ《ガ》ヒ《イ》アルヘ《べ》カラサ《ザ》ルモノナリ。

イマハ《ワ》ハヤ　五障《ごしょう》ノ雲モ　ハレヌラン
極楽浄土ハ　チカキカノキシ

カヤウニフテ《デ》ニマカセテ、ナニトモナキコトヲマ《モ》ウシ候ナリ。御違例《いれい》モ、今日ハヨキヨシマウスアヒ《イ》タ《ダ》、目出度《めでたく》オホ《ボ》シメシ候トコロニ、ハヤコレヘ御イテ《デ》候。対面マ《モ》ウシ候ホト《ド》ニ、ナヲ《オ》〳〵殊勝《しゅしょう》ニ候。アナカシコ〳〵。

文明五年癸巳八月廿八日　於《おいて》二吉崎《に》一ヨリ出《いで》タリ

訳文

文明四年（一四七二）十月四日は、亡《な》き母（継母如円尼）の十三回忌に当たります。今日がちょうど当日でございますので、ひとしお感慨深いものがございます。三月に繰り上げて法要が勤められましたので、きっと死んだ人も仏様のさとりに到っておられることでしょう。しかしながら、私は次のように思い続けております。

十三年の月日が、いつの間にか過ぎて、今日その法要にめぐり合う我が身の、何とも感慨深いことです。

また、この私は何となく当年まで、この越前国《えちぜんのくに》（福井県）に居住するようになり、十三回忌の仏事に遇《あ》いますのも、如来様から巡り会わされたご縁と思われることです。しかし、この死んだ人の信心の様子が、どうだろうかと不安に思いますので、次のような内容で、続けて歌に詠んでみました。

気がかりに思われることですが、まことの信心はよもやありますまい。いったいどんな所に
住まっているのでしょうか。

けれども、他のお経《きょう》によると、「一人の子供が出家すると、七代に渡ってその父母が皆往生する」とか申します。またこの流派の教えですと、「ご往生を遂げた者が、迷いの世界に戻って来て人々を救す」と説かれています。とするとこれはまだ、往生の時機が到来していないということでございましょうか。そうですが、まことに変成男子転女成男《へんじょうなんしてんじょじょうなん》（信心を得た女性はその身を男性に変えて成仏する）という道理は、少しも疑いないことです。

今はもう、女性の心を妨げている五つの障《さわ》りの雲も晴れたことであろう。極楽浄土の岸辺も、すぐ近くになりました。

このように筆の赴《おもむ》くままに、とりとめもないことを綴りました。あなたのご病気も、今は良くなったとお聞きしましたので、喜ばしく思っておりましたところに、すでにこちらへお出で下さいました。お会い申し上げていますうちに、ますます心打たれたことでございます。あなかしこく。


文明五年（一四七三）癸巳《みずのとみ》八月二十八日　吉崎から出しました。

第二章　本願寺改革と比叡山の弾圧

比叡山遠望　滋賀県守山市荒見《あらみ》町付近より望む
蓮如上人の布教活動は比叡山の麓に当たる近江国湖南の地域で始められた。

第一節　本願寺改革

（一）十字名号の本尊（無碍光本尊）を定める

――史料　親鸞聖人「十字名号本尊」、「光明本尊」、蓮如上人「十字名号本尊」（慶先寺蔵）――

本願寺を継職した蓮如上人《れんにょしょうにん》は、「親鸞聖人《しんらんしょうにん》の一流《いちりゅう》（親鸞聖人の流れを汲む宗派）」[1]というあり方を前面に掲げ、早速、本願寺の大改革に取りかかった。まず手掛けたのは、新たな本尊の制定であった。

本尊と言うと一般には、一番の信仰対象として寺院の中心にまつられる仏像を指す。日本の各地には、奈良や京都を中心に、古くからの優れた仏像が数多く伝えられ、人々から親しまれている。そのためか、仏像の美術的なイメージをそのまま仏《ほとけ》だと見る傾向が強い。けれども本来、仏とは人間の目に見えないものである。実際仏教誕生の当初には、仏像というものが作られていなかった。[2]だがそれでは、仏がどのようなものなのか分からないということから、釈尊が入滅して五百年程経った紀元一～二世紀になって、今日のパキスタン北部からアフガニスタン東部に当たるガンダーラ地方や、北インドのマトゥラー地方で、仏像が誕生した。そしてそれが、シルクロードを経て、中国・韓国から日本へ伝えられたのである。

　こうして仏像は日本仏教の中に定着して行ったが、鎌倉時代を迎えて、目に見えない本来の仏に帰ろうとする大きな変革が始まった。法然上人《ほうねんしょうにん》の専修《せんじゅ》念仏である。

　法然上人の関心は、姿形《すがたかたち》のある美しい仏像ではなく、人間がどのようにしても免れることができない、根の深い心の迷いに注がれた。そしてそこから、迷いの中で毎日を送る一般民衆にも、拝むことのできる仏が説かれたのである。それが、南無阿弥陀仏という名号[3]である。

　法然上人のこうした変革を一層徹底させて、本尊そのものまでも新たにしたのが、親鸞聖人であった。蓮如上人[4]が制定した「帰命尽十方无导光如来《きみょうじんじっぽうむげこうにょらい》」という十字名号の本尊とは、親鸞聖人が考え出したものである。一体なぜこれが、一般民衆が拝む本尊としてふさわしいのかというと、それは煩悩を具えた在家の心のままでも念じられる本尊だからである。

『教行信証《きょうぎょうしんしょう》』行巻《ぎょうかん》には、「…心《こころ》を一仏《いちぶつ》に懸《か》けて、相貌《そうみょう》を観ぜず、専《もっぱ》ら名字を称ずれば、即《すなわ》ち念の中に於《おい》て、彼《か》の阿弥陀仏及び一切仏等《いっさいぶっとう》を見ることを得《う》」〈**訳文**…心を阿弥陀如来一つに向けて、お姿をながめないで、もっぱら南無阿弥陀仏と名前を称えれば、ただちにその念の中で、彼《か》の阿弥陀仏およびすべての仏《ほとけ》を拝見することができる。〉という言葉が見出される。これは煩悩を具《そな》えた迷いの心のままでは、仏のそのままの姿を直接見るのは不可能だということを表わしている。ただ南無阿弥陀仏と称える念仏の中からだけ、阿弥陀如来の姿は拝めるのである。

この時に主《おも》な本尊として用いたのは、「南無阿弥陀仏」の六字名号ではなく、「帰命尽十方无㝵光如来」という十字名号[史料①]であった。これは、インドの言葉を音訳した「南無阿弥陀仏」に比べて、「あらゆる世界を尽くして、ことごとく満たしてくれる、何ものにも妨げられない光の如来」と、はっきりと意味を表わす十字名号のほうが、本尊としてふさわしいと考えたからだと見られる。

ところが親鸞聖人が世を去ると、聖人のように純粋な念仏の教えを説くことのできる指導者が少なくなってゆく。それに代って、指導者の人格を拠り所にして念仏の教えを説く傾向が、際立って来るようになる。これがいわゆる「善知識《ぜんぢしき》だのみ」である。そして、この傾向を反映した光明本尊[史料②]（光明本）と呼ばれる独特の本尊が、仏光寺《ぶっこうじ》派を始めとする浄土真宗の古派で、用いられるようになった。

光明本尊を見てみると、畳一帖大程の絹布に、名号と光明が金泥《きんでい》で記されている。一見、蓮如上人の十字名号の本尊と似た感じもあるが、大きく違う点がいくつもある。

まず名号は一種類ではなく、三種類の名号が中央と左右に配置される。中央には「南《な》无不可思議光如来《むふかしぎこうにょらい》（仏《ぶつ》）」という九（八）字名号が蓮の台座の上に大きく書かれ、その左脇に「南無阿弥陀仏」の六字名号を、右脇に「帰命尽十方無㝵光如来」の十字名号を、それぞれ低い位置からやや小さな文字で記している。名号の一字一字からは、光明が四方八方にまばゆいばかりに輝いている。次に蓮の台座の左脇に阿弥陀如来の絵像、右脇に釈迦如来の絵像が、金色《こんじき》の姿に配置されている。そして左上のスペースには、天竺《てんじく》（インド）・中国の高僧十人程を、右上のスペースには、聖徳太子を始めとする日本の高僧や門徒指導者の姿が極彩色で描かれている。

おそらくこれを見た信者たちは、阿弥陀如来の光明と智慧に象徴される救いの働きが、釈尊と阿弥陀という二尊の慈悲により、代々の高僧・先徳を通して伝わって行く有様を、視覚を通して感じ取ったことであろう。一頃《ひところ》、大勢の参詣者が集まったと伝えられることも、頷かれる気がする。

けれどもこの光明本尊は、親鸞聖人本来の教えから見て大きな問題があった。それは「善知識だのみ」と呼ばれる通り、阿弥陀如来よりも善知識と呼ばれる指導者たちの人格が強く信仰された点である。

蓮如上人の改革は、新たな十字名号の本尊を通して、こうした「善知識だのみ」の風潮に大鉈《おおなた》を振るったのである。[6] 三種類も並んだ豪華過ぎる名号は、親鸞聖人本来の十字名号一つに統一され、また釈迦・弥陀の絵像を始め、天竺・中国・日本の高僧や先徳の像は、悉く消し去られた。目の前に残されたのはただ、「帰命尽十方無导光如来」の十字名号一[7]つで、蓮の台座の上からあらゆる世界に向けて光明を放っている。

こうして制定された名号の本尊は、[史料③]「帰命尽十方無导光如来」の文字を紺地の絹布に金箔《きんぱく》で押し、截金《きりかね》の蓮台《れんだい》に四十八本のまばゆいばかりの光明が施《ほどこ》され、また上下の色紙に『無量寿経』や天親菩薩の『浄土論』の文が、賛銘[8]として記された見事なもので、一般に「無碍光本尊」あるいは「ウツボ字」[9]と称せられていた。その様相は、「御文」に度々記される「摂取《せっしゅ》の光明」を紛《まご》うことなく眼前に示したものと考えられ、門徒に与えた効果は測り知れないものがある。

直接には、覚如上人が『改邪鈔《がいじゃしょう》』（十二）で、「凡《およそ》真宗の本尊は、尽十方無碍光如来なり。」

と説いているのに従ったものと見られるが、蓮如上人の残した「他流[10]には『名号よりは絵像、絵像よりは木像』といふ《う》なり、当流には『木像よりは絵像、絵像よりは名号』といふ《う》なり。」という言葉からは、親鸞聖人に回帰しようとする蓮如上人の姿勢が伝わって来る。

注

1―『御文―文明四年（一四七二）十一月二十七日』（五帖御文第一帖第四通）

2―仏像が誕生する以前のインドでは、ブッダを人の姿ではなくて、仏塔・法輪・菩提樹・仏足石等の象徴物で表わしていた。

3―浄土宗の根本宗典と呼ばれる『選択本願念仏集』の冒頭には、題字の後に「南無阿弥陀佛 往生之業念佛為先」（国宝廬山寺《ろざんじ》本）と記されていて、浄土宗が名号を根本とする教えであることを明示している。

4―『真宗重宝聚英』第一巻総説。一九八八年同朋舎出版発行。

5―現在知られているところでは、親鸞聖人は名号本尊として、「歸命盡十方無㝵光如來」（漢字の表記は原本に則《のっと》った。以下同じ）という十字名号を四幅作っている他に、「南无盡十方無㝵光如來」という特異な十字名号を一幅、「南无不可思議光佛」という八字名号を一幅、それにやや小型の六字名号を一幅作っている。また聖人在世中に真仏《しんぶつ》が作った、「南无不可思議光如來」の九字名号が残されている。

6—新たな本尊の制定について千葉乗隆《ちばじょうりゅう》氏は、蓮如上人が仏光寺派等で用いられていた光明本尊を強く意識して、この独自の形の本尊を定めたのではないかと指摘している。（『真宗重宝聚英』第一巻総説）すなわち、光明本尊から釈迦・弥陀の絵像やインド・中国・日本の高僧・先徳の像をことごとく取り除き、十字名号と光明だけを際立たせたものと考えるのである。

7—金龍静《きんりゅうしずか》氏（一九四九年～）は著書『蓮如』（一九九七年吉川弘文館）で、従来本尊類の他に高僧・先徳の画像も本尊として敬っていたのを、上人は如来と善知識とを分離させて、阿弥陀如来の名号だけを門徒の人達の信心の唯一の対象と定めたもので、画期的な本尊であったと解釈している。

8—覚如上人の時代から本願寺に安置されてきた十字名号の讃銘と同じもの。

9—早島有毅《はやしまゆうき》氏（一九四三年～）によると、紙（この紙を「うつほ」と呼んだ）に文字を記し、そこに金箔を押して、それを絹布に押しつけて作ったとする。

10—『実悟旧記』二（『御一代記聞書』七〇）

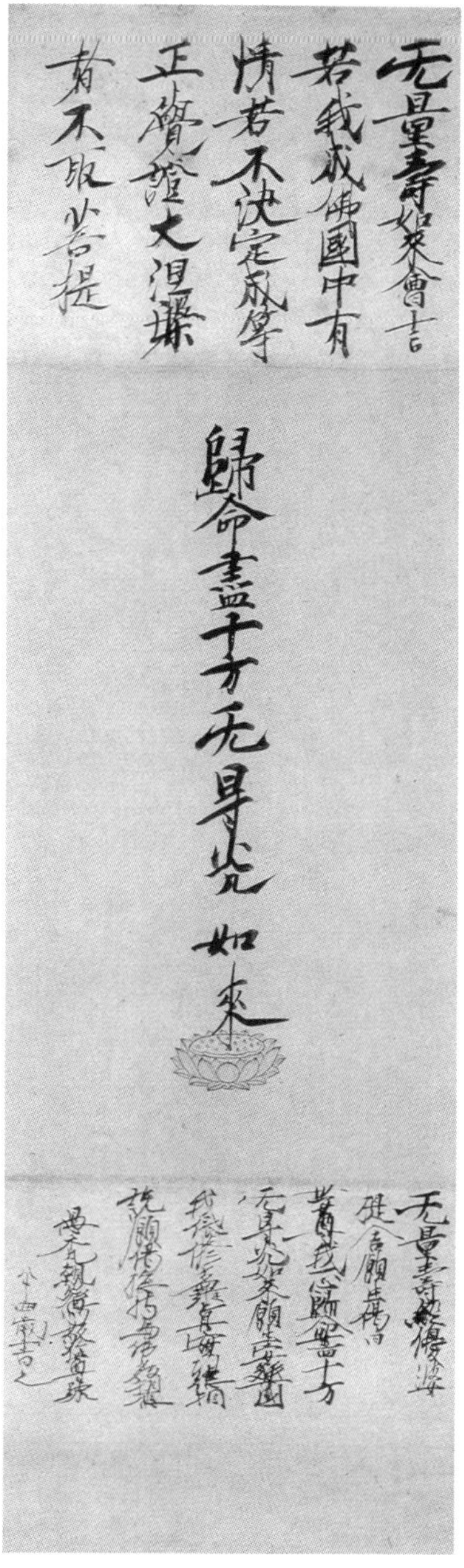

史料①「十字名号の本尊（歸命盡十方無㝵光如來）」　紙本墨書　親鸞聖人真筆
康元元年（一二五六、八十四歳）　十月二十五日　高田派本山専修寺蔵
縦九三・四㎝、横二八・六㎝　『真宗重宝聚英』第一巻（同朋舎メディアプラン）より転載

史料②「光明本尊」 十四世紀末頃 豪摂寺《ごうしょうじ》 真宗出雲路派本山蔵
縦一六五・七cm、横一〇四・六cm

史料③「十字名号の本尊」と裏書　滋賀県守山市山賀町　慶先寺蔵

長禄四年（一四六〇）正月二十二日　縦一二九・九㎝、横四〇・九㎝

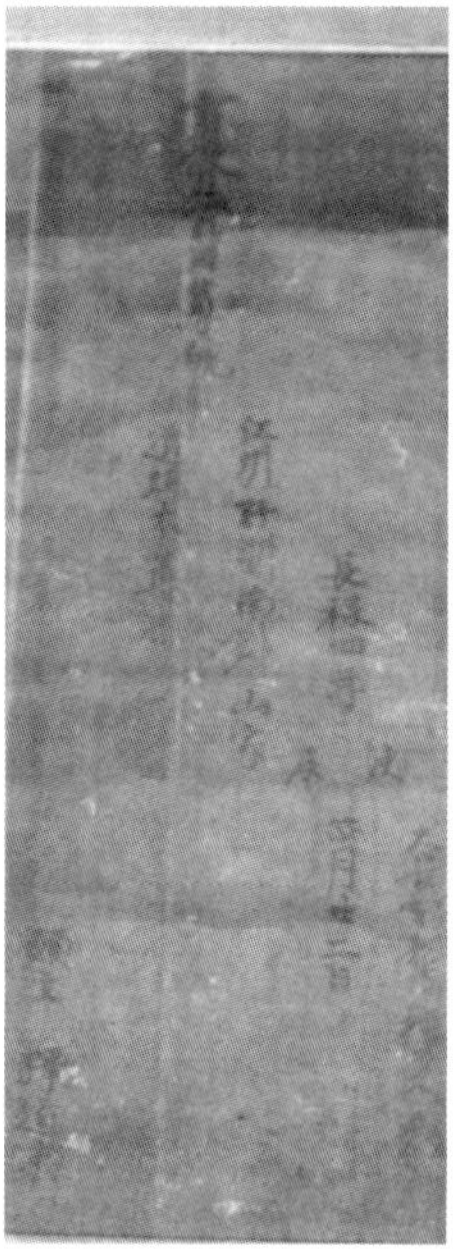

※上部の賛銘は『無量寿経』から第十八願など三文、下部の賛銘は天親菩薩の『浄土論』から「世尊我一心」の文など二文が蓮如上人の筆跡で記されている。また裏書には、「江州野洲南郡山家道場本尊也　願主釈道乗」とある。

（二）近江湖南への布教と十字名号の本尊

——**史料** 蓮如上人が下付した十字名号本尊（表）、「十字名号本尊」（慈願寺蔵）、『本福寺由来記』、「十字名号本尊」（本福寺蔵）蓮如上人が下付した十字名号の分布（地図）——

蓮如上人がこの時に授与した十字名号の本尊（無碍光本尊）は、今日でも三十幅[史料①]程が残されている。いずれも裏書が記され、授与先、年月日、上人の署名花押《かおう》が施される。その中でも最も早い例として挙げられるのが、大阪府八尾市慈願寺《やおしじがんじ》の十字名号[史料②]で、継職の翌年長禄二年（一四五八）十月二十三日の日付が認められる。

元々は蓮如上人が授与したものではなく、この寺に古く伝えられていたのを修理した際に、上人が改めて記した裏書のようである。平松令三《れいぞう》氏（一九一九～二〇一三年）は、十字名号に四十八本の光明が描かれるようになったのは、この慈願寺の名号がヒントにされたのではないかと推測[1]している。

残された三十幅程は、ほとんどが高さ一一〇～一三〇センチ、幅三七～三九センチ位で、目の粗い絹地に名号が記されている。その授与は制定の翌年に始まって、わずか六年の間に行われていて、三十例中二十四例までが、近江国湖南《おうみのくにこなん》の野洲《やす》郡・栗太《くりた》郡・滋賀郡（今日の野洲《やす》市・守山市・草津市・栗東《りっとう》市・大津市）一帯の門徒[史料⑤]に与えられている。この地域には、本願寺の教えが及んで行く以前、仏光寺派や木部派という古くからの真宗門徒が教線を伸ばしていた。それだけに、この本尊を通して説かれた蓮如上人の教えが、どれほど強い共感を喚んでいたかが想定されて来る。

おそらく上人は、京都から近江湖南の地域へ頻繁に足を運び、村々を回っては、土地の民衆を相手に、極めて精力的な布教を勧めていたに違いない。

その甲斐あって、間もなくこの地域に、大きな反響の輪が広がって行く。その中心になっていたのは、野洲《やす》郡の金森《かねがもり》村・赤野井《あかのい》村・中村[2]、栗太郡の手原《てはら》村・安養寺《あんようじ》村[3]、そして滋賀郡の堅田荘《かたたのしょう》[4]であった。金森には援護者として、蓮如上人に早くから期待を寄せていた道西がいた。また、金森の北西二・五キロメートルに当たる赤野井は、後に金森の合戦で活躍する慶乗《きょうじょう》が代表者となっていた。中村道場の主《あるじ》は妙実という女性であったが、夫の石原九郎左衛門貞治は延暦寺の乱暴を防ごうとして討ち死にしたのだという。栗太郡の手原と安養寺は、共に上人より若い頃から聖教を与えられていた。

そうした中でもひときわ本願寺に接近し、継職後の蓮如上人を支える片腕となったのが金森衆と堅田衆であった。金森衆のことは既に紹介しているので、ここでは堅田衆について少々ふれておきたい。

堅田《かたた》は、琵琶湖の北湖と南湖とを結ぶ、細くくびれた部分に東面した土地である。十一世紀の初めごろには漁業の村として、京都下鴨《しもかも》神社に毎日の御膳料の鮮魚を調《ととの》えて納める御厨《みくりや》の役務が与えられており、琵琶湖上の自由通交権を手に入れていた。中世には、地の利を生かして湖上交通の要衝の商業の町となって繁栄した。特に湖上を行き来する船に護衛として同乗して謝礼を受け取る上乗権《うわのりけん》や、史料③比叡山から依託されて運送の十分の一の関銭《せきせん》を収納する関務《せきむ》の権限を持っていた。中世の東国の米の多くが琵琶湖の水運によって運ばれ、坂本・大津の市《いち》に集められたことを考えると、堅田の持つ権限は実に強大であったことが知られる。江戸時代の堅実な商人とは異なり、冒険精神に富み、一つ間違えば海賊行為にも走るような荒々しい気質を持つたくましい勢力であった。

この堅田衆の中でも、とりわけ新しく興隆して来た全人《まろうど》[5]衆と呼ばれる商工民を代表していた法住《ほうじゅう》（一三九七〜一四七九年）という人物が、蓮如上人に強く帰依していた。

その信仰がいかに熱烈なものだったかを今に示してくれるのが、本福寺（大津市本堅田町、本願寺派）に伝わる「登山名号」史料④と称せられる十字名号の本尊である。高さ一五七センチ、幅八六・七センチという、この本尊の中では特大のもので、寛正《かんしょう》元年（一四六〇、蓮

本福寺（法住の馬場道場）山門
滋賀県大津市本堅田町

法住影像　本福寺蔵
安永六年（一七七七）、法住三百回忌の折に描かれた

如上人四十六歳）法住の堅田馬場《ばんば》道場（本福寺）に授与されている。「登山名号」と呼ばれるのは、堅田法住 がこれを比叡山に持って登り本願念仏の法を説いた、といういわれによっている。『本福寺由来記』によると、大谷本願寺の本尊の脇に掛けられていたのを堅田法住の大夫《たいふ》という連れが所望《しょもう》したと伝えられるから、早い時期に試作品として作られていたものであろう。

蓮如上人が行った本尊の制定は、単に親鸞聖人の名号本尊に戻ったというだけではなく、民衆の身近に大きな心の拠り所を与えるという、今までになかったような大変革をもたらすものであった。それを何よりもよく物語っているのが、堅田法住の次のような言葉である。

「他力易行《たりきいぎょう》の門は、一文不知《いちもんふち》の在家止住《ざいけしじゅう》のわれらごときの罪業《ざいごう》ふかき末世《まっせ》の凡夫《ぼんぶ》、たやすくたすかるといふ仏法をうけたまはらずさふらふ《うわそうろう》。」〈**訳文** 他力易行《たりきいぎょう》の教えの門というのは、一つの文字も知らない、在家のままで生活する私どものような罪の深い末の世の凡夫のためのもので、このようにたやすくたすかるという仏法を拝聴したことがありません。〉

このようにして蓮如上人は、十字名号の本尊を通して、近江国湖南を中心とした民衆の間に、新たな本願寺教団の基礎を築いて行ったのである。

注

1―「蓮如上人の名号」（『図録 蓮如上人余芳』平成十年本願寺出版社発行。）

2―現在の滋賀県守山市の金森町《かなもりちょう》、赤野井町《あかのいちょう》、中町《なかちょう》に相当する。

3―現在の滋賀県栗東市の手原、安養寺に相当する。

4―現在の滋賀県大津市堅田、本堅田、今堅田の他に、旧堅田町の範囲だった真野、仰木等の地域も含まれる。

5―堅田衆は主に、古くから住んでいて権力を握って来た地侍の殿原衆と、遅れて住み着いて商業や手工業を営んでいた町人の全人衆という二つの階層から成っていた。けれども神田千里氏（一九四九年～）は、全人衆も姓を持つ土着の武士だったのではないかと捉えている。

史料① 蓮如上人下付十字名号（一四五八〜六四）―十字名号裏書による―

	年月日	年齢	授与先	願主	所蔵者
1	長禄二年（一四五八）十月二十三日	44	河内国渋河《しぶかわ》郡久宝寺慈願寺	釈法円	大阪府八尾市慈願寺
2	長禄三年（一四五九）三月二十八日	45	江州野洲南郡巾摩田善性門徒 同郡小村	釈善崇	滋賀県守山市延命寺（名号焼失）
3	〃 十一月二十八日	〃	江州野洲南郡中村西道場	釈西願	滋賀県守山市西照寺
4	〃 〃	〃	江州野洲南郡中村北道場	釈性善	〃 真光寺（写本）
5	〃 十二月二十八日	〃	江州野洲南郡阿伽井《あかのい》三橋惣道場	釈性賢《しょうけん》	大阪市守口市善照寺
6	寛正元年（一四六〇）一月二十一日	46	江州野洲南郡金森《かねがもり》惣道場	釈妙道	滋賀県守山市金森懸所
7	〃 一月二十二日	〃	江州野洲南郡山家《やまが》道場	釈道乗	〃 慶先寺
8	〃 〃	〃	江州野洲南郡阿伽井性賢門徒 同郡荒見《あらみ》道場	釈性妙	〃 聞光寺
9	〃 二月二十四日	〃	江州志賀郡堅田馬場《かたたばんば》道場	釈法住	滋賀県大津市本福寺
10	〃 三月十一日	〃	江州野洲南郡三宅《みやけ》惣道場	釈了西	滋賀県守山市蓮生寺
11	〃 三月十八日	〃	江州野洲南郡杉江		京都府京都市西本願寺（写本）
12	〃 九月四日	〃	江州志賀郡堅田法住門徒 道円相承同郡真野	釈法覚	〃 興正寺

13	〃　十二月□	〃	江州栗太郡野地	釈円実	滋賀県草津市浄泉寺
14	寛正二年（一四六一）一月六日	47	江州志賀郡堅田法住門徒	釈法道	兵庫県香住《かすみ》町光永寺
15	〃　二月二十八日	〃	※授与先願主共に裏書になし		奈良県吉野町本善寺（裏書のみ伝わる）
16	〃　九月八日	〃	参河国志貴之庄佐々木上宮寺	釈如光	愛知県岡崎市上宮寺（名号焼失）
17	〃　十月十八日	〃	江州志賀郡□	□慶	新潟県新潟市真宗寺
18	寛正三年（一四六二）一月二十八日	48	江州野洲南郡播磨田門徒		滋賀県守山市延命寺（焼失）
19	〃　二月十五日	〃	江州栗本郡手原	真覚	滋賀県栗東町円徳寺（写本）
20	〃　〃	〃	江州栗本郡安養寺		〃　安養寺
21	〃　三月十八日	〃	江州栗本郡伊勢落村道場	釈宗欽	〃　徳生寺
22	〃　六月三日	〃	江州栗□		大阪府八尾市顕証寺（写本）
23	〃　□二十八日	〃	江州栗本郡□志呂	釈善□	新潟県新潟市最福寺
24	寛正四年（一四六三）十月十三日	49	江州志賀郡上坂本柳道場		京都府京都市泉徳寺（裏書のみ伝わる）
25	寛正五年（一四六四）三月十四日	50	和州百済東道場門徒同国吉野古代	釈善智	愛知県豊田市守綱《しゅごう》寺
26	〃　五月七日	〃	尾張国羽栗《はぐり》郡河野道場	釈善性	新潟県赤泊本龍寺
27	〃　五月十七日	〃	尾張国羽栗郡河野道場同郡和久利	釈道宣	愛知県木曽川善龍寺（写本）
28	〃　十一月二十日	〃	江州手原延戒門徒	道悟	滋賀県彦根市法蔵寺（写本）
29	〃　十一月二十二日	〃	江州栗本郡	釈道真	岐阜県垂井町安立寺
30	〃　十一月□	〃	江州栗太郡綣《へそ》村	釈善妙	滋賀県栗東市西琳寺

〈参考文献〉

平松令三氏「蓮如上人の名号」（『図録　蓮如上人余芳《よほう》』平成十年三月西本願寺所収）
『蓮如上人行実』真宗大谷派　一九九四年
『蓮如名号の研究』法蔵館　一九九八年

史料②十字名号と裏書　大阪府八尾市《やお》　慈願寺蔵一一一・一㎝×三七・二㎝

─長禄二年（一四五八）十月二十三日、河内国渋川郡《かわちのくにしぶかわぐん》久宝寺《きゅうほうじ》の慈願寺法円へ授与─

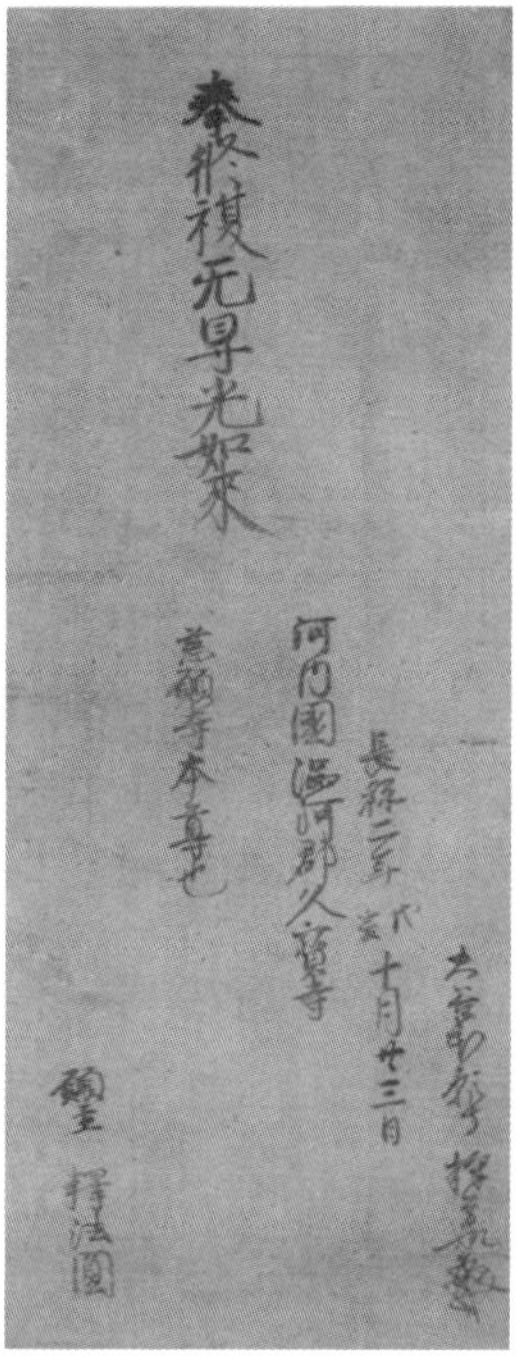

※前述（一三八頁）の通り、元々慈願寺に伝えられていた十字名号を修理した際に、改めて裏書を記して道場の本尊であることを認めたもの。

史料③『本福寺由来記』

［史料解説］ 本福寺は、蓮如上人の直弟子として著名な法住の寺で、ここには「本福寺旧記」と呼ばれる六つの記録が残されていて、本福寺旧記と総称される。『本福寺由来記』はそのうち、明顕（第四世）・法住（第三世）より伝聞した本福寺の出来事を第五世明宗あるいは第六世明誓が記した由来記である。原本には「当寺仏法再弘之事」と言う内題が記されているだけで、『本福寺由来記』という呼び名は、『真宗全書』（大正四年発行）に所収された折に名付けられたもの。近江の地で蓮如上人がどのような布教活動を行っていたのか、その様子を知る上で欠かすことのできない記録である。元来は縦三六・三cm横四四・〇cmの袋綴冊子であったが、昭和三十三年に三十四紙を継ぎ合わせて長さ一四メートルの巻子本に改装している。

本文

昔《むかし》当所ハ、ワカ《ガ》船ニノセ《（乗）》タルタヒ《ビ》ウト《ド》タ《ダ》ニモ、ナヤマス《（悩）》間《あいだ》、他人ノ船ヘカイソ《ゾ》ク《（海賊）》ヲカクル事、イ《（言）》フ《ウ》ニヲ《オ》ヨハ《バ》ス《ズ》。コレニヨリテ、四十九浦ヨリ縁々ヲヒキテ、棰《たる》ツ《ヅ》、《ッ》ヲ入《いれ》、ノホ《ボ》リクタ《ダ》リノ旅人《たびうど》、荷物已下《いげ》ワツ《ズ》ライ《（煩）》ナキヤ《ヨ》ウニ、ヲ《オ》クリ《（送）》テタマハ《ワ》レナント《ド》、浦々津ミナト《（湊）》ヨリ、方々ヲサタ《ダ》《（定）》メウケトリ《（請取）》テ、ヲ《オ》クリ《（送）》ナラハ《ワ》スル在所《ざいしょ》ナリ。ソレニツイテハ、役所ノウハ《ワ》ノリトサタ《ダ》メ、ウラ《（浦）》

〳〵ヲソノ上乗《うわのり》トイフ《ウ》。コノウラ（浦）ヲ知行《ちぎょう》 スルホト《ド》ヒク《カ》ワン（被官）モアルソ《ゾ》。

訳文

昔、当所は、自分の船に乗せた旅人さえも、悩ますので、他人の船に海賊行為を仕掛ける事は言うまでもなかった。この故《ゆえ》に、琵琶湖の四十九の浦より沿岸を引いて棰《たる》づつを入れ、都へ上《のぼ》り下《くだ》りする旅人にとって、荷物以下のものに心配がないように送ってくれるようになどと、津々浦々の港より、方々を引き受けて送る習慣となっている場所である。それについては、関所の上《うわ》乗《の》りと定めて、浦々をその積み荷と共に船の上に乗るという。この浦全体を支配するほど下人もいるのである。

史料④十字名号と裏書　滋賀県大津市本堅田町　本福寺蔵一五七・〇cm×八六・七cm

—長禄四年（一四六〇）二月二十四日、近江国《おうみのくに》滋賀《しが》郡《ぐん》堅田《かたた》馬場道場の法住《ほうじゅう》へ授与—

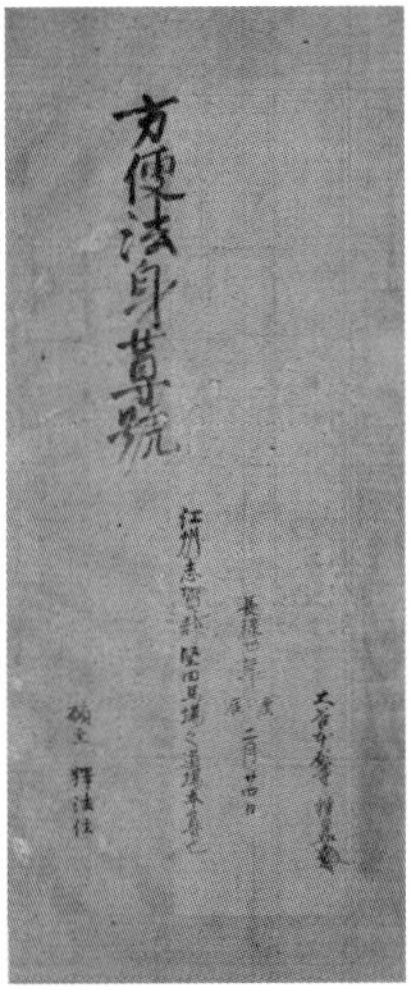

史料⑤蓮如上人下付した十字名号の分布

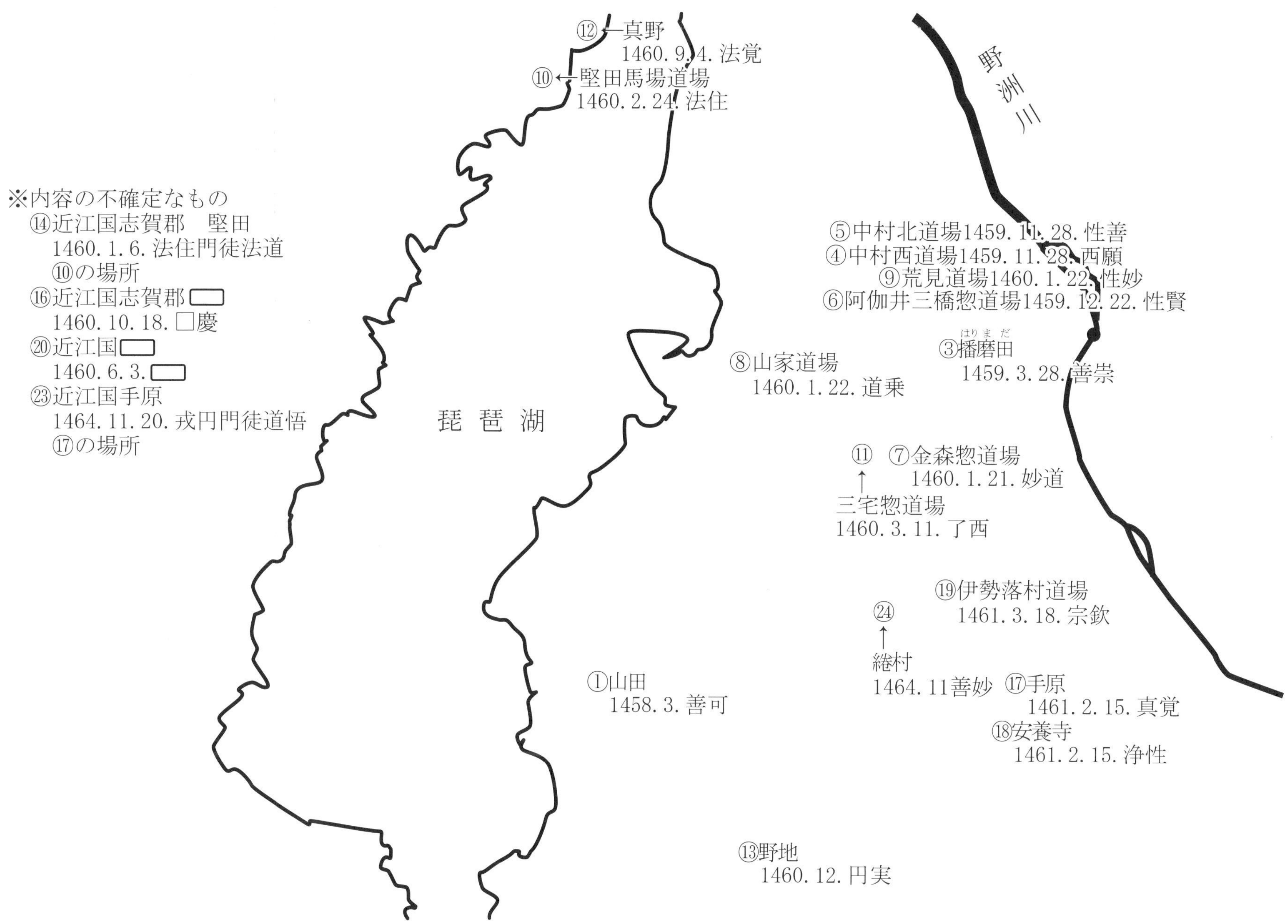
⑫←真野
1460.9.4.法覚
⑩←堅田馬場道場
1460.2.24.法住
野洲川
※内容の不確定なもの
⑭近江国志賀郡　堅田
1460.1.6.法住門徒法道
⑩の場所
⑯近江国志賀郡□
1460.10.18.□慶
⑳近江国□
1460.6.3.□
㉓近江国手原
1464.11.20.戎円門徒道悟
⑰の場所
琵琶湖
⑤中村北道場1459.11.28.性善
④中村西道場1459.11.28.西願
⑨荒見道場1460.1.22.性妙
⑥阿伽井三橋惣道場1459.12.22.性賢
③播磨田《はりまだ》
1459.3.28.善崇
⑧山家道場
1460.1.22.道乗
⑪←三宅惣道場
1460.3.11.了西
⑦金森惣道場
1460.1.21.妙道
⑲伊勢落村道場
1461.3.18.宗欽
㉔←綣村
1464.11善妙
⑰手原
1461.2.15.真覚
⑱安養寺
1461.2.15.浄性
①山田
1458.3.善可
⑬野地
1460.12.円実

（三）親鸞聖人の御影を制定

――**史料**『本福寺由来記』、「親鸞蓮如連座像」（本福寺蔵）、『実悟旧記』一五八――

蓮如上人は、十字名号の本尊に続いて、親鸞聖人の御影[1]を制定した。浄土真宗の宗祖であるから、影像を掲げるのは当然のようにも思われるが、それまでの真宗門流では、代々の指導者の姿が連座像として描き出され、親鸞聖人でさえ、一連の指導者の一人としてしか扱われていなかった。

それを蓮如上人は大胆に改め、他の指導者の姿をことごとく消し去って、礼盤《らいはん》[2]に着座する親鸞聖人一人を、中央あるいは中央右寄りに大きく描き出した。親鸞聖人が宗祖だという意識を鮮明に示した[3]のである。そしてその左下に、時空を越えて聖人を拝謁する畳に坐す自分の姿を連座像として添えている。一見不遜のようにも思われるが、親鸞聖人の浄土真宗の教えを最も正統に伝えているのは、自分が改革を進めている本願寺だということを、画面を通してありありと示しているのである。

蓮如上人の『五帖御文』（一帖目第一通）にも、親鸞聖人の言葉として「親鸞は弟子一人《いちにん》ももたず、…そのゆへ《え》は、如来の教法《きょうぼう》を十方衆生にときかしむるときは、たゞ如来の御《おん》代官をまう《も》しつるばかりなり。」〈**訳文** 親鸞は弟子を一人も持たない、…そのわけは、阿弥陀如来の本願の教えをあらゆる衆生に説き聞かせる時、ただ阿弥陀如来の代官（代理）をしているだけである。〉と『口伝鈔』（六条）や『歎異抄』（第六章）によって綴っているが、阿弥陀如来の御代官としての親鸞聖人と、その聖人を拝して教義を直接伝える自分の姿を通して、浄土真宗の教義の普遍性を示そうとしたものと見るべきであろう。

この親鸞・蓮如連座像の基《もと》は、嘉吉《かきつ》二年（一四四二、蓮如上人二十六歳）に存如上人が金森道西に与えた、親鸞・存如連座像に始まると見られている。けれども蓮如上人は、継職四年目の寛正二年（一四六一）がちょうど親鸞聖人の二百回御遠忌に当たっているところから、これを機に新しい宗祖像の作成を考えたものであろう。その第一号は堅田法住の馬場道場に授与[史料①史料②]されている。その親鸞聖人の容貌《ようぼう》は、有名な安城の御影と酷似《こくじ》しており、当時修復されていた安城の御影[4]が参考とされた可能性が強い。また上部の賛銘には『正信偈』の「本願名号正定業」以下八行が用いられており、以後この形式が踏襲《とうしゅう》される。この後、十六年の間に、親鸞・蓮如連座像は主に近江国や北陸の門弟達に授与され、今日十六幅程が残されている。

このような本尊や御影を制定する一方で、蓮如上人は大胆な行動に出る。何と、それまで用いられてきた様々な本尊・御影の類《たぐ》いを、風呂を焚く度ごとに焼却させたというのである。これを「功徳湯《くどくゆ》」史料③と呼んだと伝えられるが、蓮如上人の思い切った改革の姿勢を窺わせる話である。

注　1—親鸞聖人の絵像であるが、蓮如上人の姿が添えられているところから、親鸞蓮如連座像とも称されている。

2—法要を修する際の導師の座。木製の台の上に畳が敷かれる。

3—この御影の意味について金龍静氏（『蓮如』吉川弘文館）は、それまでの高僧の御影が、歴代の血脈《けちみゃく》（法脈）を伝える善知識すべてを順番に描いたのに対し、蓮如上人は他の高僧の像をすべて削除し、親鸞聖人を血脈《けちみゃく》を越えた宗祖として描き出した画期的な御影で、その下に宗祖に時を越えて拝謁し、その教義を直接伝える宗主《しゅうしゅ》として御自身の影像を加えられたのがこの親鸞・蓮如連座像であると解釈している。

4—『安城御影』の裏書に、「右之《ノ》斯《コノ》影《えい》者《ハ》、去《さる》寛正二歳十月之《ノ》時分、雖《いえどモ》レ奉《たてまつルト》二修復《シ》一」とあり、聖人の二百回忌に、三河より京都へ取り寄せて拝見し、修復したものと見られる。

史料① 『本福寺由来記』　滋賀県大津市本堅田町本福寺蔵

本文

大谷本願寺　親鸞聖人之《の》御影《ごえい》　江州《ごうしゅう》堅田法住道場常住物也《じょうじゅうもつなり》。寛正《かんしょう》二歳辛巳十二月廿三日大谷本願寺釈蓮如御判。

蓮如上人様御寿《ごじゅ》蔵《(像)》イツク《ズ》ヘモ御ユル《(許)》サレナシトイヘ《エ》ト《ド》モ、法住ニハシ《ジ》メテ御免アルナリ。

訳文

大谷本願寺親鸞聖人の御影。江州《ごうしゅう》 堅田《かたた》の法住《ほうじゅう》 道場の什物である。寛正《かんしょう》 二年（一四六一）辛《かのと》巳《み》十二月二十三日、大谷本願寺釈蓮如の御判によって賜《たまわ》る。

蓮如上人様の御寿像《じゅぞう》（生前の肖像）を与えることを、どこの者へもお許しになることがなかったけれども、法住に初めて許可なされたのである。

史料②「親鸞・蓮如連座像」　大津市本堅田町　本福寺蔵

寛正二年（一四六一）十二月二十三日

史料③『実悟旧記』一五八（『御一代記聞書』二二三）

本文

…前々住上人ノ御《おん》トキ、アマタ《（数多）》御流ニソムキ候《そうろう》本尊以下、御風呂《おんふろ》ノタヒ《ビ》コ《ゴ》トニヤカ《（焼）》セラレ候《そうろう》。

訳文

…前々住（蓮如）上人の時に、親鸞聖人の教えに反する数多くの御本尊やその他を、御風呂を焚く度ごとに命じて焼却なさいました。

（四）平座で門徒と接する
——史料『本願寺作法の次第』四三、『空善聞書』三四、一〇〇、一一二、一〇一、『実悟旧記』二二八、二二九、二三一、二五一——

本尊ばかりではなく、門徒に接する姿勢についてもそれを改めている。

蓮如上人以前の本願寺には、威儀を重んずる風潮が見られた。実悟の記録[1]によれば、六世巧如上人の代に、法話の際に下段に眠る者を目覚ますために、仏前の脇に一尺ばかりの竹が積んであった、という。

蓮如上人はそうした従来の姿勢をみずから先頭に立って改める。その何よりの表われが、平座《ひらざ》で門徒に接したことである。平座と言うのは、御亭《おちん》という門主の応接室に設けられていた上段の間を、下段と同じ高さに下げたり[史料①史料②]、門徒の道場を訪れた際に、座の高低をつけず膝を交えて座ることを指したようである。

この平座について上人は、[史料③]「身分を顧《かえり》みず平座（平らな座）で門徒の皆と親しく同席するのは、親鸞聖人のお言葉に[2]『このすべての世界の信心を得た人は皆兄弟である』とおっしゃっているからで、私もそのお言葉の通りにしているのである」と述べている。ここにも、親鸞聖人本来の教えを根付かせようとする意気込みが感じられる。

平座で示された姿勢は衣の色にも及んだ。本願寺では、善如上人・綽如上人の代に旧仏教の権威を導入する傾向に傾くようになったと伝えられ、衣や袈裟も天台宗で用いられる黄色のものが使用されたりしていた。蓮如上人はこうした天台宗の色を改めた。その上墨染め[史料④]の衣も禁止され、民衆の宗派にふさわしい質素なねずみ色[史料④]の衣に定めたのである。その理由について上人は、「凡夫によって在家の人々によって、この宗派は栄えたのだから、あくまで上から下まで貴げにしないことである。衣の袖を長く、丈も長くしてはならない。」と述べている。

特にやかましく言ったのは、門徒に対する気配りであった。みずからを「門徒に養わ[史料⑤a]れている」と言い、信心を喜ぶ門徒のことを「極めて大切なお客人[史料⑤e]」と呼んだ。そのもてなしにはとりわけ心を砕いたようで、次のような話が伝えられている。

「御門徒[史料⑤c]の人達が上洛して来ると、蓮如上人は、冬の寒い日にはお酒等の燗《かん》をよくつけさせ、『道中の寒さを忘れられるように』とおっしゃいました。また真夏の焼ける様に暑い時期には、『酒等を冷やせ』とおっしゃって、ご自身でもねぎらいのお言葉を懸けられました。」

上人が取った行動は、けっして見得《みえ》や体裁《ていさい》だけで行えることとは思われない。「御同朋《おんどうぼう》御同行《おんどうぎょう》」[史料⑤b]という言葉の通り、阿弥陀如来の救いの前では、すべてが平等だった。また毎日の生活は、阿弥陀如来と親鸞聖人へ奉仕[史料⑤d]することに尽くされていた。門徒からの進物に対しても、いつも人に知られないように、衣の下で拝んでいたという。「ご自身が着ている物までも、足に触れるようなことがあれば、もったいないと頂かれた。」という姿には、この改革にすべてを捧げる稀有な宗教家を目の当たりにしている思いがする。

注　1―『祖師代々の事』実悟編著には、巧如上人の代からの事として、「仏前ノ脇ニ、大竹ヲ一尺ハ《バ》カリニ切テ積ヲ《お》キテ、下壇ニ法事ノ時、又法話ノ時、眠ル者ヲナケ《ゲ》打ニシテ、眠《ねむり》ヲサマセラレケルナリ。」〈**訳文**仏前尾脇に、大きな竹を一尺（約三十センチメートル）程の長さに切って積んでおき、下壇の間でもって、法事の時あるいは法話の時に、眠っている者を投げ打ちにして、眠りを覚まさせたのである。〉と記されている。

2―親鸞聖人の『浄土三経往生文類』に、「夫《そレ》四海之《ノ》内《うち》皆為《すルナリ》ニ兄弟《ト》一也」とある。

史料① 『本願寺作法の次第』四十三　天正八年（一五八〇）実悟撰

【史料解説】『本願寺作法の次第』は、蓮如上人・実如聖人の時代を中心に、本願寺の勤行作法や故事等について記録したもの。一七三条からなる。

本文

昔ハ《は》東山《ひがしやま》に御座《ござ》候《そうろう》時より御亭《おちん》は上段ニ御入《おいれ》候《そうろう》、と各《おのおの》物語《ものがたり》候《そうろう》。蓮如上人ノ御時《おんとき》上段をさけ《げ》られ、下段と同物《おなじもの》に平座《ひらざ》にさせられ候《そうろう》。其故ハ《そのゆえは》、「仏法を御ひろめ御勧化《ごかんけ》につきてハ《は》、上臈《じょうろう》ふ《ぶ》るまひ《い》にてハ《は》成《なる》へ《べ》からす《ず》、下主《げす》ちかく万民を御誘引《ゆういん》あるへ《べ》きゆへ《え》ハ《は》、いかにも〳〵下主《げす》ちかく諸人をちかく召《めし》て御すゝめ有《ある》へ《べ》き、とての御事《おんこと》にて候《そうろう》」と被《られ》レ仰《おおせ》候《そうらい》て、平座《ひらざ》に御沙汰《ごさた》候《そうろう》。「ありかた《が》き御事《おんこと》」と諸人申《しょにんもうし》たるとて候《そうろう》。各宿老衆《おのおのしゅくろうしゅう》かたり申され候《そうろう》。実如上人も御物語承候事《うけたまわりそうろうこと》を候事にて候《そうろう》。定《さだめ》て今も存知《ぞんち》の人候《そうろう》へ《べ》く候也《そうろうなり》。

訳文

昔、本願寺が東山におありになった時より、御亭《おちん》を上段に構えておられたと、（古老の人達が）それぞれに話します。蓮如上人の時、上段を下げられ、下段と同じ高さの平座《ひらざ》（平らな座）にされました。そのわけは、「仏法を広めて教え導かれるについては、上臈《じょうろう》ぶるまいをする（貴族ぶる）のではいけない。身分の低い者に親しみ、多くの民衆を引き付けられるべきだから、ぜひともぜひとも身分の低い者に親しみ、多くの人々を身近におかれて、法を説かれるべきだと思っての事であります。」とおっしゃいまして、平座にお決めになられました。「ありがたいことだ」と、人々が申したということです。年寄の衆がそれぞれに語って申しました。実如上人もこのお話しを聞いておられることでございます。きっと今もご存知の人がいるはずでございます。

史料②『空善聞書』三十四　空善編

本文

アル夜仰《おおせ》ニ、「オレハ身ヲステタリ。ユヘ《エ》ハ、先住モ形儀《ぎょうぎ》ヲモ声名《（明）》ヲモカタク御ヲ《オ》シヘ《エ》候《そうら》ヘ《エ》シカトモ《ド》、田舎《いなか》ノ衆ニテモ、常住ノ衆ニテモ対《たいし》メサレテ、平座《ひらざ》ニテ一首ノ和讃《わさん》ノコヽロヲモ、マタ御雑談ナント《ド》仰《おおせ》ラレタルコトハナシ。シカルニオレハ、寒夜《かんや》ニモ蚊ノオホ《オ》キ夏モ、平座ニテタ《ダ》レ／＼ノヒトニモ対シテ雑談ヲモスルハ、仏法ノ不審ヲトヘ《エ》カシ、信ヲヨクトレカシ、トオホ《ボ》シメシテ、御辛労ヲカヘ《エ》リミス《ズ》、御堪忍《かんにん》アル事也《なり》。…」ト、仰候《おおせそうらい》キ。

訳文

ある夜のお言葉に、「おれは身分の違いを捨てた。理由は、先住（存如上人）は作法や声明も厳しく教えられたけれども、田舎《いなか》の人々でも、都に住んでいる人々でも対面されて、平座で一首の和讃の意味を説かれたり、また雑談などおっしゃったりすることはなかった。だがおれは、寒い夜でも蚊の多い夏でも、平座で誰であってもその人に対して雑談をするのは、不審に思うことを問うてくれよ、信心を充分にいただいてくれよ、と思うからで、苦労を顧《かえり》みず、耐え忍んだのである。…」と、お言葉がありました。

史料③『空善聞書』一〇〇、(『御一代記聞書』三十九)　空善編

本文

仰《おおせ》ニ、「身ヲステ(捨)、平座《ひらざ》ニテミナ(皆)ト同座スルハ、聖人ノ仰《おおせ》ニ、四海《しかい》ノ信心ノヒトハミナ兄弟、ト仰《おおせ》ラレタレハ《バ》、ワレモソノ御コトハ《バ》ノコ《ゴ》トクナリ。又同座ヲモシテアラハ《バ》、不審ナル事ヲモト(問)ヘ《エ》カシ、信ヲヨクトレカシ、トノネカ《ガ》ヒ《イ》(願)ナリ」ト、仰候《おおせそうらい》キ。

訳文

蓮如上人のお言葉に、「身分を顧《かえり》みず、平座《ひらざ》(平らな座)で門徒の皆と親しく同席するのは、親鸞聖人のお言葉に、『このすべての世界の信心を得た人は皆兄弟である』とおっしゃっているからで、私もそのお言葉の通りにしているのである。また、このように親しく同席していればこそ、『どうか不審に思うことを問うてくれよ、信を充分にいただいてくれよ』と、もっぱら願うこと

ができるのである」と、おっしゃっていました。

史料④『空善聞書』一一二　空善編

本文

仰《おおせ》ニ、「衣《ころも》墨《すみ》ク《グ》ロニスルコトシカルヘ《ベ》カラス《ズ》。衣《ころも》ハネス《ズ》ミ色ナリ。凡夫ニテ在家ニテノ一宗興行《こうぎょう》ナレハ《バ》、イツ《ズ》クマテ《デ》モ、ウエシタ《（上下）》、タ《ト》ウト《（貴）》ケ《ゲ》セヌ、衣《ころも》ノ袖《そで》ヲナカ《（長）》ク《ガ》、タケ《（丈）》ヲモナカ《（長）》ク《ガ》スヘ《ベ》カラス《ズ》」ト仰候《おおせそうらい》キ。

訳文

蓮如上人のお言葉に「衣の色を墨染めの黒にすることはいけない。衣はねずみ色である。凡夫によって在家の人々によって、この宗派は栄えたのだから、あくまでも上から下まで貴げにしないことである。衣の袖を長く、丈も長くしてはならない。」とおっしゃいました。

史料⑤門徒を大切に扱う姿勢を伝える史料

a『空善聞書』一〇一　空善編

本文

仰《おおせ》ニ、「オレハ門徒ニモタレタリト。ヒトヘ《エ》ニ門徒ニヤシナ《(養)》ハル《ワ》、ナリ。聖人ノ仰《おおせ》ニハ、弟子一人モモタス《ズ》ト、タ《ダ》、トモ《(友)》ノ同行《どうぎょう》ナリ」ト、仰候《おおせそうらい》キトナリ。

訳文

お言葉に、「おれは門徒によりかかっている状態で、もっぱら門徒に養われているのである。聖人のお言葉には、「弟子を一人としてもたないで、ただ友としていっしょに念仏する人達である。」とおっしゃったということである。

b『実悟旧記』二二八（『御一代記聞書』二九五）　実悟編

本文

同《おなじく》仰《おおせられて》云《いわく》。「御門徒ヲアシク申《もうす》コト、ユメ〳〵アルマシク《ジ》候《そうろう》。已《すで》ニ開山ハ御同行《おんどうぎょう》御《おん》同朋《どうぼう》ト御《おん》カシツキ《ズ》候《そうろう》ニ、聊爾《りょうじ》ニ存《ぞん》スル《ズ》ハクセコト《ゴ》」ノ由仰《よしおおせ》ラレ候《そうらい》キ。

訳文

同じく蓮如上人はこうおっしゃいました。「御門徒の人達を悪く申すようなことは、決してあってはならないのです。すでに開山（親鸞聖人）は御教えを受ける人々を御同行《おんどうぎょう》御同朋《おんどうぼう》と呼んで敬意を表わされましたのに、その方々を疎略《そりゃく》に思うのはけしからないことである」ということをおっしゃいました。

c『実悟旧記』二二九（『御一代記聞書』二九七）

本文

御門徒上洛候《そうら》へ《エ》ハ《バ》、前々住上人仰《おおせ》ラレ候《そうろう》。寒天《かんてん》ニハ御酒等《ごしゅとう》ノカン《(燗)》ヲヨクサセテ、「路次《ろし》ノサム《(寒)》サヲ忘《わすれ》ラレ候《そうろう》ヤウ《ヨ》ニ」ト、仰《おおせ》ラレ候《そうろう》。又炎天《えんてん》ノ比《ころ》ハ、「酒ナト《ド》ヒヤ《(冷)》セ」ト仰ラレ、御詞《おことば》ヲ加ラレ候《そうろう》。又、「御門徒ノ上洛候《そうろう》ヲ、オソク申入候《もうしいれそうろう》コトクセコ《ゴ》ト」ト、仰《おおせ》ラレ候《そうろう》。御門徒衆《しゅう》ヲマタセ、遅ク対面スルコトモ、クセコ《ゴ》トノヨシ仰《おおせ》ラレ候《そうろう》ト云々。

訳文

御門徒の人たちの上洛があると、前々住《じゅう》（蓮如）上人は、「冬の寒い日にはお酒などの燗《かん》を充分つけて、道中の寒さを忘れられますように」とおっしゃいました。また「真夏の焼けるように暑い時は、酒なども冷やせ」とおっしゃって、お言葉を添えられました。また、「御門徒の上洛があったのを、遅れて伝えることはけしからん」とおっしゃいました。御門徒衆を待たせて、遅く対面することも、「間違ったこと」だとおっしゃったといいます。

d『実悟旧記』二三一（『御一代記聞書』二九九）

本文

前々住上人ハ御門徒ノ進上物《しんじょうもの》ヲモ、御衣《おんころも》ノ下ニテ御拝《おんおが》ミ候《そうろう》。又仏物《ぶつもつ》ト思召候《おぼしめしそうら》ヘ《エ》ハ《バ》、御自身ノメシ物等《ものなど》マテ《デ》モ御足《おんあし》ナト《ド》ニアタリ候《そうら》ヘ《エ》ハ《バ》、御《おん》イタ、《ダ》キ候《そうろう》。「御門徒ノ進上物《しんじょうもの》則《すなわち》聖人ヨリノ御《おん》アタヘ《エ》ト思召《おぼしめし》候」ト、仰《おおせ》ラレシト云々。

訳文

前々住（蓮如）上人は、御門徒の進物《しんもつ》にさえも、お衣《ころも》の下で（人に見えないように）拝まれました。また、身の回りのものすべてを、仏よりのいただきものとお思いになっておられましたので、御自身のお召し物等までも、お足に当ったりするようなことがあれば、もったいないといただかれました。御門徒よりの進物は、とりもなおさず聖人から与えられたものだと思っておられると、おっしゃったということです。

e『実悟旧記』二五一（『御一代記聞書』二九六）

本文

「開山聖人ノ大事ノ御客人ト申《もうす》ハ、門徒衆ノ事ナリ」ト、仰候《おおせそうら》ヒ《イ》シト云々。

訳文

「親鸞聖人の言われる極めて大切な御客人《おきゃくじん》とは、御教えを大切にし信心をよろこぶ御門徒の人々のことである」と、蓮如上人は仰せになったということです。

第二節　御文の誕生

（一）寛正の大飢饉

――史料　『碧山日録《へきざんにちろく》』、『大乗院寺社雑事記《だいじょういんじしゃぞうじき》』――

長禄《ちょうろく》三年（一四五九）から寛正元年（一四六〇）にかけて大旱魃《かんばつ》や風水害が続き[1]、寛正元年から寛正二年（一四六一）にかけて京畿を始めとして全国的な大飢饉が起こった。これが寛正の大飢饉である。この時京都には大量の難民が流入し、鴨川が無数の死骸で埋まったという。その様子が、『碧山日録《へきざんにちろく》』[史料①]という日記に次のように記されている。

「四条坊の橋の上から上流を見ると、その流れに無数の死体が見出された。その様は、石の塊《かたまり》を積み重ねたようである。流れを塞《ふさ》いでいるため、鼻をつく屍臭《ししゅう》を放って、臭《にお》いを塞《ふさ》ぐことができないほどである。」[2]

この目に余る有様に将軍足利義政は、窮民の救済活動を行っていた願阿弥《がんあみ》[3]という時宗の僧侶に命じて、飢え苦しむ人々に食べ物を施させようとする[史料②]。難民は竹の輿《こし》で運ばれ、十五箇所に設置された大鍋で、粟粥《あわがゆ》が与えられたのである。しかしそれもまったく焼石に水で、情報を耳にした流民が益々膨れ上がり、伝染病が蔓延《まんえん》して、食べ物を与えるどころか餓死者の処理や供養に追われる有様であった。義政からの資金も底を突き、ついには願阿弥本人までもが病にかかって重体に堕ちってしまう。こうして折角《せっかく》の救済活動も、わずか一ヶ月程で中止になってしまう。

蓮如上人が近江国南部の民衆に「十字名号本尊（無碍光本尊）」等を下付したのは、丁《ちょう》度《ど》この時期に符合している。惣村《そうそん》を結成して団結し、土一揆を起こして借金の棒引きを要求するまでに力を強めて来た民衆が、この大飢饉によって蒙《こうむ》った打撃は相当なものであったであろう。峰岸純夫氏[4]（一九三九年～）は、蓮如上人がこの時期に信者を飛躍的に増大させた背景に寛正の大飢饉があったと主張している。生命が危機にさらされる地獄の現実の中にあって、蓮如上人が行われた大胆な布教活動は、民衆にどれほど生きる希望と自信を与えたか計り知れないものがあったと想像される。

注　1―大飢饉の原因は、前々年五～七月の大旱魃に始まり、前年梅雨時の長雨、冷害、台風による風水害という自然災害が重なったためと見られている。

2―『経覚私要鈔』によると、義政の夢枕《ゆめまくら》に父の義教が立って、乞食への施行を求めたという。義政は、一日分として千五百匹（二百十五万円）を用意し夏まで救済事業を続けるつもりであった。

3―当時事前救済活動に奔走していた勧進僧。

4―都立大学名誉教授、「蓮如の時代」（『中世社会の一揆と宗教』東京大学出版会所収）

史料①『碧山日録』　寛正二年（一四六一）二月三十日の条

［史料解説］『碧山日録』は、室町時代中期に京都東福寺の禅宗太極《たいきょく》（一四二一〜？）が記した日記。飢饉や土一揆、応仁の乱など社会情勢を記した記録が多く、史料的価値が高いとされている。

本文

…以《もっテ》レ事《ヲ》入京《ス》。自《より》二四条坊《ノ》橋上一見《みルニ》二其《その》上流一《ヲ》、流屍《りゅうし》無数。如《ごとシ》二塊石磊落《かいせきらいらくノ》一。流水壅塞《ようそくシテ》、其《その》腐臭不《ざルナリ》レ可《べカラ》レ当《あツ》也。東去西来《シテ》、為《ためニ》レ之《これガ》流《ながシ》レ涕《なみだヲ》、寒《なやまス》レ心《ヲ》。或曰《あるいハいわク》、自《より》二正月一至《いたリ》二是月《このつきニ》一、城中《ノ》死者八万二千人也《ナリ》。余曰《よいわク》、「以《もっテ》レ何《いずれヲ》知《しルヤ》レ此《これヲ》乎」。曰《いわク》、「城北《ニ》有《あり》二一僧一。以《もっテ》二小片木《ヲ》一造《つくリ》二八万四千《せんノ》率堵《そとヲ》一、一々《いちいち》置《おク》二之《これヲ》於尸骸《しがいノ》上一《ニ》。今、余《あまルコト》二千」云《トいウ》。大概《たいがいヲ》以《もっテ》此《これヲ》記《しるス》焉也《ナリ》。雖《いえどモ》二城中一《ト》、所《ところ》レ不《ざル》レ及《およバ》レ見《みルニ》、又郭外《かくがい》・原野・溝壑《こうがくノ》之屍《しかばね》、不《ずト》レ得《え》レ置《おキ》レ之云《これヲいウ》。願阿《がんあ》、徹《てっス》二流民《ノ》之屋《おくヲ》一。

訳文

…所用のために京都の街中に入った。四条坊の橋の上から上流を見ると、その流れに無数の死体が見出された。その様は、石の塊《かたまり》を積み重ねたようである。流れを塞いでいるため、鼻をつく屍臭《ししゅう》を放って、臭《にお》いを塞《ふさ》ぐことができないほどである。所々方々を見て歩きながら、犠牲者を思いやって涙を流し、心を痛めた。ある人が言うことには、正月よりこの月までに、城（京都）中の死者は八万二千人である。私が「何でこのことが分かるのか。」と言うと、「城（京都の）北に一人の僧が居て、小さな木片で八万四千の卒塔婆《そとば》を造り、一つ一つこれを死体の上に置くと、残るところ二千であった。」と言った。そのあらましによってこのように記すのである。城（京都の）中であっても見ることができない所や、また京都の町の外、原野・溝や谷の屍《しかばね》の数は、卒塔婆《そとば》も置けない程多数にのぼると言う。願阿弥《がんあみ》は流民の小屋を撤去した。

史料②『大乗院寺社雑事記《だいじょういんじしゃぞうじき》』　寛正二年（一四六二）五月六日の条

【史料解説】『大乗院寺社雑事記』は、南都興福寺大乗院門跡尋尊《じんそん》（一四三〇～一五〇八年）の日記。

その内容は大乗院の事に止まらず、広く大和国、山城国の政治・経済・社会情勢が記録されており、この時代の一級史料の一つとされている。

本文

…自《より》二去《さンヌル》冬一至《いたり》二三月比《ごろニ》一、京中《ちゅうノ》人民《にんみん》飢死《きしノ》之輩《ともがら》、毎日五百人、或《あるいハ》三百人、或《あるいハ》六、七百人、惣《そうジテ》而不《ずト》レ知《しラ》二其数《そノかずヲ》一云々《うんぬん》。仍《よっテ》被《らレ》レ仰《おおセ》二付《つケ》勧進聖《かんじんひじり》願阿弥《がんあみニ》一、於《おいテ》二六角堂前《まえニ》一毎日雖《いえどモ》レ被《るト》レ行《おこなワ》二施行《せぎょうヲ》一、飢死《きしノ》輩《やから》猶以《なおもっテ》不《ざルノ》レ止《やマ》之間《あいだ》、無力《むりょくニシテ》被《れ》レ略《りゃくサ》レ之《こレヲ》了《おわンヌ》。先代未聞《みもんノ》事也《ナリ》。彼《かノ》死人悉《ことごとク》以《もっテ》四条・五条《じょうノ》之橋下《ニ》埋《うづム》レ之《こレヲ》。一穴《ニ》千人・二千人云々《トうんぬん》。此外《こノほか》東西於《おいテ》二所々《ニ》一死人《ヲ》不《ず》レ及《およバ》レ取《とるニ》二埋《うづムル》分《ぶんヲ》一、又不《ずト》レ知《しラ》二其数《そノかずヲ》一云々《うんぬん》。被《らレ》レ仰《おおセ》二五山《ござんニ》一、於《おいテ》二四条・五条橋上《ごじょうノきょうじょうニ》一、大施餓鬼《おおせがき》被《る》レ行《おこなワ》レ之《こレヲ》。…

訳文

…前年の冬からこの年の三月頃にかけて、京都の人民で餓死《がし》した人達は、毎日五百人ないしは三百人、もしくは六、七百人で、そのすべての数が分からないと言う。そのために将軍足利義政《あしかがよしまさ》は、勧進聖《かんじんひじり》の願阿弥《がんあみ》に命じ、六角堂前で毎日施行《せぎょう》を行わせたけれども、餓死する人達がそれでもやはり治《おさ》まらなかった。それで、効果が上がらないまま中止された。今まで聞いたこともないような大変なことである。その犠牲者は、ことごとく四条・五条の橋の下にこれを葬った。一つの穴に千人・二千人と言う。この外、東西あちこちに犠牲者を葬る埋葬地を作ったが不足し、またその数も分からないと言う。将軍が五山に命じたので、四条・五条の橋の上で大施餓鬼《おおせがき》が行われた。

（二）『正信偈大意』

――史料　『正信偈大意』後書き、同本文の一部――

蓮如上人と言えば必ず取り上げられるのが「御文《おふみ》」であるが、上人が最初から「御文」の製作を目的として勉学したと見る従来の説に対して、近年疑問が投げかけられている[1]。「御文」の製作がけっして一気に行われたのではなく、いくつかの段階が踏まれていたことが分かって来たからである。

蓮如上人は若い頃から、『教行信証』とその解釈書である存覚上人の『六要鈔《ろくようしょう》』を熱心に勉学していたが、その中でも『正信偈《しょうしんげ》』の文をとりわけ重視して、『六要鈔』の『正信偈』の解釈を御自身の血肉となるまでに学んだ。その学習の軌跡を今日に伝えているのが、京都西本願寺に残る『正信偈註釈』と『正信偈註』である。継職後蓮如上人は、この学習を踏まえた『正信偈』の解釈を試みた。これが長禄二年（一四五八）の『正信偈大意』草稿本である。上人はこの草稿本に更に手を加えて、二年後の寛正元年（一四六〇、蓮如上人四十六歳）、今日広く知られる『正信偈大意《たいい》』が完成を見ている。

『正信偈大意』は金森の道西の所望によって著わされたことが、善立寺に所蔵される写本の後書き[史料①]から知られる。「コトバヲヤハ《ワ》ラゲ」と記されている通り、その内容は学者の立場ではなく、信者の立場から『正信偈』六十行に仮名混じり文で分かりやすい解釈が加えられている。その記述内容をよく見ると、『六要鈔』の他に『顕名鈔《けんみょうしょう》』や『弁述名《べんじゅつみょう》体鈔《たいしょう》』といった存覚上人の著作が用いられていることが認められる。とりわけ、「普放无量无辺光」以下の十二光仏の解釈文については、『顕名鈔』の文がほぼそのまま引用され[史料②]ている。

こうした道西との縁から、『正信偈大意』は今日でも、道西に始まる金森惣道場で、苦《にが》菜法会《なほうえ》[3]の際に拝読されている。この分かりやすい解釈文を土台として、やがて「御文」が製作されることになるのである。

注　1—源了圓氏（一九二〇年〜、東北大学名誉教授）は、『蓮如』（浄土仏教の思想十二、講談社）で、蓮如上人が「御文」製作を目的として勉学したとの従来の見解に対し、『正信偈』の熱心な学習を積み重ねる中から、『正信偈大意』の著述を踏まえて、「御文」の製作が始められたと見ている。

2—共に、蓮如上人が親鸞聖人の『正信偈』を、存覚上人（覚如上人長男）の

『六要鈔』に添って徹底的に学んだ際の学習ノートとも言うべきもの。その内容を見ると、『正信偈』の文を『六要鈔』の科文《かもん》に則《のっと》って区分し、その間に各部分の『六要鈔』の解釈文を記入し、さらにそれに関連した「三帖和《さんじょうわ》讃《さん》」や経典・聖教の文が細かく書き入れられている。両者の関係は、『正信偈註釈』をより整備させたものが『正信偈註』だと考えられている。

3―滋賀県守山市金森の善立寺と因宗寺が、毎年三月六日に営んでいる蓮如忌。苦菜とは早秋に芽生える苦味の強い山野草で、これを調理したお斎で蓮如上人を偲ぶところから、苦菜法会と呼ばれる。

史料①『正信偈大意』後書き　金森善立寺蔵写本

本文

右此正《みぎこのしょう》 信偈《しんげ》ノ大意《たいい》ハ、金《かね》ノ森《もり》ノ道西一身《どうさいいっしん》シテ才学《さいがく》ノタメニ、連々《れんれん》ソノノソ《ゾ》ミ《(望)》コレアリトイヘ《エ》ト《ド》モ、予《よ》イサヽカソノ才学《さいがく》ナキアヒ《イ》タ《ダ》、カタク斟酌《しんしゃく》ヲク《(加)》ハ《ワ》フ《ウ》ルトコロニ、シキリニ所望《しょもう》ノムネ《(旨)》サリカ《ガ》タキニヨリテ、文言《もんごん》ノイヤシキヲカヘ《エ》リミス《ズ》、マタ義理《ぎり》ノ次第《しだい》ヲモイハ《ワ》ス《ズ》、タヽ《ダ》願主《がんしゅ》ノ命《めい》ニマカセテ、コト《(言葉)》ハ《バ》ヲヤハ《ワ》ラケ《ゲ》、コレヲシルシ《(記)》アタ《(与)》フ《ウ》ヘ《ベ》キヨシ、ソノ所望アルアヒ《イ》タ《ダ》、ワタク《(私)》シニコレヲシル《（記）》ストコロナリ。アヘ《エ》テ外見《がいけん》アルヘ《ベ》カラサ《ザ》ルモノナリ。

于レ時長禄《ときにちょうろく》第二[1]之天《のてん》林鐘比《りんしょうのころ》染筆《せんぴつし》訖《おわんぬ》

蓮如四十四歳

訳文

以上この正信偈の大意《たいい》は、金森《かねもり》の道西が自分で才知と学識のために、絶えず望んでいたけれども、私には少しもそれを記す才知も学識もないので、固く辞退していたところに、しきりにこれを望む意向がしりぞけ難いので、語句が洗練されていないのも省《かえり》みず、また文章の構成も問題にせず、ただ願い主《ぬし》の命に従った。言葉をわかりやすくしてこれを記し、与えてくれとの望みがあったので、自分の考えでこれを記すのである。むやみに他の人に見せてはならないものである。

時あたかも長禄《ちょうろく》二年（一四五八）六月の頃、筆を染《そ》めおわった。

蓮如四十四歳

1―流布本では「長禄第四之天」となっており、ここに記される長禄二年は草稿本完成の年と考えられている。

史料② 『正信偈大意』京都西法寺蔵写本―「普放无量《ふほうむりょう》 无辺光《むへんこう》」以下の解釈文―

※傍線は、存覚上人の『顕名鈔』の文がそのまま引用されていることを示す。ここには、十二光仏の解釈の内、「無量光仏・無辺光仏・無㝵光仏」の三つを取り上げたが、他の九光仏の解釈についても、『顕名鈔』の文がほぼそのまま引用されている。ただし「難思光仏・無称光仏」の部分については、引用の仕方に蓮如上人の意向が認められる。総じてその引用は八百五十七文字にも及んでいる。

本文

普放无量《ふほうむりょう》 无辺光《むへんこう》トイフ《ウ》ヨリ、超《ちょう》 日月光《にちがっこう》トイフ《ウ》ニイタルマテ《デ》ハ、コレ十二光仏《じゅうにこうぶつ》ノ一々《いちいち》ノ御名《みな》ナリ。无量 光仏《むりょうこうぶつ》トイフ《ウ》ハ、利益《りやく》ノ長遠《ちょうおん》ナルコトヲアラハ《ワ》ス。過現未来《かげんみらい》ニワタリテ、ソノ限量《げんりょう》ナシ、カス《ズ》トシテサラニヒトシキカス《ズ》ナキカ《ガ》ユヘ《エ》ナリ。無辺光仏《むへんこうぶつ》トイフ《ウ》ハ、照用《しょうよう》ノ広大《こうだい》ナル徳《とく》ヲアラハ《ワ》ス。十方世界《じっぽうせかい》ヲツクシテサラニ辺際《へんざい》ナシ。縁《えん》トシテテラサストイフ《ウ》コトナキカ《ガ》ユヘ《エ》ナリ。无《む》㝵光仏《げこうぶつ》トイフ《ウ》ハ、神光《じんこう》ノ障㝵《げ》ナキ相《そう》ヲアラハ《ワ》ス。人法《にんぽう》トシテヨクサフ《ウ》ルコトナキカ《ガ》ユヘ《エ》ナリ。

訳文

「普放无量《ふほうむりょう》 无辺光《むへんこう》」という句より、「超《ちょう》 日月光《にちがっこう》…」という句までのところに記されているのは、阿弥陀如来の光明を十二の姿に称《たた》えて呼んだ、一つ一つのお名前である。「无量《むりょう》 光仏《こうぶつ》」というのは、光明の恵みがいつまでも長く続くものであることを表わしている。過去から現在未来にわたって限りがなく、数《かず》として少しもこれに比べられるものが無いくらいに絶しているからである。「無辺光仏《むへんこうぶつ》」というのは、光明が照らし出す働きの広大な徳を表わしている。あらゆる世界をことごとく照らして少しも際限がなく、救いの対象として照らさないということがないからである。「无导光仏《むげこうぶつ》」というのは神々《こうごう》しい光の妨《さまた》げられることがない姿を表わしている。人も物も仏の光明を障《さ》えぎることはできないからである。

（三）御文の誕生
―史料『金森日記秡』、『善龍寺物語』、「筆始めの御文」―

寛正の大飢饉をきっかけに蓮如上人は、大きな打撃を蒙った近江国の民衆の心に、浄土真宗の教えを積極的に訴えかけようと、『正信偈大意』から更に一歩を踏み出し、当時の仮名混じりの書状の形式で記した平易な文書を著わした。これが「御文《おふみ》」[1]である。「文《ふみ》」とは一般的に書状（手紙）のことを言う。元来書状は漢文で書くのが正式であった。しかし蓮如上人の時代になると、仮名混じりのものが普通になり、村を支配していた地侍や有力な農民は大体仮名混じりの書状を読み書きすることができるようになっていた。

「御文」が始めて作られたのは、親鸞聖人の二百回忌に当たる寛正二年（一四六一、蓮如上人四十七歳）三月のことであった。最初の御文は「筆始めの御文」[2]と呼ばれ、金森の道西[史料①]に書き与えられている。その様子を道西の子孫の恵空《えくう》（一六四四～一七二一年）は『善龍《ぜんりゅう》寺《じ》物語』[史料②]に綴っている。この時道西は、「このように教えを導かれて、理解できない人がいるでしょうか。」と感激したという。また道西が、「有難い御法語・御聖教であることです。」と[史料②]申し上げたのに対し、上人が「いやそのように言ってくださるな、ただやさしくふみと言ってください」と答えられたところから、「御文」とよばれるようになったという由来が伝えられている。

「筆始めの御文」には、[史料③]「たゞ在家止住《ざいけしじゅう》のやからは、一向にもろ〳〵の雑行《ぞうぎょう》雑修《ざっしゅ》のわろき執心《しゅうしん》をすてゝ、弥陀如来の悲願《ひがん》に帰《き》し、一心にうたがひ《い》なくたのむこゝろの一念を《お》こるとき、すみやかに弥陀如来光明《こうみょう》をはなちて、そのひとを、摂取《せっしゅ》したまふ《もう》なり。」

〈**訳文**〉ただ在家のままで生活している人達は、ひとえに様々の雑多《ざった》な行《ぎょう》を修したり様々に雑《まじ》えて行を修する悪いとらわれの心を捨てて、阿弥陀如来が衆生を哀《あわ》れむ心から起こされた本願に従《したが》い任《まか》せ、一心に疑いなくたのむ信心が起こる時、即座に阿弥陀如来が光を発して、その人を摂《おさ》め取られるのである。〉と、浄土真宗の信心の心が明らかにされている。長い間模索してきた大和言葉による伝道の表現が確立されたのである。これによって、教えの真髄がより深く信者の心に響くようになった。

この信心の表現については、『歎異抄』第一章の、「弥陀の誓願不思議にたすけられまひ《い》らせて往生をばとぐるなりと信じて、念仏まふ《もう》さんとおもひ《い》たつこゝろのおこるとき、すなは《わ》ち摂取不捨《せっしゅふしゃ》の利益《りやく》にあつ《ず》けしめたまふ《もう》なり。」と、ほとんど同じ内容だとの見方[3]が出されている。そうだとすると、蓮如上人は、『正信偈大意』に見られる『正信偈』の丹念な解釈を土台にして、『歎異抄』の明確な信心の表現を取り入れ、「御文」の文章を生み出していったことが考えられる。

「筆始めの御文」は、伝道のために数多く製作されるようになる吉崎時代以後の御文とは異なり、公開を前提としたものではなかったが、その後の御文の原点として極めて重要である。

注　1―現在大谷派・東本願寺派では「御文《おふみ》」、本願寺派では「御文章《ごぶんしょう》」と呼び習わされている。

2―『金森日記秡』（史料①）によれば、道西に与えられた「蓮如上人直筆本」は、元亀の戦乱で失われてしまい、顕如上人から改めて改めて下付されたという。この本が現在善立寺に伝えられている。

3―名畑崇「蓮如上人初期の教化」（『講座蓮如』第一巻　平凡社）。

史料① 『金森《かながもり》日記秡《ぬき》』

【史料解説】善龍寺に元所蔵されていた『金森日記』の抜書き本。江戸時代初期の延宝八年（一六七六）、本願寺派第二代能化の光隆寺知空（一六三四〜一七一八年）が、原本を抜写したもの。その内容から、本福寺の記録を基に、金森の門徒に関する出来事を綴ったものと見られる。記述の範囲は、蓮如上人の時代から織田信長との抗争に及んでいる。

本文

御文《おふみ》ハ、寛正《かんしょう》ノ初《はじめ》ノ頃初《はじめ》テ作リ出シテ、アマタ遊《あそば》サレケル。最《はじめ》御作《つくり》候《そうろう》御文、道西ニ下サレ候《そうろう》。此《この》御文元亀《げんき》ノ一乱《いちらん》ニ失《う》セテケレハ《バ》、顕如上人《けんにょしょうにん》ニ申シ望ミシニ、御直判《ごじきはん》ヲ以《もっ》テ写シ下《くだ》シ給《たまわ》リケル。

訳文

御文《おふみ》は、寛正の初めの頃、初めて作り出して、多数お作りになっていました。最初にお作りになっています御文《おふみ》は、道西に与えられました。この御文《おふみ》は元亀《げんき》の金森合戦[1]の時に失われてしまったので、顕如上人に申し上げお願いしたところ、上人の花押によって写し与えてくださったという。

注　1―元亀二年（一五七一年）織田信長が金森を攻めた戦い。

史料②『善龍寺物語』恵空著　滋賀県守山市金森町　善龍寺蔵

【史料解説】元禄十三年（一七〇〇）、東本願寺初代講師恵空（一六四四〜一七二一年）が、出身地金森《かねがもり》の善龍寺（善立寺）や因宗寺の由来について見聞した内容を著わした書。その内容は開基道西や金森での蓮如上人の事跡を中心に、東本願寺の教如上人（一五五八〜一六一四年）・宣如上人（一六〇四〜一六五八年）の時代の事にまで及んでいる。

本文

アル時蓮如上人消息一通遊《あそば》サレテ道西《どうさい》ニ仰《おおせ》ケルハ、「カヤ《ヨ》ウニシテヨミキカセナハ《バ》、愚《おろか》ナル尼入道モ謬《あやまり》ナク安心《あんじん》ノ次第領《しだいりょう》解《げ》スヘ《ベ》キカ」ト仰ラル。道西聴聞仕《つかまつ》リ、忝《かたじけな》ク「カヤ《ヨ》ウノ御勧誨《かんけ》ニテ、誰人《たれびと》カ領《りょう》解《げ》シ奉《たてまつ》ラサ《ザ》ラン。マツ《ズ》此一通ヲハ《バ》私《わたくし》頂戴申《もうし》タキ」ヨシ申シ上ケ《ゲ》レハ《バ》、ヤカ《ガ》テ下《くだ》サレケル。其後《そののち》ハ望《のぞみ》アルニモ又望マサ《ザ》ルニモ御免ナサレ給《たまわりき》。サレハ《バ》、数百通ノ始メナレハ《バ》、此《こ》ノ一通ヲ御文初《はじ》メト申《もうす》也《なり》。道西其時《そのとき》「難《がたき》レ有《あり》御法語御聖教カナ」ト申シケレハ《バ》、「イヤサナイヒ《イ》ソ、タ《ダ》、安《やす》クフミトイヘ《エ》」ト御意《ぎょい》ナサレキト申シ伝ヘ《エ》リ。

訳文

ある時、蓮如上人が消息《しょうそく》(手紙)を一通お作りになって金森《かねがもり》の道西《どうさい》に、「このようにして読み聞かせたならば、学問もない尼《あま》や入道《にゅうどう》(在俗生活のままで仏門に入った女性や男性)でも誤りなく安心《あんじん》(信心)の意《こころ》を理解することができるだろう。」とおっしゃった。道西はその消息(手紙)を聴聞《ちょうもん》申し上げ有り難く思い、「このように教えを導かれて、理解申し上げられない人がいるでしょうか。まず、私がこの一通を頂戴したいものです。」とのことを申し上げたところ、すぐにその消息を下さったという。その後《のち》には、その消息を望む人にも望まない人にも、与えることをお許しになった。それだから、数百通の消息(御文)の始めなので、この一通を御文初《おふみはじ》めと申すのである。道西はその時、「有り難い御法語《ほうご》(教えの言葉)・御聖教(仏《ほとけ》の言葉)であることです。」と申し上げたところ、上人は、「いや、そのように言ってくださるな、ただやさしくふみと言ってください。」とお言い付けになったと言い伝えられている。

史料③『御文 - 寛正二年(一四六一)三月(筆始めの御文)』蓮能写本　門真市願得寺蔵

本文

当流聖人ノ御勧化《ごかんけ》ノ信心ノ一途《いちず》ハ、ツミノ軽重《けいちょう》ヲイハス《ワズ》、マタ妄念妄執《もうねんもうじゅう》ノコヽロノヤマヌナント《ド》イフ《ウ》機《き》ノアツカヒ《イ》ヲ《オ》サシヲキテ、タ《ダ》、在家止住《ざいけしじゅう》ノヤカラハ、一向ニモロ〳〵ノ雑行《ぞうぎょう》雑修《ざっしゅ》ノワロキ執心《しゅうしん》ヲステ、、弥陀如来ノ悲願《ひがん》ニ帰《き》シ、一心ニウタカ《ガ》ヒ《イ》ナクタノムコ、ロノ一念ヲコルトキ、スミヤカニ弥陀如来光明《こうみょう》ヲハナチテ、ソノヒトヲ摂取《せっしゅ》シタマ《モ》フ《ウ》ナリ。コレスナハ《ワ》チ、仏《ぶつ》ノカタヨリタスケマシマスコ、ロナリ。マタコレ、信心ヲ如来ヨリアタヘ《エ》タマ《モ》フ《ウ》トイフモコノコ、ロナリ。サレハ《バ》コノウヘ《エ》ニハ、タトヒ《イ》名号ヲトナフ《ウ》トモ、仏《ぶつ》タスケタマヘ《エ》トハオモフ《ウ》ヘ《ベ》カラス《ズ》。タ《ダ》、弥陀ヲタノムコ、ロノ一念ノ信心ニヨリテ、ヤスク御《おん》タスケアルコトノカタシ《ジ》ケナサノアマリ、弥陀如来ノ御《おん》タスケアリタル御恩《ごおん》ヲ報《ほう》シ《ジ》タテマツル念仏ナリトコ、ロウヘ《ベ》キナリ。コレマコトノ専修専念《せんじゅせんねん》ノ行者ナリ。コレマタ当流ニタツルトコロノ一念発起《ほっき》平生業成《へいぜいごうじょう》トマ《モ》フ《ウ》スモコノコ、ロナリ。アナカシコ〳〵。

寛正二年三月日

訳文

この本願寺に伝わる浄土真宗という流派を開いた親鸞聖人が、教え導かれる信心のただ一つの方法は、罪の重さを問題にせず、また、迷いの思いやとらわれの心が治《おさ》まらないなどという、素質や能力をいろいろ言うことは放っておいて、ただ在家のままで生活している人達は、ひとえに様々の雑多《ざった》な行《ぎょう》を修したり様々に雑《まじ》えて行を修する悪いとらわれの心を捨てて、阿弥陀如来が衆生を哀《あわ》れむ心から起こされた本願に従《したが》い任《まか》せ、一心に疑いなくたのむ信心が起こる時、即座に阿弥陀如来が光を発して、その人を摂《おさ》め取られるのである。これはとりもなおさず、「仏の方《ほう》からたすけなさる」という意味である。また「信心を如来よりお与えになる」というのもこの意味である。だから、このように信心を得た上は、たとえ名号を称《とな》えても、「仏《ほとけ》様たすけてください」と思ってはならない。ただ阿弥陀如来をたのむ心の初めての信心によって、たやすく御たすけになることの余りに有難いため、阿弥陀如来が御たすけになっている御恩《ごおん》に報《むく》い申し上げる念仏であると心得るべきである。これこそが、まことの専修専念《せんじゅせんねん》の（偏《ひとえ》に阿弥陀如来の名号を称えて本願他力に帰依する）行者である。また、当流派が立てる「一念発起《ほっき》平生業成《へいぜいごうじょう》（ひとたび信心が起こった時、普段の生活の中で浄土に生まれるもとになる行いが成就する。）」と申すのもまさにこの意味である。あなかしこ〳〵。

第三節　寛正の法難

（一）本願寺破却の牒状

―史料『叢林集』巻九―

蓮如上人の説く教えは、継職後、近江湖南の人々の間に急速に広まって行ったが、そのことが、近江国を勢力圏として来た比叡山延暦寺から、問題視されるようになる。

寛正《かんしょう》六年（一四六五）正月、東山大谷本願寺に一通の牒状《ちょうじょう》（回《まわ》し文）が送られて来た。比叡山延暦寺西塔《さいとう》の学生《がくしょう》達が一月八日に本願寺を撤去させるとの決議をし、そのことを本願寺に伝えて来た通告文である。史料○比叡山の僧兵達が本願寺を敵視したのは、蓮如上人の活発な布教活動が原因だったようで、この牒状には「とりわけ、無碍光と称する一宗を立て、愚かな男女や身分賎しい老人・若者にこれを説き勧めるので、あちこちの村里で多くの者が…徒党を結んで…経巻を焼き捨て…」などと、本願寺門徒の人達の行為を激しく非難する言葉が連ねられている。特に「無碍光宗」という言葉からは、蓮如上人が各地の道場に下付した十字名号の本尊（無碍光本尊）が門徒の心をとらえ、本願寺の宗派のシンボルとなっていたことが窺われる。僧兵達が本願寺を襲おうとしたのは既に前年からのことだったようで、青蓮院の仲介で本願寺が詫《わ》び状を差し出していることもこの文書には記されている。けれども、その後も、「なお事がやまないばかりか、ますます旧に倍する有様である」とある通り、蓮如上人の布教活動は、増々民衆の大きな反響をよぶようになり、もはや比叡山の僧兵達が黙止できないまでに到っていたようである。

史料○『叢林集』巻九　恵空著 所収　「叡山ヨリ遣シタル牒状《ちょうじょう》」

【史料解説】『叢林集』は、金森善龍寺（善立寺）の出身で東本願寺初代講師恵空（一六四四～一七二一年）が、浄土真宗の教義と歴史について、項目を建てて解説した著作である。全九巻。元禄四年（一六九一）に草本が成立し、元禄十一年（一六九八）五月に完成している。この書にある比叡山からの牒状は、かつて金森善龍寺に伝えられていた写本を引用したものという。

本文

寛正六年正月八日、西塔院《さいとういん》勅願《ちょくがん》不断経《ふだんきょう》衆《しゅう》集会《しゅうえ》可《ベキ》三早《はやクラル》被レ相《あい》二触《ふレ》東山本願寺《ニ》一事《ヲ》議《シテ》白《いわク》。右天台四明《しめいノ》之月光《がっこうハ》燿《かがやキ》二翻邪向正《ほんじゃこうしょうノ》之空《そらニ》一、顕密《けんみつ》両宗之《ノ》花匂《はなノにおい》播《あふル》二遮悪持善《しゃあくじぜんノ》之苑《そのニ》一。爰《ここニ》当寺者《とうじハ》、興《おこシ》二一向専修《せんじゅノ》之張行《ちょうぎょうヲ》一、堕《だスルノ》二三宝《さんぼう》誹謗《ひほうノ》之僻見《へきけんニ》一之間《あいだ》、任《まかセ》二上古《じょうこノ》軌範《きはんニ》一可《ベキノ》レ令《しム》レ停《ちょう》二-廃《はいセ》之《これヲ》一条《じょう》勿論《もちろんナリ》也。就《ずク》レ中《なかン》、号《ごうシ》二無礙光《むげこうト》一建《こん》二-立《りゅうシ》一宗《ヲ》一勧《すすメ》二愚昧《ぐまいノ》之男女《なんにょニ》一示《しめすノ》二卑賤老若《ひせんろうにゃくニ》一之間《あいだ》、在々処々村里閭巷《ざいざいしょしょそんりりょこう》、成《なシ》レ群《ぐんヲ》結《むすブ》レ党《とうヲ》。或《あるいハ》焼《しつ》二-失《しつシ》仏像経巻《きょうかんヲ》一、軽《けい》二-蔑《べつス》神明《しんめいノ》和光《わこうヲ》一。邪路《じゃろノ》之振舞《ふるまい》遮《さえぎリ》レ眼《めヲ》、放逸《ほういつノ》之悪行盈《みツ》レ耳《みみニ》。且《かつハ》仏敵也《ナリ》。且《かつハ》神敵也《ナリ》。為《ため》二正法《しょうぼうノ》一為《ため》二国土《こくどノ》一不《ず》レ可《ベカラ》レ不《ざル》レ誡《いさメ》。然間《しかルあいだ》、去年閉籠《へいろうノ》之時節、可《ベキノ》レ令《しム》二切断《せつだんセ》一之処《ところ》、依《より》二門迹御口入《もんぜきごくにゅうニ》一捧《ささグルノ》二陳状《ちんじょうヲ》一之間《あいだ》、暫《しばらク》閣《とどメ》レ之《これヲ》畢《おわンヌ》。雖《いえどモ》レ然《しかリト》尚以《なおもっテ》不《ず》二事息《ことやマ》一、弥《いよいよ》倍増《ばいぞうスル》上《うえハ》者、重犯更《さらニ》難《がたキノ》レ遁《のがレ》之所《ところナリ》也。所詮放《しょせんはなチ》二公人《くにん》犬神人等《いぬじにんなどヲ》一、可《ベキノ》レ令《しム》レ撤《てっ》二-却《きゃくセ》寺舎《ヲ》一之由《よし》、衆議《しゅうぎ》儡同《らいどうセリ》而已。

右《みぎ》本願寺江《へ》　已上コノ一紙ノ写本古来金森ニアリ

訳文

寛正《かんしょう》六年（一四六五）正月八日、西塔院《さいとういん》勅願不断経《ちょくがんふだんきょう》衆《しゅう》の集会《しゅえ》[1]が、前もって東山本願寺に告示されるべき事を決議して言うことには、本来、天台宗四明《しめい》大法師知礼《ちれい》（九六〇～一〇二八年）[2]の正統な教義の月の光は、邪《よこしま》な思いをひるがえして正しい道に向わせる空《そら》に輝き、顕教《けんきょう》密教《みっきょう》両宗の花の匂《にお》いは、悪をとどめ善を身につけさせる苑《その》にあふれるのである。ところでこの寺（本願寺）は一向専修《いっこうせんじゅう》（ひたすら称名念仏だけを称える）という強行なことを始め、三宝《さんぼう》（仏・宝・僧）を謗《そし》る邪《よこしま》な見解に陥っているので、遠い昔の法に順ってこれをやめさせなければならないことは言うまでもない。とりわけ、無礙光と称する一宗を立て、愚かな男女や身分の賤《いや》しい老人・若者にこれを説き勧《すす》めるので、あちこちの村里では、多くの者が集まり徒党《ととう》を結んで、ある場合は仏像や経巻《きょうかん》を焼き捨て、仏がみずからの光を和《やわ》らげ（姿を変え）て現われた神を軽蔑し、邪悪な振舞いは眼を覆《おお》うばかりで、ほしいままの悪い行いを方々から耳にしている。このような邪宗は仏敵であり、また神の敵である。正法《しょうぼう》（正しい教え）を守るため国の安穏のために懲《こ》らしめないでおいてはならない。それゆえ去年、抗議のために堂舎に立て籠った時にも、懲罰することを決議したところ、青蓮院《しょうれんいん》門跡の御仲介により詫《わ》び状《じょう》を差し出したので、しばらく差《さ》し控《ひか》えてきた。そうとはいうものの、なお事がやまないばかりか、ますます今までに倍する有様である以上は、重ねての罪をどうしてもまぬがれることはできないのである。結局、公人《くにん》や犬神人[3]《いぬじにん》（祇園社に隷属していた身分の低い神職）等《ら》を送り込んで、寺の堂舎を撤去させるべきとのことが、衆議で一致したことである。

右の通り本願寺へ――以上の通り、この一紙に記された写本は、古来から金森に伝えられている。――

注　1――比叡山西塔の学生が組織した集まり。

2――中国北宋初期の僧で、天台宗第十四祖。四明は知礼の出身地名。

3――比叡山の僧侶の中で一番下の階層で、雑用や警固の役に当たった。

（二）比叡山勢力の本願寺乱入
——史料『本福寺由来記』、『経覚私要鈔』——

比叡山からの牒状 に本願寺は仰天《ぎょうてん》したが、まさかそんな急に襲って来ることはないと安易に考え、門の貫木《かんぬき》もかっていなかったようである。比叡山側が殺伐《さつばつ》とした空気だったのに対して、本願寺の方はかなり楽観的に構えていたことが伝わって来る。ところが事態は風雲急を告げていた。比叡山側は何と[史料①]その翌日[史料②]の正月十日[1]に本願寺へ乱入して来たのである。百五十人の僧兵の他に、近くの祇園社[2]（現在の八坂神社）に隷属する犬《いぬ》神人《じにん》[3]（身分の低い神職）達もその手先として加わっていた。その乱入の様子は、『本福寺由来記《ほんぷくじゆらいき》』に次のように伝えられている。

「[史料①]御門の番衆[4]が門の貫木《かんぬき》を差さないで、しかも昼寝達をしているところへ乱入したので、御坊の人が取り乱されたことは、言うまでもなかった。悪僧達は、思うがままに仏《ほとけ》様の物であるのも恐れず、我も我もと目ぼしいものをみなすべて荒らして取り散らかした。」

　こうした僧兵達の乱入に、蓮如上人と本願寺の一族は避難を強《し》いられる。僧兵達はまず蓮如上人を捕えようとしたが、間違って正珍《しょうちん》という御堂衆《みどうしゅう》5を追い回している隙に、粗末な葛布《くずふ》の十徳《じっとく》6を着た上人は脱出する。たまたま堅田の桶屋で伊尾毛尉《いおけのじょう》7と呼ばれる門徒が桶を拵《こしら》えて運び出す所だったのを、その御供《おとも》に成り済ましたようである。避難先は近くの定法寺《じょうほうじ》8という寺であった。ここには長男の順如が入寺していたが、青蓮院《しょうれんいん》に所属する院家《いんげ》寺院という格式ある寺だっただけに、僧兵達も手出しができなかったようである。

　こうして蓮如上人と八歳の光養丸《こうようまる》（実如《じつにょ》上人）は難を逃れたが、長男の順如だけは脱出しようとするところを僧兵達につかまってしまう。けれども、供の者に持たせていた長《なが》太刀《だち》9を僧兵達が奪おうと争っているすきに、無事定法寺に逃げ込むことが出来た。この時一旦奪い取られた長太刀を、野干《きつね》五郎太郎と言う足の速い近江赤野井《あかのい》の門徒が腕ずくで取り返す場面を、『本福寺由来記』は生き生きと描き出している。

注　1―比叡山の勢力が乱入した日時について、『本福寺由来記《ほんぷくじゆらいき》』には、打ち入る噂があった翌日の十日と記されているのに対し、『本福寺跡書《あとがき》』には，「九日ノ日ノ事也《なり》」とあり、九日を取る説も多い。一方『経覚私要鈔』では、十日

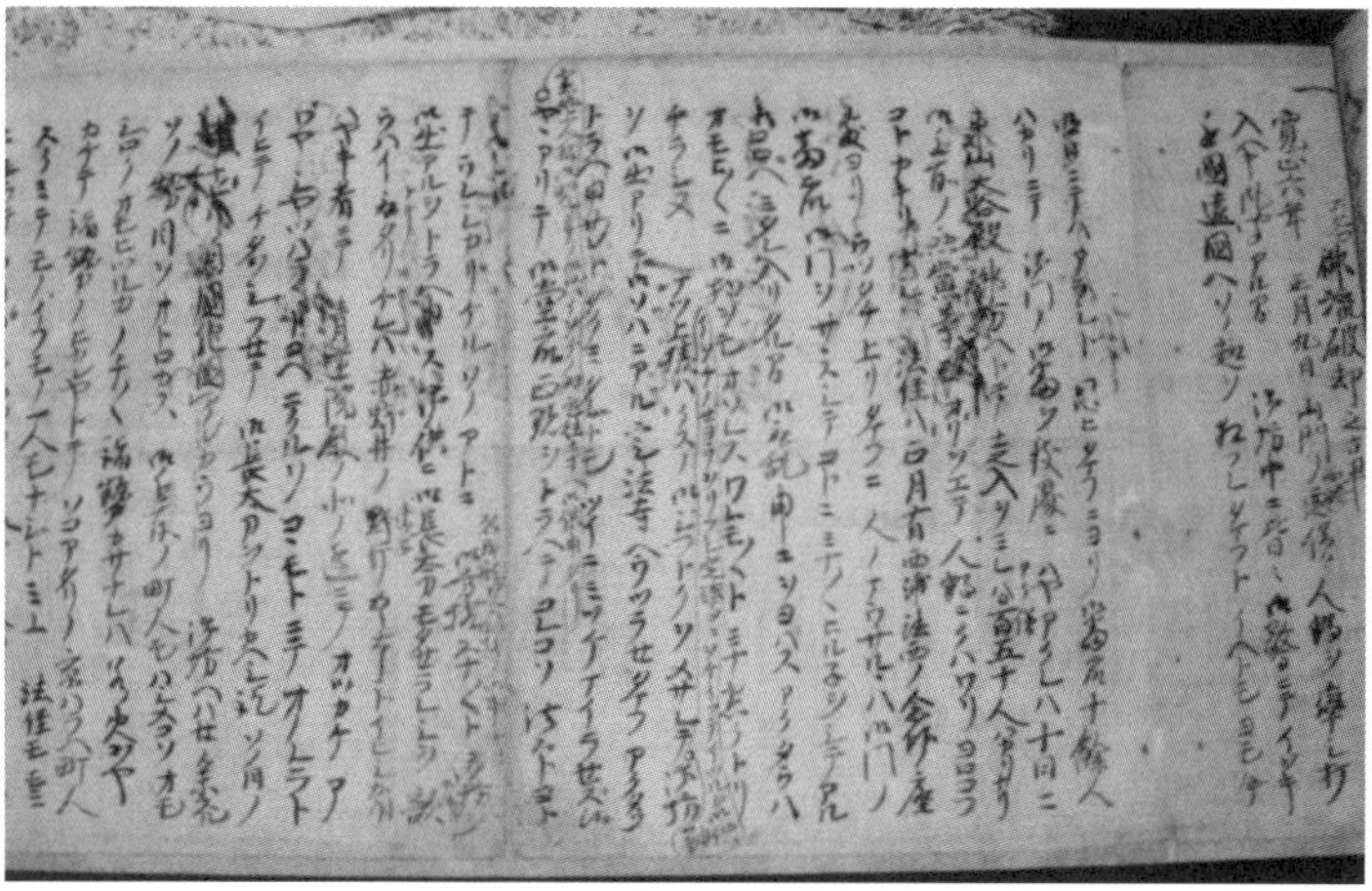

『本福寺由来記』　本福寺蔵
比叡山の勢力が東山本願寺に乱入する場面がありありと綴られている。

に祇園社に集まって襲撃の手はずを整え、十一日に本願寺へ押し寄せたとある。

2―祇園社は、今日の祇園八坂神社。当時は神仏習合で延暦寺の支配下に在り、天台宗の感神院《かんじいん》を別当寺院としていた。

3―中世の時代、近畿地方の大社に隷属した身分の低い神人《じにん》（下級の神職）。葬送・埋葬等に関する特権を持っていた。

4―御番衆は警固の役。『本福寺跡書』には、野洲郡、栗本郡の門徒がこれを勤めていたとある。

5―本願寺の仏事を勧める役。蓮如上人の頃までは六名の清僧がこれに当たっていた。

6―「葛布《くずふ》」は葛《くず》の茎の繊維を横糸に用いて織った布。「十徳」は、広袖で垂領《たりくび》形の上衣。当時下級武士が旅行服に用いた。

7―『本福寺由来記』『本福寺跡書』では、「イヲケノ尉」あるいは「イオケノ尉」と表記されている。堅田法住門徒の桶屋で、屈強で知られていたようである。本書は恵空の『善龍寺物語』に従って、「伊尾毛尉《いおけのじょう》」と表記した。

8―定法寺は、青蓮院末の院家寺院で、蓮如上人の長男順如がこの寺の住持実助大僧正の弟子となって入寺していた。

9―武士等が外出時に持たせた長大な太刀。

史料① 『本福寺由来記』

本文

寛正六年正月九日、山門ノ悪僧《西塔》、人数《にんじゅ》ヲ率《そっ》シ打入《うちいる》ヘ《べ》キ風聞《ふうぶん》アル間《あいだ》、御坊《ごぼう》中ニ皆々御驚《おんおどろき》ニテ、イソキ《ギ》近国遠国《きんごくおんごく》へ、ソノ趣《おもむき》ヲ相《あい》フレタマフ《ウ》トイヘ《エ》ト《ド》モ、ヨモ今明日《こんみょうにち》ニテハアラシ《ジ》ト思ヒ《イ》タマフ《ウ》ニヨリ、御番衆《ばんしゅう》十余人ハ《バ》カリニテ、御門ノ御番《ごばん》ヲ致《いたす》処《ところ》ニ、ハヤアクレ《（明）》ハ《バ》十日ニ、東山大谷殿《どの》御坊へトテ走入《はしりいる》ヲミレハ《バ》、アク《（悪）》僧百五十人ハ《バ》カリナリ。御近所ノ悪党等モオリ《（折）》ヲエテ、人数《にんじゅ》ニクハ《ワ》ワ《ワ》リ、ヨロコ《（喜）》フ《ブ》コトカキ《ギ》リナシ。法住ハ、正月十日西浦法西《にしうらほうさい》ノ念仏ノ座敷ヨリ、ウツタチ上《のぼ》リタマフ《ウ》ニ、人ノマ《モ》ウサル、ハ、御門ノ御番衆、御門ヲサ、スシ《ズ》テ、コトニミナ〳〵ヒルネ《（昼寝）》ヲシテアルトコロヘ、ミ《(乱)》タ《ダ》レ入リタル間《あいだ》、御取乱《とりみだし》、申《もうす》ニヲ《オ》ヨハ《バ》ス《ズ》。アク《(悪党)》タ《ト》ウハ、オモヒ《イ》〱ニ御物《ぎょぶつ》ヲモオソレス《ズ》、ワレモ〱トミナ悉《ことごと》クトリチラシ《(取散)》ヌ。マツ《ズ》上様《うえさま》ハ、クス《(葛)》《ズ》ノ御ジツ《ッ》トク《(十徳)》ヲメサレテ、イヲ《オ》ケノゼ《ジ》ヨウ、ヲ《オ》リフシ《(折節)》定法寺《じょうほうじ》ニヲ《オ》ケイフ《ウ》テイツルカ《ガ》、御供申《おとももうし》、ヤカ《ガ》テ御坊ヲ御出《おいで》アリテ、御ソハ《バ》ニアル定法寺《じょうほうじ》ヘウツラセ《(移)》タマフ《ウ》。アクタ《ト》ウ、トラ《(捕)》ヘ《エ》申サントタクミ《(巧)》タレト《ド》モ、ツイニミツケ《(見付)》マイラセス《ズ》候《そうろう》。実如上人様御児《おこ》ニテノ御時、イヲ《オ》ケノ尉《じょう》、定法寺ヘ御供申《おとももうし》タリ。ヤ、アリテ、御堂衆《みどうしゅう》正珍《しょうちん》ヲトラヘ《エ》テ、コレコソ法印ヨトテ、ウレシカ《ガ》リケル。ソノアトニ、御方様《おかたさま》（願成就院殿様ノ御事ナリ）スナ〱ト、御坊ヲ御出《おいで》アルヲトラ《(捕)》ヘ《エ》申ス。御供ニ御長太刀《おんながだち》モタセラレシヲ、敵《てき》ウハ《バ》イ取《とり》タリケレハ《バ》、赤野井《あかのい》ノ野干《きつね》五郎太郎トイヒ《イ》シ者、ハヤキ者ニテ、青蓮院《しょうれんいん》殿ノ北ノ辺《あたり》ニテオツ《ッ》カケ、アワヤシヤツ《(奴輩)》ハ《バ》ラトコ《ド》ヘニ《(逃)》ク《グ》ルソ《ゾ》、コ《(此処)》、モトニテ、オノレラ、トイヒ《イ》テ、ケタ《(蹴倒)》ヲ《オ》シフセテ、御《おん》長太刀《ながだち》ヲトリカヘ《エ》シ訖《おわんぬ》。…

訳文

寛正《かんしょう》六年（一四六五）正月九日、比叡山西塔《さいとう》の悪僧が多くの人数を率いて打ち入るだろうとの噂《うわさ》があったので、大谷御房の中では皆驚いてしまって、急いで近国遠国へその様子をお知らせになったが、よもや今日明日のことではないとお思いになっていたので、御番衆《ごばんしゅう》十人余りほどで御門の番をしていた。そこへ早くも明けて十日の日に、東山大谷御坊へと走入る者達を見ると、悪僧百五十人ほどである。御坊の近所の悪党等《ら》もこの機会をいいことに人数に加わり、喜び暴れ回ることが尽きなかった。堅田《かたた》の法住が、正月十日西浦道場の法西《ほうさい》の念仏の座敷より京都へ出陣したところ、人が次のようにその時の様子を申した。御門の御番衆が門の貫木《かんぬき》を差さないで、しかも昼寝をしているところへ乱入したので、御坊の人達が取り乱されたことは、言うまでもなかった。悪僧達は、思うがままに仏《ほとけ》様の物であるのも恐れず、我も我もと目ぼしいものをみなすべて荒らして取り散らかした。最初に上様《うえ》（蓮如上人）は、葛布《くずふ》の十徳《じっとく》をお召しになって、イオケノ尉《じょう》がちょうどその時定《じょう》法《ほう》寺に桶をこしらえて運び出すところであったが、御供《おとも》と申してすぐに御坊を出られて大谷御坊の側《そば》にある定法寺へお移りになった。悪党は上様（蓮如上人）を捕えようとたくらんだけれども、ついに見つけることができなかった。実如上人様は子供の時だったので、イオケノ尉《じょう》が定法寺へお供《とも》してお連れした。しばらくして、御堂衆《みどうしゅう》の正《しょう》珍《ちん》を捕えて、「これこそ法印（蓮如）であることよ。」と言ってうれしがった。その後、御方様《おかたさま》―願成就院の殿様（順如）のことである―が、すならすならと御坊を出られるところを捕えた。お供の者に長太刀《ながだち》を持たせられたのを、敵が奪い取ったので、赤野井の野干《きつね》五郎太郎という者が、足の速い者だったので、青蓮院の北の辺《あた》りまで追いかけ、「さてはまあ、やつらどこへ逃げるのか、このところで。お前ら。」と言って蹴《け》倒して組み伏せ、長太刀《ながだち》を取り返した。…

史料②『経覚私要鈔』　寛正六年（一四六五）正月十二日

本文

山門馬借《ばしゃく》去《さる》十日閉《とじ》二籠《こもり》祇薗《ぎおんニ》一、槌《うチ》二早鐘《はやがね》以下《いか》一畢《おわンヌ》。昨日十一日押《おシ》二寄《よスルノ》本願院《ニ》一之間《あいだ》、迷惑言《ごん》語道断《ごどうだんト》云々。然《しかレドモ》而自《より》二青蓮院《しょうれんいん》一色々被《るルノ》レ誘《さそワ》之間《あいだ》、三千疋出《びきいダシ》二用脚《ようきゃく》一落居《らくきょス》云々。無㝵講衆《むげこうしゅうノ》事《ことノ》故《ゆえ》也《ナリ》。

訳文

比叡山の僧兵や馬借《ばしゃく》が、去る十日祇園《ぎおん》社に立て籠り、早鐘《はやがね》などを打ち鳴らした。昨日十一日、本願院（本願寺）へ押し寄せたので、もってのほかの迷惑であるという。しかしながら、青蓮院より色々と勧められるので、三千疋の費用を出して落着したという。無礙光衆のことが原因である。

（三）和議による解決を計る

―史料『本福寺跡書』、『本福寺由来記』―

大谷本願寺に僧兵が乱入したという知らせはすぐに、堅田の法住のもとへ伝えられた[史料①]。弟・法西《ほうさい》の西浦《にしうら》道場[1]に居た法住は、居合わせた手勢二百人余りを率いて大谷へ馬を急がせる。堅田衆が身に着けた腹巻《はらまき》とは足軽が用いる簡単な鎧《よろい》で、いかにも堅田衆らしい荒々しさを感じさせる出で立ちである。本願寺と堅田衆との間には、一旦《いったん》事あれば直《ただ》ちに馳《は》せ参じるという強い絆が結ばれていたのである。

大谷本願寺には続々諸国の門徒達が集まって来たが、すでにそこはすっかり荒らされてしまっていた。蓮如上人も京都を点々として[2]いて、いつまた僧兵達から襲われるか分からない状況であった。堅田衆等は戦いも辞さずと意気込んでいたが、老衆達は比叡山の力を考えて、和議を計ろうと相談を進めた[史料②]。

和議のやり方にも色々な意見があった。最初に出されたのは、「理不尽な言いがかりなので、宗論を戦わせてやりこめよう」という主張であった。けれども話し合いを進めてゆくうちに、「偏った考えの相手には礼銭を与えて解決するのがよい」という意見が主流となる。蓮如上人はこれに反対したが、たまたまそこへ三河から上洛して来た弟子・如《にょ》光《こう》の意見によって、礼銭により解決をはかることとなった。

如光は、寛正《かんしょう》二年（一四六一）に蓮如上人より十字名号の本尊（無碍光本尊）を授かり、高田派から転じて本願寺の門徒となっている。以来上人に深く心酔していた如光は、今回の事態を耳にすると、進んで礼銭の用意を申し出た。「ただ私にお任せ下さい。比叡山も京都も、礼銭をほしがるのならば、料足《りょうそく》（銭）は、三河国《みかわのくに》から足で踏ませるほど取り寄せましょう。」と言う如光の寺・上宮寺《じょうぐうじ》[3]は、三河国（愛知県東部）から尾張国《おわりのくに》（愛知県西部）にかけて百に余る末寺[4]・末道場を持つ有力寺院であった。「教義の上で、邪正を分別しようとすることがなくて、料足（銭）が気に入っているのであれば解決しやすい事でございます。」との如光の言葉に、とうとう上人[5]も礼銭による解決を承諾したのである。

礼銭は青蓮院の末寺定法寺《じょうほうじ》の仲介で比叡山に納められたようで、『経覚私要鈔《きょうがくしようしょう》』にはその金額が三千疋《びき》[6]と記されている。

注　1―堅田庄真野西浦にあった法住の弟法西の道場。

2―『本福寺由来記』（二一二頁）には、寛正六年（一四六五）正月中頃には京都室町に居て、そこから金宝寺《こんぽうじ》（京都市下京区新町通平野町）、更には壬生《みぶ》（京都市中京区）へと、転々と移動していた様子が伝えられている。

3—愛知県岡崎市上佐々木町にある真宗大谷派の寺院。初めは高田派妙源寺末寺であったが、如光の代に蓮如上人に帰依し、本願寺の門流に加わった。三河三箇寺の一つとされる。

4—『別本如光弟子帳』から知られる。

5—『本福寺由来記』には一献銭《いっこんせん》（酒代）と記されているが、これは礼銭のことを指している。

6—約四百三十万円。加賀国大野庄の年貢算用状から推測計算。

史料①『本福寺跡書《あとがき》』

【史料解説】本福寺に伝られる本福寺旧記の一つで、『本福寺由来記』と共に近江時代の蓮如上人の行跡を詳しく伝えている記録。その内容は、第六世明誓が『本福寺由来記』をもとにさらに詳しくまとめたものと見られる。表紙には本福寺跡書《あとがき》という書名がはっきりと記されているが、表紙の傷みがひどく、『真宗全書』の解説が伝える「明誓」

の文字は今は確認できない。縦二一・二cm横一三・六cmで、全七十四葉の袋綴じ冊子本。

本文

シカレハ《バ》コノ一事《いちじ》、国々《くにぐに》ヘアヒ《イ》フレラル。マツ《ズ》堅田ヘハ西浦法西《にしうらほうさい》ニ、十日ノ念仏ノ日《ひ》ニテ、トキ《（斎）》ノユ《（湯）》ノム人モアリ、ノマヌ人モアリケル処《ところ》ヘ、此《かく》トハヤ《ヨ》ウチアリケレハ《バ》、腹巻《はらまき》武者《むしゃ》八十人以上、ソノ勢《せい》弐百余人、逢坂《おうさか》ヲ上《のぼり》四宮《しのみや》ヨリ粟田口《あわたぐち》ヘ馳参《はせさんず》ル也《なり》。

訳文

さて、このことは、国々の門徒に知らされた。まず堅田《かたた》へは、西浦の法西のところが毎月十日の念仏の日で、斎《とき》の湯を飲む人もあり飲まない人もあったが、そこへ「こうこうで」と用件が伝えられたので、腹巻《はらまき》武者八十人以上、総勢二百人余りが、逢坂《おうさか》[1]山を越えて、四宮《しのみや》から粟田口《あわたぐち》へ馳《は》せ参じた。

注　1――逢坂山は滋賀県大津市逢坂付近にあった交通の要衝で、ここから四の宮（京都市山科区四ノ宮）から粟田口（東山区粟田口）へ入る道は、諸国から京都へ入る出入口（京都七口）の一つとされていた。

史料② 『本福寺由来記』

然《しかる》ニ老衆御談合ニ、…マツ《ズ》山門《さんもん》ノ成敗《せいばい》ハ、御流《ごりゅう》ハ邪義ニテ、邪法ヲス、メラル、トイフ《ウ》申《もうし》状《じょう》ナリ。利《り》(理)不尽《ふじん》ノ沙駄《さた》(汰)ナル間《あいだ》、其時《その》ニナレバ、…メイ〱ノ義理ヲフルヒ《イ》テ、コレヲノヘ《べ》、アキ(明)ラメラルヘ《べ》キノ義ニフセ(伏)ラル。御坊中ニハ、セチカク(折角)ノ宗論アルヘ《べ》キノ分《ぶん》ニテ、一問答・二問答・三問答ヲイタスヘ《べ》キ仁《ひと》ヲ、相《あい》サタ《ダ》メラル、処《ところ》ニ、ソノ義ニハアラテ《デ》、件《くだん》ノ悪僧等、御近所ノ偏《へん》執《じゅう》ノアクタウ(悪党)等《ト》ノ所行《しょぎょう》ナレハ《バ》、同心《どうしん》ニマウ《モ》シアハ《ワ》セ、過分ニ御礼銭《おれいせん》ヲクタ《ダ》サレハ《バ》、山門ノ義ハ無事《ぶじ》ニツカマツルヘ《べ》シト申入《もうしいれ》タリ。此等《これら》ノ趣《おもむき》アリノマ、、上様《うえさま》ヘ申《もうし》アケ《ゲ》テ候《そうら》ヘ《エ》ハ《バ》、シカルヘ《べ》カラサ《ザ》ルヨシヲ御定《おさだめ》アリ。ソノ時三川《みかわ》ノ国《くに》ヨリ、佐々木ノ坊主上落(洛)ニテ、…上様ヘメサレテ御《み》公事《くじ》ノグワンライ(元来)オ、セキカセラル、処《ところ》ニ、佐々木、「タ《ダ》、ワタクシ(私)ニ御マカセ候《そうら》ヘ《エ》。山門モ京都モ、礼銭ホシカラハ《バ》、料足《りょうそく》ハ、三川《みかわ》(河)ヨリ上《のぼ》セ、アシニフマセ申《もう》スヘ《べ》ク候《そうろう》。邪正《じゃしょう》ヲ分別《ふんべつ》スヘ《べ》キ義ナクシテ、料足《りょうそく》ニ目ヲカ(掛)クルニテ候ヘ《エ》ハ《バ》、ツカマツリヨキ公事《くじ》ニテ候《そうろう》。ワタクシ(私)ウケトリ(請取)申《もう》ス」トテ、ハヤ礼銭ニ相定《あいさだめ》ラレ訖《おわんぬ》。コノ一献《こん》銭ノ扱《あつかい》、始中終《しちゅうじゅう》定法寺《じょうほうじ》シナシ(為做)ナリ。カノシナシトハ、上様ツイニ御存知ナクテ、ケツ《ッ》ク内談ヲ御シラ(知)セアリタリ。

訳文

さて本願寺の老衆が話し合うことには、…「ともかく比叡山の処置は、本願寺の流派は邪《よこしま》な教義を立て、邪な教えを勧められたという言い分である。理不尽な言いがかりなので、その時になったらば、…めいめいの者が道理を示して、親鸞聖人の法流を述べて明らかにしようという意見に説き伏せられた。大谷御房の中では、折角宗論《しゅうろん》されるのだからと言って、最初の問答、二番目の問答、三番目の問答の論者を定められていたところに、そのような教義の問題ではなくて、例の悪僧達や御近所の偏《かたよ》った見解の悪党等のしわざであるから、皆で話し合って充分に御礼銭を与えれば、比叡山のことは平穏に治まるであろう。」ということになった。これらのことをそのまま上様（蓮如上人）へ申し上げましたところ、「それは適当ではない。」との御判断であった。その時三河国《みかわのくに》（愛知県東部）より、佐々木の上宮寺の坊主如光が上洛した。…上様（蓮如上人）の側《そば》へ喚ばれて、今度の事態のそもそもを話して聞かせられたところ、佐々木の如光は「ただ私にお任せ下さい。比叡山も京都も、礼銭をほしがるのならば、料足（銭）は、三河《みかわの》国《くに》から足で踏ませるほど取り寄せましょう。教義の上で、邪正を分別しようとすることがなくて、料足（銭）が気に入っているのであれば、解決しやすい事でございます。私が引き受け申します。」と言って、すぐに礼銭で解決することに定められたのである。この一献銭《いっこんせん》（礼銭、酒代の意味）の仲立ちに関しては、始めから終わりまで定法寺が行っていたのである。そのことを上様（蓮如上人）はとうとう御存知なく、結局内談をお知らせしただけであった。

（四）大谷本願寺破却

——史料『経覚私要鈔』、『東寺執行日記』、『八坂神社文書』、『経覚私要鈔』、『一年二季彼岸事』、『本福寺由来記』、「近江湖南地方の本願寺系寺院の変遷」——

事態は礼銭により一旦は落着したかに見えた。けれども、比叡山側が蓮如上人に対して抱いた不信感はそれでも治まらず、なおも不穏な動きが続いた。蓮如上人は、親類関係にある伊勢氏や日野氏等に手を回して事態を治めようとしたようだが、とうとう僧兵達の怒りが爆発してしまう。三月二十一日、比叡山の勢力が再び大谷本願寺[史料①]を襲撃[史料②]したのである。今度は単に荒らされるだけでは済まされず、伽藍《がらん》すべてが破壊されてしまう。

この情報は奈良の経覚の許へも伝えられ、その日記に次のように記されている。

「比叡山より軍勢（僧兵）が出向き、東山本願院（本願寺）はことごとく破却されたという。気の毒ななりゆきである。」

本願寺の破却に直接手を下したのは祇園社の犬神人であったようで、破却された本願寺の木材は、犬神人《いぬじにん》の働きに対する恩賞[史料③]として与えられている。いかにも殺伐としたこの時代の世相が感じられる話である。

経覚はまた同日記で、蓮如上人の安否を心配（史料①）しているが、間もなく音信があったようで、六日後の条に次のように記している。「本願院（本願寺）（史料④）兼寿僧都の方より手紙をもらった。『たびたび手紙を送ったが、返事がないので非常に心配していたので、この音信は比べるものがないくらいうれしい知らせである』との返事を送った。」

正月の本願寺乱入以来、大谷の地を離れて、定法寺から、室町、金宝寺《こんぽうじ》（史料⑤）、更には壬生《みぶ》と、京都の諸所を点々としていた蓮如上人だったが、この頃は京都を離れて摂津国《せっつのくに》・河内国《かわちのくに》辺り（史料⑥）にいたようである。ここには法円《ほうえん》という有力な弟子がいた。きっとここで本願寺破却の情報を悲痛な思いで耳にしていたに違いない。この年からおよそ十六年間、本願寺の正式な伽藍はその姿を消してしまうのである。

比叡山が本願寺に敵意を抱いたのは、表向きは、許可なく名号を下付したり、天台宗の仏像経巻を焼却したり、門徒達が他の寺や神社を軽んじたことが原因[1]に挙げられている。しかし、その裏には天台宗の信者が続々本願寺門徒となり、近江湖南の天台宗寺院が次々に本願寺末に転じていたという事実があった。最近の調査（史料⑦）では、蓮如上人が継職してからの七年間に、守山市だけで天台宗から真宗に転じた寺が五件に及んでいたことが判明している。おそらく、蓮如上人の布教により信者を失ない、本願寺の末寺に成って行ったものであろう。

その結果、比叡山は面目を失い、経済的にも大きな損失を蒙ったことが本当の理由と言えよう。

注　1―大谷本願寺破却の原因について実悟は、『蓮如上人仰条々』一八四に、内裏の門であった日華門を下賜されたことへの抗議だと記している。しかし当時の本願寺の立場から見てそうしたことは考えられず、堅田修氏も「証如上人の代に門跡勅許を得た後になされた説」（『真宗史料集成』第二巻解説）と見ている。

史料①『経覚私要鈔《きょうがくしようしょう》』寛正六年三月二十二日の条　興福寺大乗院経覚記

本文

就《ついテ》二無尋講衆《ノ》事一《ニ》、自《より》二山門一、東山本願院《ヲ》悉《ことごとク》令《しムト》二破却一《セ》云々、不便《ふびんノ》次第《しだいナリ》也。自《より》二昨日一犬神《いぬじ》人《にん》罷《まかり》向《むかイ》、壊取《こわシとルト》云々。亡母《もうぼノ》之里《さとナリ》也、歎《なげキテ》而有《あル》レ余《あまり》者《ものカナ》哉。本人兼寿僧都《けんじゅそうずハ》住《じゅうスト》二摂州一《ニ》云々。先日雖《いえどモ》二音信《しんスト》一無《なシ》二返事一。若不《もシハざルカ》レ通《つうぜ》歟、如何《いかん》。

訳文

無礙光衆のことで、比叡山より軍勢（僧兵）が出向き、東山本願院（本願寺）をことごとく破却《はきゃく》したという。気の毒なりゆきである。昨日より犬神人《いぬじにん》が破却に向い、取り壊《こわ》したという。亡き母の里であり、嘆かわしい限りである。当の兼寿僧都（蓮如上人）は、摂津国に居るという。先日便りを送ったが返事はなかった。あるいは、届いていないのだろうか。どうであろうか。

史料②『東寺執行《しぎょう》日記』寛正六年三月二十三日の条

［史料解説］ 東寺執行《しぎょう》は教王護国寺（東寺）の堂舎・仏像・法具等の管理修理に当たる役職で、『東寺執行日記』は鎌倉時代から江戸時代にわたる執行の日記である。その内容は東寺の年中行事・法会から当時の政治や社会にも及び、室町時代の重要な史料の一つになっている。

本文

二十三日比《ごろ》、東山大谷家、自《より》二山門《さんもん》一発向《はっこうす》。其子細者《そのしさいは》、阿弥陀仏ヲ川ニナカ《ガ》シ、絵木《えもく》ノ仏《ほとけ》火ニ入《いれ》ナントシテ、江州《ごうしゅう》ニ金森《かねがもり》ノ庄《しょう》ニ沙汰之《さたこれ》ス、仍《よって》山門ヨリ発向之《はっこうこれ》ス。此《この》本所ハ大谷也《なり》、悉《ことごとく》犬神人《いぬじにんとる》取レ之《これを》。金森《かねがもり》ハ建仁寺ノ内妙《うちみょう》喜庵《きあんの》領也《なり》。山門へ知《ち》二行《ぎょうせしむること》之《これを》一、曲事也《くせごとなり》。

訳文

（寛正六年三月）二十三日頃、東山大谷本願寺門徒に対し、比叡山の衆徒《しゅと》（僧兵）が出動した。その理由は、阿弥陀仏を川に流したり、絵像・木像の仏を焼いてほしいと、江州《ごうしゅう》（近江国）の金森の庄《しょう》に手配したからで、そのために比叡山より金森に衆徒《しゅと》が出動したのである。この金森の本家は大谷本願寺である。祇園社《ぎおんしゃ》の犬神人《いぬじにん》（祇園社に隷属していた身分の低い神職）がこの本願寺の建物をことごとく取り壊したのである。金森は建仁寺の塔頭《たっちゅう》妙喜庵《みょうきあん》の領地である。山門に支配させるのはけしからないことである。

注　1――京都市東山区大和大路にある臨済宗建仁寺派の本山。

史料③『八坂神社文書』「叡山閉籠衆下知状」

［史料解説］京都祇園八坂神社の伝来する古文書群。二千三百六点から成る。

本文

無碍光《むげこう》本願寺房舎ノ之事、為《しテ》二本院政所《まんどころノ》衆議《しゅうぎト》一、今度犬神人《いぬじにんノ》紛骨分《ふんこつぶんニ》被《る》二宛行《あテおこなワところナリ》一処也。然《しかル》上《うえハ》者狼藉人等《ろうぜきにんら》在《あラバ》レ之《これニ》者、為《しテ》二社中《ト》一致《いたシ》二警護《ヲ》一、犬神人《いぬじにん》可《べキノ》レ被《る》レ取《とラ》之由《よし》、依《より》二衆議ノ之旨《むねニ》一執達《しったつ》如《ごとシ》レ件《くだんノ》

三月廿日

祇園執行　　　　閇籠衆《へいろうしゅう》　黒印

訳文

無礙光宗の本願寺坊舎は、本院（延暦寺）政所《まんどころ》の衆議で、このたび犬神人《いぬじにん》の働きの恩賞として、彼らの暮しのために与えることとした。それゆえ狼藉人《ろうぜきにん》たちが寺内に居るならば、祇園社の社人として警固し、犬神人《いぬじにん》がとりこわして自分のものにすべきとのこと、衆議の決定により、以上の通り通達する。

三月二十日　　　　立て籠る衆　黒印

祇園執行《しぎょう》（寺院で、上首として寺務を行う僧職）

史料④『経覚私要鈔』寛正六年三月二十八日の条

本文

自《より》二本願院兼寿僧都方《けんじゅそうずかた》一、給《たもウ》レ状《じょうヲ》。「度々雖《たびたびいえどモ》レ遣《つかわスト》レ状《じょうヲ》、不《ざルノ》レ及《およバ》二返答《へんとうニ》一之間《あいだ》、鬱望無《うつぼうむ》極《ごくノ》之

処《ところ》、音信《おんしん》無《なク》二比類《ひるい》一承《うけたまわルノ》レ悦《よろこびヲ》一之由《よし》、遣《つかわシ》二返状《へんじょうヲ》一了《おわンヌ》。

訳文

本願院（本願寺）兼寿僧都の方より手紙をもらった。「たびたび手紙を送ったが、返事がないので非常に心配していたので、この音信は比べるものがないくらいうれしい知らせである」との返事の手紙を送った。

史料⑤『本福寺由来記』

本文

寛正六歳大簇《たいそう》中旬ノ比《ころ》、京都室町《むろまち》ニ御座《ござ》アリテ、ソレヨリ金宝寺《こんぽうじ》へ御移リナリ。其後御座《そのごござ》ミフ《ブ》ヘ《エ》カヘサセラレ、ヤカ《ガ》テ江州栗本《くりもと》ノ郡《こおり》、安養寺カウ《コ》シ《ジ》坊ノ道場へ御下向アリテ、七十日ハ《バ》カリ御《ご》座《ざ》候《そうろう》ナリ。

訳文

寛正《かんしょう》六年（一四六五年）正月中旬の頃、京都室町《むろまち》[1]にいらっしゃって、それより金宝寺《こんぽうじ》へ移られたのである。其の後居所を壬生《みぶ》[2]へ変えられて、やがて近江国栗本郡《おうみのくにくりもと》[3]（栗太郡）の安養寺コウジ坊の道場へ下向されて、七十日程いらっしゃいました。

注

1―京都烏丸通の西隣室町通周辺の地名。
2―京都中京区壬生。
3―栗太郡に同じ。

史料⑥『一年二季彼岸事』　蓮如上人書写本奥書　京都西本願寺蔵

[史料解説]「寛正の法難」の後、京都を離れた上人が、河内国久宝寺で書写したことが記されている。その日付から、本願寺の伽藍が破却される三日前だということが知られる。久宝寺には上人が懇意にしていた弟子法円の慈願寺があったから、おそらく本願寺破却の報も、ここで耳にしていた可能性がある。今日京都西本願寺に残されているのは原本ではなく、永正九年（一五一二）十一月八日の写本である。

本文

于レ時ニ、寛正《かんしょう》六年三月十八日午剋《うまのこく》、於《おいテ》二河内国久宝寺《かわちのくにきゅうほうじニ》一、俄《にわかニ》令《しメ》レ書二写セ之《これヲ》一訖《おわンヌ》。

訳文

時あたかも寛正《かんしょう》六年（一四六五）三月十八日午《うま》の刻《こく》（正午頃）、河内国久宝寺《かわちのくにきゅうほうじ》（大阪府八尾市久宝寺）において、急にこれを写し終わった。

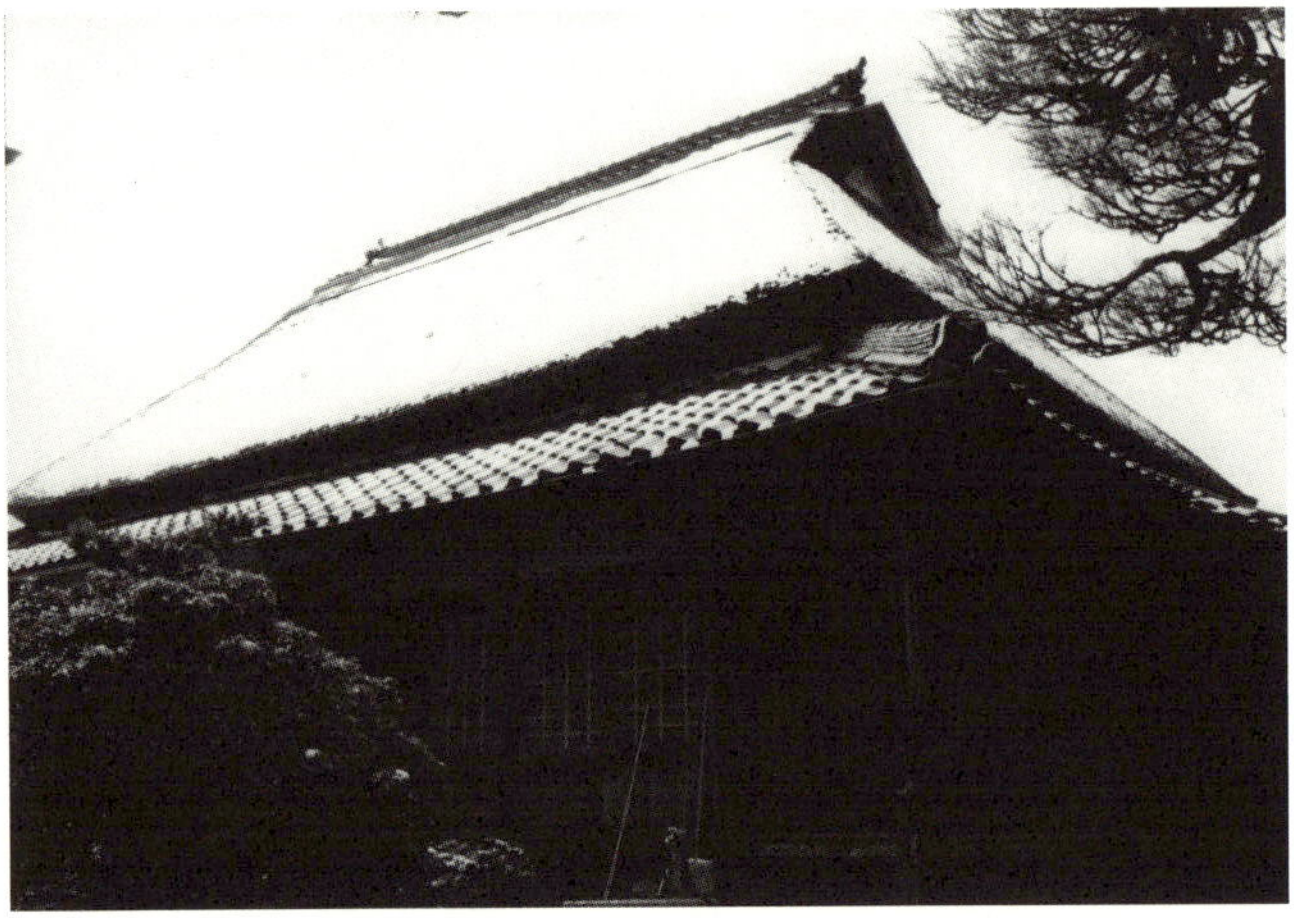

『聞光寺《もんこうじ》本堂』 **滋賀県守山市荒見《あらみ》**
荒見の道場と呼ばれていた頃の面影を伝える茅葺屋根の本堂。隣村の少林寺から尋ねて来た一休宗純和尚と出会った場所（二三四頁参照）と伝えられる。

史料 ⑦「近江湖南地方の本願寺系寺院の変遷」

●―蓮如上人継職前からの本願寺末の寺院・道場
○―蓮如上人継職後八年間に本願寺末となった寺院・道場
㊝―うち天台宗より本願寺末へ移った寺院

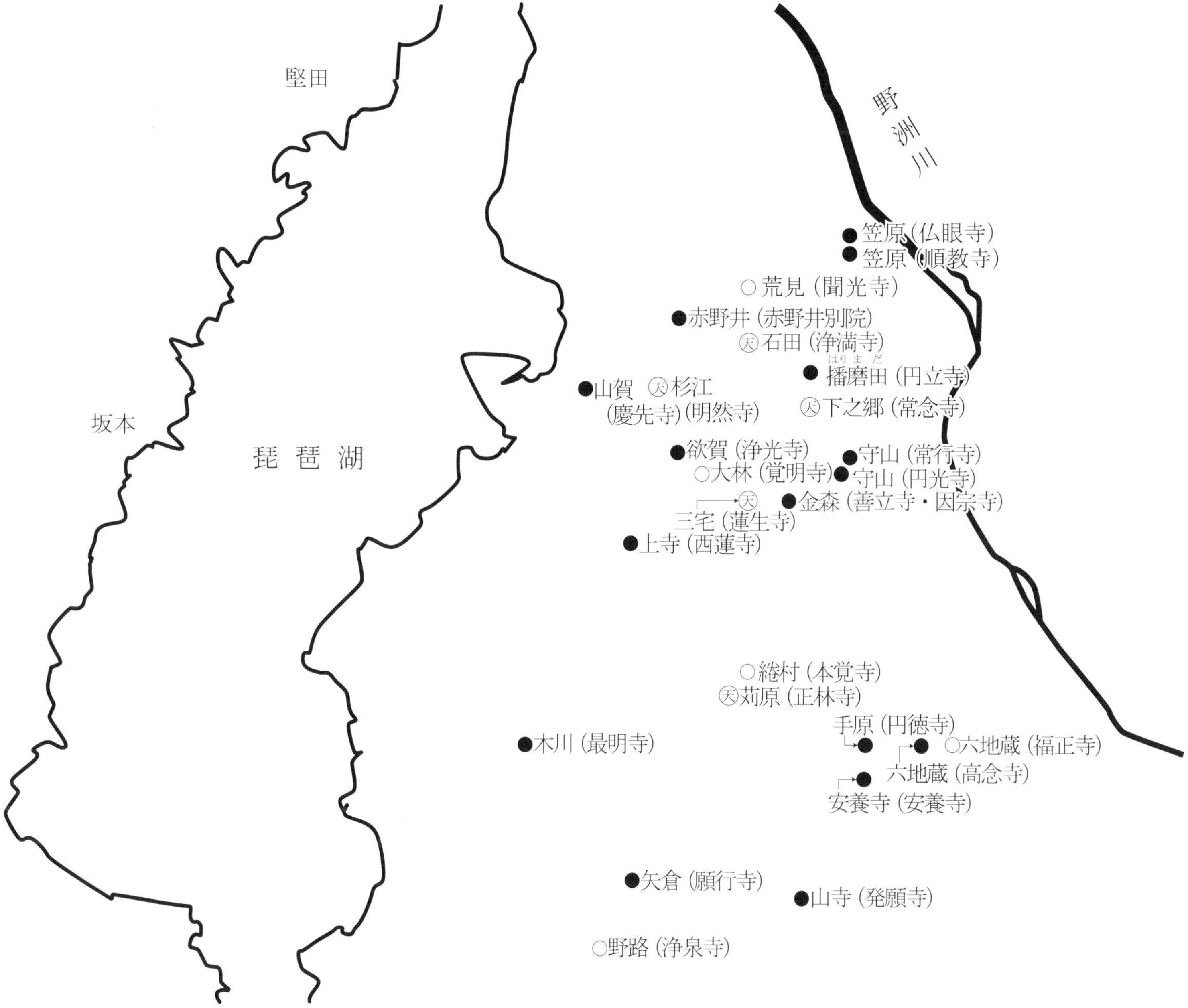

※参考文献『寺内町金ヶ森町史』一九九五年金ヶ森自治会発行
『近江の村と真宗』一九八七年竜大仏教文化研究所編

第四節　金森の合戦と和平

（一）近江門徒への迫害と比叡山と接近する高田門徒

——史料『本福寺由来記』、『蔭凉軒日録』、『専修寺越前末寺門徒中申状案』——

比叡山の勢力が迫害を加えたのは、大谷本願寺だけではなく、本願寺に所属する近江国の各道場にも、次々と同様な襲撃[史料①]が行われていった。当時の比叡山は、本願寺の教えを「無礙光宗《むげこうしゅう》」と呼び、「無礙光衆一類対治《むげこうしゅうのいちるいのたいじ》」という言葉を使って、本願寺の勢力を徹底的に叩こうとしていた。特に僧兵達が目の敵《かたき》にしたのは各道場にあった十字名号の本尊（無碍光本尊）であった。延暦寺の許しなく勝手に下付したというのがその理由だと思われる。迫害は繰り返し行われたようで、湖南地方の金森と赤野井《あかのい》[1]に僧兵達が出動したことが、当時の寺院や公家の日記[史料②]に見出される。だが金森は建仁寺妙善庵の領地であり、赤野井は臨川寺三会院《りんせんじさんえいん》の領地であった。このため幕府から度々、僧兵の動きを抑え領地侵害をやめさせようとする命令[史料②]が下されている。

また本願寺に対する比叡山の迫害は、高田門徒にも影響を与え、この年六月高田門徒は比叡山と接近を計っている。

高田派十世真慧《しんね》（一四三四～一五一二年）は、当初蓮如上人と友好的な関係を結んでいて、専《せん》修寺《じゅじ》にも蓮如上人の自筆書状が五通残されている。ところが、蓮如上人継職の三年目より、三河《みかわ》の三箇寺と呼ばれるようになる佐々木の上宮寺《じょうぐうじ》、野寺《のでら》の本証寺《ほんしょうじ》、和田の勝鬘寺《しょうまんじ》が、次々と高田門徒より本願寺へ[2]転じて行き、こうした動きが契機となって、両者の関係は険悪になって行った。

　このような折に起こったのが寛正の法難で、高田門徒が本願寺と混同されることを恐れた真慧が、同年六月に専修寺門末の越前門徒の名義で、延暦寺西塔院に対して申状《もうしじょう》（言上書）史料③提出したのである。これに対して延暦寺西塔院からは、翌年早速「無碍光の愚類《ぐるい》（本願寺門徒）と混同して退治したりしない」旨《むね》の衆議状[3]が出され、ついに本願寺と高田門徒は決裂することとなる。

注　1―滋賀県守山市赤野井町。

2―上宮寺は寛正二年（一四六一）に、佐々木の如光が蓮如上人から十字名号の本尊を授かって、本願寺門徒となり、また本証寺は応仁二年（一四六八）五月二十日、楷書六字名号を与えられた時期を境に、勝鬘寺は上人が吉崎御坊に居る時期に、各々本願寺教団に加わっている。

3―下位の者から上位の者に差し出す上申文書の一種。

史料①『本福寺由来記』

本文

山門ノ義ワウ《オ》〳〵ニテ、国々在々御門徒ヲイハ《ワ》レサ《ザ》ル義《ぎ》ヲ申《もうし》カケスクメ、ランハ《ボ》ウラウ《ロ》セ《ゼ》キ、タ、ナ《ダ》ヲ《オ》サ《ザ》リノコトニアラス《ズ》。ヨロツ《ズ》理《り》不《ふ》尽《じん》ノ沙《さ》汰《た》ヲイタシ、コトニ案持イタストコロノ、无导光ノ御本尊ヲヒキマクリ、ウハ《バ》イトリタテマツル。マツ《ズ》近江国ノ御門徒多ク迷惑セラル。

訳文

比叡山による迫害は頻繁に行われ、諸国のここかしこの御門徒に対しいわれのないことで言いがかりをつけてすくませ、乱暴狼藉《ろうぜき》を働くことはただごとではなかった。いろいろと理不尽《りふじん》の行いをし、とりわけ安置していた无礙光《むげこう》の御本尊を引き剥いで奪い取っている。それで、およそ近江国《おうみのくに》（滋賀県）の御門徒は困っておられる。

史料②『蔭涼軒日録』　寛正六年（一四六五）三月二十四日

【史料解説】『蔭涼軒日録《いんりょうけんにちろく》』は京都相国寺《しょうこくじ》鹿苑院《ろくおんいん》に所属する蔭涼軒《いんりょうけん》の軒主が筆録した日記で、現在残されているのは、季瓊真蘂《きけいしんずい》と亀泉集証《きせんしゅうしょう》の永享七年～明応二年（一四三五～九三）部分である。ここで用いたのは季瓊真蘂が記した内容だが、足利義教・義政の宗教行事や寺領に関する情報の詳細が知られる記録として高く評価されている。

本文

三会《さんえ》院領江州赤井庄《あかのいしょう》、就《つキ》二無碍光宗《むげこう》之《ノ》事《ことニ》一自《より》二山門一及《およブ》二違乱《ニ》一。仍《よッテ》被《らルルニ》レ停《ちょう》二‐止《じせ》之《これヲ》一、御奉書《ごほうしょニテ》可《ベシト》レ被《らル》レ仰《おおせ》二‐付《つケ》之《これヲ》一。以《もっテ》二伊勢下総守《しもうさのかみ》申《もうスヲ》一レ之《これヲ》、御領掌《ごりょうしょう》。被《らレ》レ仰《おおせ》二‐付《つケ》于山門奉行布施下野守《さんもんぶぎょうふせしもつけのかみニ》一、即《すなわチ》召《めシテ》二雑掌《ヲ》一命《めいズ》レ之《これヲ》。

訳文

臨川寺三会院《りんせんじさんえいん》の所領である近江国赤井庄《おうみのくにあかのいしょう》が、無碍光宗《むげこうしゅう》（浄土真宗本願寺派）のことで、比叡山延暦寺から不法な迫害を受けた。そのために、これをやめさせようと、将軍が御奉書《ごほうしょ》で命令するようにと言われた。このことは、伊勢下総守貞枚[1]が幕府に申し伝えて、了承を得たものである。ということで、山門奉行布施下野守《さんもんぶぎょうふせしもつけのかみ》にお言い付けになり、すなわち雑掌《ざっしょう》（様々な雑事を扱った者）を呼び寄せてこのことを命じた。

注　1―伊勢貞枚は当時室町幕府の申次を勤めていたが、その家系は室町幕府の政所執事を務めた伊勢貞房の子息に当たる。貞房は蓮如上人の最初の妻・如了と二番目の妻・蓮祐の父親に当たるから、貞枚も蓮如上人と義理の兄弟の関係で、そうした縁から、幕府に訴えたことが考えられる。

史料③『専修寺越前末寺門徒中申状案《もうしじょうあん》』寛正六年（一四六五）六月　高田派本山専修寺蔵

本文

下野国大内庄専修寺之《しもつけのくにおおうちのしょうせんじゅじノ》末寺越前国《えちぜんのくにノ》門徒中　謹《つつしンデ》言上《ごんじょうス》。

右門徒中者《ハ》、源《みなもと》請《うケ》二法然上人《ノ》末流《ヲ》一、以《もっテ》二三経一論《さんぎょういちろん》五部九巻《かんヲ》一、為《シ》二所学《ト》一、于レ今《ニ》一向専修称名念仏無《なキノ》二退転一之処《ところニ》、今度為《しテ》二山上《ト》一、就《ついテ》二無导光衆《しゅノ》一類《ノ》御対治《たいじニ》一、被《らレ》二混乱《セ》一、度々被《たびたびらルルノ》レ付《つケ》二召《めし》文《ぶみヲ》一之条《じょう》、歎《なげキ》存《ぞんズル》者也《ものナリ》。惣《そうジテ》而無导光衆《ノ》邪法御対治事者《ノハ》、専修念仏門徒中者《ハ》、令《しムルノ》レ悦《よろこバ》レ耳《みみヲ》之処《ところ》、以《もってノ》レ何《ヲ》故《ゆえニ》、可《べキヤ》（忝）レ被《らル》レ混《こんゼ》二彼等《かれらニ》一哉。所詮以《しょせんもっテ》二憲法議《ヲ》一、下向《げこうノ》上使《じょうし》并《ならび》二守護方可《ノべキノ》レ被《らル》レ停《ちょう》二止《じせ》其《そノ》綺《いろいヲ》一之旨《むね》、預《あずかラバ》二御成敗《ニ》一者、参可《かたじけなクベキノ》二畏入《かしこまりいル》一之由《よし》、粗《あらあら》謹《つつしンデ》言上《ごんじょう》如《ごとシ》レ件《くだんノ》。

寛正六年乙酉六月日

訳文

下野国《しもつけのくに》（栃木県）大内庄《おおうちのしょう》専修寺の末寺である越前国《えちぜんのくに》（福井県）の門徒全体が謹《つつし》んで申し上げる。右の門徒は、法然上人を源《みなもと》とする流派を受け継ぎ、三経《さんぎょう》一論《いちろん》（浄土三部経と浄土論）と善導大師の五部九巻の著作を学んで、今まで一向専修称名念仏（ひとえにもっぱら称名念仏だけを修する道）が衰えることが無かった。それにもかかわらず、今度比叡山として、無礙光衆《むげこうしゅう》の一門を退治《たいじ》されるについて混乱され、越前高田門徒にたびたび召文《めしぶみ》（呼び出し状）をことづけられたことは、歎かわしく思われるものである。総じて無礙光衆（本願寺門徒）の邪《よこしま》な教えを退治《たいじ》される事について、私ども専修寺の専修《せんじゅ》念仏門徒は喜ばしく思っていた。それを何を理由に彼等《かれら》と混同されるのであろうか。とにかく、比叡山において憲法《けんぼう》（おきて）に照らして議決し、越前国《えちぜんのくに》へ派遣された使いおよび守護方がその干渉を停《や》められるようにとのこと、またもし成敗を受けるのならば、有難く承るつもりであるとのことを、およそ以上の通り謹んで申し上げる。

寛正六年（一四六五）乙酉《きのととり》六月日

（二）行方不明の蓮如上人と再会した道西
──史料『実悟日記』一三五、一三一、一三三──

大谷本願寺が破却された当時、蓮如上人は摂津国、河内国へ逃れていたが、そこで改めて、「本願寺再興のためには、近江国の門徒を頼る他は無い」と、堅く心に決めたようである。というのは、ここで比叡山の脅しに屈してしまえば、民衆のための教えの道を開こうとしていた上人の願いは、そこで頓挫してしまうからである。

そんな行方の分からなくなった上人を一番心配していたのが、金森の道西（善従）であった。金森の道西は大変に篤信《とくしん》の人であったとされ、『実悟旧記』には晩年の道西の信心の深さを物語る話がいくつか史料①収められて史料②いる。

ある時道西は、尋ねて来た人に対して、まだ履《くつ》も脱がないうちから仏法のことを話掛けていた。その様子を見た人が、どうしてそんなに急いで話をするのかと、質問したところ、道西はこう答えた。「出る息は入《はい》る息を待たないと言うほど無常な浮世《うきよ》であります。もし履物を脱がないうちに死んでしまったならばどうしますか」。まことに、「いつ《ず》るいきはいるをまたぬ」[1]〈**訳文**〈出る息は入る息を待たない〉という蓮如上人の言葉を、生活の中に受け止めているあたりは、篤信家道西の面目躍如《めんもくやくじょ》たる姿が窺える。源了圓《みなもとりょうえん》[2]氏（一九二〇年〜）はこのような道西を妙好人的《みょうこうにん》と評している。

そんな道西が、上人の行方を尋ねてあちこちを探し、ようやく大津で再会[3]した時の喜び様は尋常なものではなかった。『実悟旧記』一三五はその時のことを次のように綴っている。

「格別に[史料③]ご苦労された様子に見えたので、上人は、『きっと善従（道西）が悲しまれるだろう』とお考えになっておられました。ところが善従（道西）は突然お目にかかるや、『ああ有難や、仏法はこれで開けるでしょう』と、申しました。とうとうこの言葉は、実際の出来事とぴったり合ったのでした。」

この道西の、「ああ有難や、仏法はこれで開けるでしょう」という言葉は、自分達に心の救いを与えてくれる上人への期待が、どれほど強いものであったかを、ありありと示してくれる。

こうして蓮如上人は、道西に招かれて金森へ移り、応仁元年（一四六七）堅田へ移るまでの足掛け三年間、近江湖南一帯を点々とすることになる。

注　１―『御文・文明六年二月十六日』（『五帖御文』二帖目第六通）に、「人間はい（出）つ《ず》るいき（息）は、い（入）るをまたぬならひ《い》なり」とある。
２―『蓮如』一五二頁（一九九三年、浄土仏教の思想十二　講談社）
３―『金森日記秡』には、大津で再会し金森へ下向したと記される。

史料①『実悟旧記』一三二（『御一代記聞書』一九七）

本文

金森《かねがもり》ノ善従《ぜんじゅうに》、アル人申《もう》サレ候《そうろう》。「コノ間《あいだ》サコソ徒然《つれづれ》ニ御入候《おいりそうらい》ツラン」ト申《もうし》ケレハ《バ》、善申《ぜんもう》サレ候《そうろう》。「我身ハ八十ニアマルマテ《デ》、徒然《つれづれ》ト云《いう》コトヲシラス《ズ》。ソノ故《ゆえ》ハ、弥陀ノ御恩（ノ）ヲ有難キ程ヲ存《ぞん》シ《ジ》、和讃聖教等ヲ拝見申シ候《そうら》ヘ《エ》ハ《バ》、心《ここ》ロオモシロクモ、又タ《ト》ウトキコト充満スルユヘ《エ》ニ、徒然《つれづれ》ナルコトモ更《さら》ニナク候《そうろう》」ト、申サレ候由候《そうろうよしにそうろう》。

訳文

金森《かねがもり》の善従《ぜんじゅう》（道西）にある人が申されました。「近ごろは、さぞかし退屈でおられたことでしょう」と申したところ、善従（道西）はこう申されました。「私は八十過ぎになるまで、退屈だと感じたことがありません。というのは、弥陀の御恩のありがたいことを思い、和讃聖教など拝見申していますので、心は晴れやかで楽しく、尊いことが満ち満ちているから、退屈なことも決してないのです。」と申されたということです。

史料②『実悟旧記』一三三（『御一代記聞書』一九八）

本文

アル人申《もう》サレ候《そうろう》トテ、前住上人仰《おおせ》ラレ候《そうらい》シ。アル人、善《ぜん》ノ宿所《しゅくしょ》ヘユキ候所《そうろうところ》ニ、履《はきもの》ヲモ脱《ぬが》ス《ズ》候《そうら》ハ《ワ》ヌニ、仏法ノ事ヲ申《もうし》カケラレ候《そうろう》。又アル人申《もう》サレ候《そうろう》ハ、「履《くつ》サヘ《エ》ヌカ《ガ》レ候《そうら》ハ《ワ》ヌニ、イソキ《ギ》カヤ《ヨ》ウニハ、ナニト仰《おおせ》ソ《ゾ》」ト人申《もうし》ケレハ《バ》、ソノ返答ニ、「イツル《ズ》イキハ入《いる》ヲマタヌ浮世《うきよ》也《なり》。モシ履《くつ》ヲヌカ《ガ》レヌマニ死去候《そうら》ハ《ワ》ヽ《バ》、イカヽ《ガ》シ候《そうろう》ヘ《べ》キ」ト、申《もう》サレ候《そうろう》。「タ《ダ》ヽ仏法ノコトヲハ《バ》サシイソキ《ギ》申《もうす》ヘ《べ》キ」ノ由仰《よしおおせ》候《そうらい》シ。

訳文

「ある人が申されました。」と言って、前住（実如）上人がおっしゃいました。「ある人が善従（道西）の住いへ行きましたが、まだその人が履《くつ》も脱がないうちに、善従は仏法のことを話しかけられました。別のある人が申されたことには、「履《くつ》[1]さえお脱ぎになっていませんのに、どういうわけでそのように急いで話されるのですか」と申したところ、それに答えて善従（道西）は、「出る息は入《はい》る息を待たないと言うほど無常な浮世《うきよ》であります。もし履物を脱いでおられないうちに死んでしまったならばどうしますか」と申されました。善従が申された通り、「ただ仏法のことは急いで申し上げなければならないのだ」とのことを前住（実如）上人はおっしゃいました。

注　1――足先全体を覆うはきもので、浅沓（あさぐつ）と深沓（ふかぐつ）があった。

史料③『実悟旧記』一三五（『御一代記聞書』二〇〇）

本文

前々住《ぜんぜんじゅう》上人《しょうにん》、東山《ひがしやま》ヲ御出《おんい》テ《デ》候《そうらい》テ、何方《いずかた》ニ御座《ござ》候《そうろう》トモ、人存《ひとぞん》セ《ぜ》ス《ズ》候《そうらい》シコロ、善《ぜん》アナタコナタ尋《たずね》申《もう》サレケレハ《バ》、アル所ニテ御目《おめ》ニカヽラレ候《そうろう》。一段《いちだん》御迷惑《ごめいわく》ノ体《てい》ニテ候《そうらい》ツルアヒタ《ダ》、前々住上人ニモサタ《ダ》メテ善《ぜん》カナシマレ申《もうす》ヘ《べ》キト思召《おぼしめさ》レ候《そうら》ヘ《エ》ハ《バ》、善《ぜん》ホカト御目《おめ》ニカヽラレ、「アラアリカ《ガ》タヤ仏法ハヒラケ申ヘ《べ》キ」ト申サレ候《そうろう》。終《つい》ニコノコトハ《バ》符《ふ》合候《ごうそうろう》。「善《ぜん》ハ不思議ノ人ナリ」ト、蓮如上人仰《おおせ》ラレ候由《そうろうよ》シ、前々住[1]上人仰《おおせ》ラレ候《そうらい》キ。

注　1――前住の誤りか。

訳文

本願寺の前々住職蓮如上人が、京都の東山《ひがしやま》大谷《おおたに》本願寺を出られまして、どちらにいらっしゃるとも分からないでいました頃、善従《ぜんじゅう》（道西《どうさい》）があちらこちらお探し申し上げたところ、ある所で上人にお目にかかれたのであります。とてもご苦労された様子でしたので、前々住職蓮如上人におかれても「きっと善従（道西）が悲しまれるだろう。」とお考えになっておられましたところが、善従（道西）は突然お目にかかるや、「ああ有難や。仏法はこれで開けるでしょう。」と申したのです。とうとうこの言葉は、実際の出来事とぴったり合ったのでした。「善従（道西）は不思議な人である。」と蓮如上人がおっしゃった内容を、前住職実如上人がお話しになりました。

（三）金森の合戦

——史料『本福寺由来記』、『金森日記秡』湖東御経回之事——

蓮如上人が金森に移ったことで、比叡山と金森の間には再び緊張が高まった。金森は、道西を始めとする土着の武士川那辺氏の一族が、二百戸余り[1]の民衆を指導する豊かな村落だったようである。野洲川《やすがわ》の旧河道を利用して、金森惣道場を二重に囲むような巨大な環濠《かんごう》が作られ、金森の城が築かれていたことが知られている。予《あらかじ》め比叡山の勢力が金森を襲撃するとの通告があったためか、金森の城には川那辺一族を始めとする金森衆は勿論のこと、近隣の門徒勢力や豪傑伊尾毛尉《いおけのじょう》を始めとする堅田衆[史料①]の応援部隊も立て籠っていた。

そんな金森を襲ったのは、比叡山の衆徒であった守山《もりやま》日浄坊、浅井亦六郎と本願寺に遺恨を持つ三百人余りの連中であった。峰岸純夫《みねぎしすみお》氏[2]（一九三二年～）によれば、守山日浄坊とは、金森から一キロメートル程東にある、延暦寺末寺の東門院守山寺《とうもんいんもりやまじ》の塔頭《たっちゅう》の僧侶と見られ、比叡山の勢力を背景にこの地域を支配していた山徒と考えられる。守山日

善立寺《ぜんりゅうじ》(大谷派)本堂　守山市金森町
金森衆の本拠地。真宗寺院初期の道場形式の面影が見出される。

東門院守山寺　仁王門　境内側より
守山市守山町 室町時代建立 守山市指定文化財
ここは比叡山を守る麓の根拠地となっていて、守山という名称もこれに由来している。

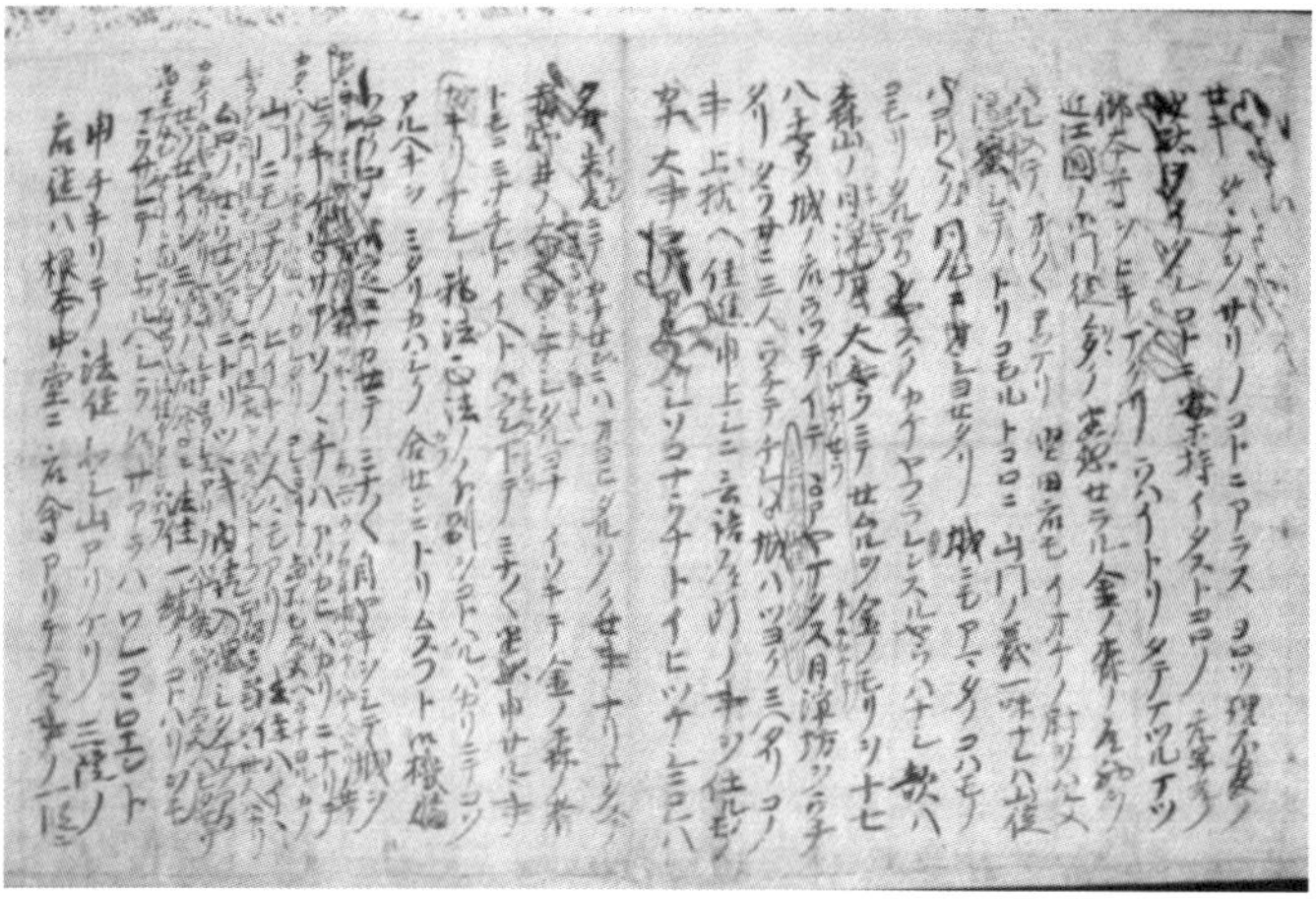

『本福寺由来記』　本福寺蔵
金森の合戦の様子が、克明に記されている。特に伊尾毛尉《いおけのじょう》活躍の場面が行間に書き加えられているのが分かる。

浄坊勢は、金森城をぐるりと取り囲み、城に立て籠る金森衆と対峙《たいじ》していたようである。そんな中を蓮如上人は、木像の本尊を抱いて逸早《いちはや》く脱出に[3]成功する。おそらく地理に明るい金森衆に導かれての脱出だったと考えられるが、周囲を取り囲まれた城から白昼に忽然《こつぜん》と姿を消したことが、この時本願寺門徒となった奉公衆《ほうこうしゅう》の松任上野守《まつとうこうずけのかみ》によって後々まで伝説的語り草にされていたようで、その話が『蓮如上人仰条々《おおせのじょうじょう》』一八四に伝えられている。

　両者は小競《ぜ》り合いを繰り返しながら対峙《たいじ》し続けたと見られるが、門徒勢は機を見て打って出る。この時大活躍したのが、堅田の豪傑伊尾毛尉である。すなわち大将の守山日浄坊との一騎打ちで日浄坊を討ち取り、その他合計十三人の山徒を討ち取るという手柄を見せた。けれども、このことを聞いた蓮如上人は「邪《よこしま》な教えと正しい教えの分別を理解するだけであるべきところを、むやみに合戦で戦いを交《まじ》えた」とご機嫌斜めであった。

在家仏教ではあっても、蓮如上人の立場はあくまでも仏教の本旨に基づいていた。この世に生きる限り対立は避けられないものの、その解決はあくまでも、「教えが正しいか正しくないか」という論争で争うべきだと考えたのである。それだけにむやみに戦いを起こすことは、上人の意に反することであった。金森衆は仕方なく、みずからの手で火を放ち城を開いた。

この金森の合戦が行われたのがいつの事なのか、今一つはっきりしていない。従来は森龍吉《もりりゅうきち》[4]氏（一九一六～八〇年）や千葉乗隆[5]氏の説のように、『金森日記秡』に基づいて、寛正の法難の翌年に当たる文正《ぶんしょう》元年（一四六六）八月とするのが主流であったが、近年では辻川達雄《つじかわたつお》[6]氏（一九二一～二〇〇二年）や峰岸純夫《みねぎしすみお》[7]氏の説のように室町幕府の記録から、寛正の法難と同年[8]の寛正六年（一四六五）三月から九月の時期とするのが主流になりつつある。

この戦いを井上鋭夫《としお》[9]氏（一九二三～七四年）は「史上最初の一向一揆」と呼び、研究者の間でもこの考え方が広まっている。だが蓮如上人にとってみれば、こうした門徒達の動きは、正しい信心と政治的な要求に基づく一揆との間で、その対応を迫られる苦悩の始まりであった。

　敵方の包囲する金森から脱出した蓮如上人は、以来近江湖南各地の道場を点々とするようになる。『金森《史料②》日記秡』には、この時滞在したとされる道場の名前が記されている。それを大きく見ると、金森周辺および北へ三キロメートル近く行った荒見《あらみ》道場（守山市荒見町の聞光寺《もんこうじ》）一帯、それから金森より南南東方向へ四キロメートル程行った手原《てはら》道場（栗東市手原《てはら》の円徳寺）一帯である。

　これを具体的に見て行くと、最初の金森周辺には、金森惣《そう》道場（守山市金森の善立寺）の他に、その八百メートル程西に三宅惣道場（守山市三宅町の蓮生寺）がある。次に荒見道場一帯には、その西南一キロメートル程に赤野井《あかのい》慶乗《きょうじょう》の道場（草津市の西蓮寺）が、西方一キロメートル余りに矢島南の道場（守山市矢島町の西照寺）、また北西一・五キロメートルの所に中村妙実の道場（守山市洲本町の蓮光寺）がそれぞれある。三番目に手原道場一帯には、八百メートル南の幸子坊《こうしぼう》道場（栗東市安養寺《あんようじ》にある安養寺《あんにょうじ》）、また一・九キロメートル程東にあたる高野村善宗・正善の道場（栗東市六地蔵の福正寺）が分布している。

　こうした上人の足取りを辿ってみても分かる通り、この時期の上人は、毎日を過ごす

蓮如上人「御かくれ跡」 聞光寺
比叡山の襲撃に際し、本尊は筒に納めて屋根裏に隠し、自身は百姓の籾殻《もみがら》小屋に入って、難を避けたという。

のが命がけであった。蓮如上人の行方を追って、比叡山の勢力も度々討っ手を差し向けたようで、荒見性妙《あらみしょうみょう》の道場を今に伝える聞光寺(本願寺派)には、蓮如上人の「御かくれ跡」が顕彰されている。今では玉垣《たまがき》に囲まれた石碑が立っているだけだが、かつてここには百姓の籾殻《もみがら》小屋があり、襲撃を受けた際に、度々ここへ入って難を避けたと伝えられる。

ところでこの聞光寺には昔から、禅僧として著名な一休宗純《いっきゅうそうじゅん》(一三九四~一四八一年)がここを訪れて、蓮如上人と会っていたとの伝承が伝えられている。一休はこの寺を「会庵《えあん》」と呼んだと言われ、聞光寺には一休が書いた「会庵」「有非」「無非」「中道」という墨跡が残されている。また、聞光寺からわずか西へ九百メートル

「鳩摩羅《くまら》庵跡」日野町西明寺
蓮如上人が一時期、ここ西明寺清水谷に鳩摩羅庵を建てて隠棲し、布教をしていたと伝えられている。

の所には、一休の弟子桐嶽紹鳳《とうがくしょうほう》が興した少林寺《しょうりんじ》（臨済宗大徳寺派）があり、存命中に描かれた一休の肖像画（守山市指定文化財）も現存している。いまだ史実として裏付けられてはいないものの、二人の縁を強く窺わせる。

　蓮如上人が身を隠したという隠棲《いんせい》伝説は、湖南地方だけではなく、金森から東へ三十キロ程も離れた滋賀県日野町[11]にも伝えられている。日野町東部の西明寺《さいみょうじ》（臨済宗永源寺派）の近くには、蓮如上人が身を隠したと伝えられる鳩摩羅《くまら》庵《あん》[12]という草庵跡がある。この草庵を今に受け継いでいるのは、一・五キロメートル程西南の八《はっ》丁《ちょう》野《の》にある本通寺《ほんつうじ》（真宗大谷派）である。江戸時代後期の文政二年（一八一九）、地元出身の画家谷田輔長《たにだほちょう》（一七四八～一八二五）等は、そうした伝説を『蓮如上人御隠棲記《いんせい》』にまとめて出版し、さらに同五年（一八二二）には、『蓮如上人御隠棲絵巻』[13]（二幅）という絵伝として描き出している。その内容は、日野の各寺院に伝わる伝承を、充分な歴史的考証なしにつなぎ合わせたものと推測され、そのまま事実とは見做されないが、ゆかりの寺院の存在から考えて、何らかの縁があったものであろう。

中でも最も興味深いのは、蓮如上人の窮地を地元の人たちが救ったという、次のような話である。

比叡山の勢力から度々襲撃を受けていた上人を見かねて金森の道西は、何とか安全な場所へ導こうと、この日野町の土地へ案内し、まず興正寺《こうしょうじ》と言う寺へ身を隠すことになる。ところが、日野の領主だった蒲生貞秀《がもうさだひで》の家来で稲田亦六《またろく》という武士がそのことを嗅ぎ付ける。亦六は早く妻に死に別れ、とかく気がすさんでいた。そんな時に偶々通った興正寺で二人の旅の僧を目にする。「ひょっとするとあれは、山門（比叡山）のお尋ね者となっている坊主ではないか」と思い、そのことを探索して来た比叡山の僧侶に伝えてしまう。すぐにも殺害しようと言う僧侶に対して、亦六が「よく確かめてから」と押問答をしているのを、亦六の娘が聞きつける。娘はとても優しい性格で、蓮如上人に深く帰依していた。そこで父亦六の企《たくら》みを上人に告げようと、ある人に頼んで急いでこのことを興正寺へと伝える。興正寺の住職円成はこれを聞いて非常に驚き、直ちにその夜のうちに上人を裏口から逃がして、日野の東外《はず》れにある西明寺《さいみょうじ》へと難を逃れたのであった。

この他にも日野町の東隣に当たる東近江市甲津畑《こうづはた》町の浄源寺（本願寺派）は、蓮如上人が日野町から千種《ちぐさ》街道を通り伊勢へ向う途中宿泊した炭焼き小屋に始まるという伝承[14]を持ち、また日野町北端の奥之池《おくのいけ》地区では、集落の人達によって歯黒講《はぐろこう》[15]が受け継がれているが、これは上人をこの地に度々招いたとされる新右衛門に始まるという。

いずれもまだ伝説の域を出てはいないが、比叡山の勢力に追われて苦労していた頃の上人の様子が垣間見られる話である。

注　1―恵空の『善龍寺物語』には、「文明一乱ノ比、当処二百余家ノ郷ニテ、戸々《ここ》頗《すこぶる》貧シカラス《ズ》。」と記されている。

2―都立大学名誉教授「蓮如の時代」（『講座蓮如』第一巻　一九九六年　平凡社発行所収）

3―『善龍寺物語』には、「蓮如上人木像ノ本尊ヲ御衣ニツツミ、四五人モメシツレ、隣ノ里へ引ノキ給」と記され、「隣ノ里」の脇に「古高《ふるたか》村ト云々」注記されている。したがって、上人は南隣りの古高村《ふるたか》（守山市古高町）へ脱出したと見られる。

4―龍谷大教授、『蓮如』六一頁 一九七九年講談社発行。

5―元龍谷大学学長、『蓮如ものがたり』一〇五頁 一九九八年本願寺出版社発行

6―福井県郷土史研究家、『蓮如実伝』近江編一〇二頁 一九九五年 本願寺維持財団発行

7―注2前掲書

8―『善龍寺物語』には、「上ニ載スル二度ノ騒動ハ、両度共ニ寛正六乙酉年也」と記され、恵空は寛正の法難も金森の合戦も同じ年の出来事と見ている。

9―元新潟大学教授、『一向一揆の研究』三一三頁 一九六八年 吉川弘文館発行

10―本願寺派、滋賀県守山市矢島町荒見。

11―日野町には、日野・牧野の五箇寺と呼ばれる大窪《おおくぼ》の正崇寺《しょうそうじ》・西大路《にしおおじ》の興敬《こうきょう》寺・日田《ひだ》の本誓寺《ほんせいじ》・増田《ましだ》の明性寺《みょうしょうじ》という以前からの真宗寺院があり、蓮如上人を献身的に支えたと伝えられる。

12―室町時代の文正元年（一四六六）創建。鳩摩羅庵《くまらあん》を受け継いだお堂が本通寺の境内地に建っている。

13―八丁野の本通寺と大窪の正崇寺に、それぞれ寺宝として伝えられている。

14―『蓮如上人御隠棲絵巻』にその場面が描かれている。

15―歯黒講には、奥之池集落九戸の民家が三年ごとに受け継いでいる講の仏壇および、蓮如上人自筆といわれる六字名号、善西坊（新右衛門）画像、歴代法主の御消息等が伝えられている。以前は毎月「朝お講」が行われ、お斎《とき》も用意されていたが、今は春秋彼岸の夜の法座に変わっている。

史料①『本福寺由来記』

本文

…金《かね》ノ森《もり》ノ道西《どうさい》ヲハシ《ジ》メテ、オノ〳〵アツマリ、堅田衆《かたたしゅう》モイオケノ尉《じょう》ヲハシ《ジ》メ、隠蜜《おんみつ》（密）シテ、トリ（取）コモル（籠）トコロニ、山門ノ義一味《ぎいちみ》ナレハ《バ》、山徒ハコト《ゴト》〳〵ク同心《どうしん》ニオシヨセ（押寄）タリ。城ニモアマタノコハ《ワ》モノ（強者）コモリ（籠）タル間《あいだ》、タヤスクカケヤフ（掛破）《ブ》ラレンス《ズ》ルヤ《ヨ》ウハナシ。敵ハ、森山ノ日浄坊《にちじょうぼう》、大《たい》シヤ《ヨ》ウニテセムルヲ、金ノモリ（金森）ヲ十七八チヤ《ヨ》ウ、城ノ衆ウツ《ッ》テイテ《デ》、イヲ《オ》ケノセ《ジョ》ウアヤマタ（過）ス《ズ》手ニカケテ、日浄坊ヲウチ《(撃)》タリ。タウ《ト》サ《ザ》ニ三人ウチテケレハ《バ》。已《い》上十三人山徒ヲウツ《ッ》タリ。城ハツヨ《(強)》クミヘ《エ》タリ。コノ事上様《さま》ヘ住《(注)》進申上《もうしあげ》シニ、「言語道断《ごんごどうだん》ノ事ヲ仕《つかまつ》ルモノカナ。大事《だいじ》ニテアルソ《ゾ》、シソコナウナトイヒ《イ》ツケシニ、コレハタカ《ガ》異見《いけん》ニテ、カチセン《(合戦)》ニハオヨ《(及)》ヒ《ビ》タルソ《ゾ》。クセ《(曲)》事ナリ。サタ《ダ》メテ赤野井《あかのい》ノ大夫《たいふ》西蓮寺男ニテノ事也カ《ガ》、シナシタルヨナ。イソキ《ギ》テ金ノ森ノ者《もの》ト《ド》モニ、ミナチレ《(散)》トイヘ《エ》」ト、御定《じょう》下《くだり》テ、ミナ〳〵迷惑《めいわく》申《もう》サル、事カキ《ギ》リナシ。「邪法《じゃほう》正法《しょうぼう》ノ分別ヲコトハ《ワ》ルハ《バ》カリニテコソアルヘ《ベ》キヲ、ミタ《ダ》リカ《ガ》ハ《ワ》シク合《かっ》セン《(戦)》ニトリ《(取結)》ムスフ《ブ》」ト、御機嫌ワ《(悪)》ロクテ、御定《ごじょう》ニマカセテ、ミナ〳〵自《みずから》ヤキヲシテ、城ヲヒラキケル。

訳文

金森《かねがもり》の道西を始めとして、門徒達は各々集まり、堅田衆《かたたしゅう》もイオケノ尉《じょう》を先頭に、隠れてひそかに立て籠っているところに、比叡山は徒党を組んでおり、ことごとく同時に押し寄せた。金森の城にも数多くの剛《ごう》の者《もの》が籠っていたので、たやすく駆け入って破られるわけがない。敵は東門院守山寺の日浄坊が大将で攻めるのを、門徒達は金森の城を十七、八町（約二キロメートル）ほども討《う》って出て戦い、堅田のイオケノ尉《じょう》は、仕損《しそん》じることなく自分の手で日浄坊を討ち取った。すぐその場で三人打ち取り、合計十三人山徒を討ち取った。その時金ケ森の城は強く見えた。このことを上様（蓮如上人）へご報告申し上げたところ、「言語道断の事を致すものである。大変な事であるぞ。やりそこなうなと言い付けておいたのに。一体これは誰の意見で合戦に到ったのか。してはならないことである。さだめし赤野井《あかのい》道場の大夫《たいふ》（道場主）慶乗―西蓮寺の男であるとのことである―が仕《し》出《で》かしたのだな。急いで金森の者どもに皆退散しろと言え。」とご命令が下って、皆が迷惑がることははなはだしかった。「邪《よこしま》な教えと正しい教えの分別を理解するだけであるべきところを、むやみに合戦で戦いを交《まじ》えた。」とご機嫌が悪く、ご命令に従って、皆みずからの手で焼き払い城を開いた。

史料②『金森日記秘』湖東御経回之事

本文

…文正《ぶんしょう》元年ノ御仏事、十一月ノ二十一日ヨリ金森《かねがもり》ニテ御イトナミ候《そうろう》。文正元年ノ秋ノ末ニ、栗太《くりた》高野《たかの》ノ邑《むら》ノ善宗《ぜんしゅう》・正善《しょうぜん》ノ道場福正寺ノコトナリニワタラセオハ《ワ》シマス。落葉ノ御詠歌安養寺村ノコウシ房《ジ》了法ノ父ト云ノ道場ニモウツラセオワシマス。手原《てばら》村ノ信覚房京ノ正親町行忍ノ門徒ナリケルノ道場ト云《い》ヘ《エ》ルニ、上様《うえさま》オワシマセリ。野《や》須《す》ノ郡《こおり》ニアラミ《（荒見）》ノ性《しょう》明《みょう》ノ道場聞光寺ノコトナリ、カイホツ中村ニ妙《みょう》実《じつ》ノ道場蓮光寺ノコトナリ、矢島南ノ道場西照寺ノコトナリ、赤《あか》ノ井《い》慶乗ノ道場西蓮寺ノコトナリ、三宅《みやけ》了西ノ道場蓮生寺ノコトナリ上様《うえさま》オワシマシケル。

訳文

…文正《ぶんしょう》元年（一四六六）の御仏事（報恩講）は、十一月二十一日より金森で営まれました。文正元年の秋の末には、栗太《くりた》郡高野村の善宗・正善の道場―福正寺のことである―に移転していらっしゃいます。―ここで落ち葉の歌を詠んでいる―安養寺村の幸子《こうじ》房―了法の父という―の道場にも移転していらっしゃいます。（また）手原《てばら》村の信覚房―京都の正親町《おおぎまち》行忍《ぎょうにん》の門徒であった―の道場というところにも、上様（蓮如上人）はおいでになりました。野洲《やす》郡では、荒見《あらみ》の性明（妙）の道場―聞光寺のことである―、新開地の中村の妙実の道場―蓮光寺のことである―、矢島南の道場―西照寺のことである―、赤野井《あかのい》慶乗の道場―西蓮寺のことである―、三宅了西の道場―蓮生寺のことである―にそれぞれ上様（蓮如上人）はいらっしゃいました。

(四) 和平まとまる

——史料『本福寺由来記』、『延暦寺安堵状』第三通目——

金森の合戦は対岸の堅田にも飛火した。金森から退去した堅田衆八十人ほどを追って、今度は比叡山の勢力が堅田の中心である堅田大宮(伊豆神社)へ押し寄せたのである。堅田衆の中からも、伊豆神社の社人坂本将監《しょうかん》というものが山徒の手先を買って出、本願寺門徒を撃ち払おうとしたため、門徒側も三十人ばかりが武装して本福寺に立て籠り、堅田は一時内紛の危機に見舞われた。しかし、両者交渉の結果、伊豆神社を通して比叡山に八十貫の銭を納めることで決着がつき、とりあえず内紛は回避される。

堅田の内紛は事無きを得たが、比叡山の堅田に対する姿勢はなお厳しかった。『本福寺跡書《あとがき》』には、法住の妻妙住《みょうじゅう》を人質にして、事と次第によっては法住を成敗しようとした様子が綴られている。けれども、本願寺門徒の思わぬ抵抗を受け、また青蓮院の仲介があったものか、比叡山飯室谷《いいむろだに》[1]松善院の斡旋《あっせん》で、法住が本願寺の立場を弁明するために、身の危険を省《かえり》みず自《みずか》ら比叡山へ[2]登って行くことになった。その道すがら松善院は、[3]「本願

蓮如上人愛樹の梅　本堅田町本福寺
※当地をしばしば訪れた上人が愛した梅ノ木だという。

寺この法を三十年押定《おししずめ》　またれたらば、骨も折《おらい》で勧《すすめ》らるべきを」〈**訳文**本願寺がこの教えを抑《おさ》えて三十年待たれたらば、骨も折らないで勧めることができたろうに〉と発言している。

比叡山に登った法住は、こともあろうに僧兵の非難の的《まと》とされていた十字名号の本尊（無碍光本尊）を携帯していた。根本中堂に入った法住は、居並ぶ三塔《さんとう》の大勢の衆徒達の目前に十字名号の本尊を掛けると、蓮如上人の説く本願寺門流の教えが、釈尊や七高僧の教説に則《のっと》った正統な法門であることを[史料①]堂々と論じたのである。後に「[4]仏法足《た》らは《わ》ず、信が薄いぞや」〈**訳文**仏法がそなわっていない、信心が薄いぞよ〉と蓮如上人に評された法住であったが、このような切羽詰《つま》った時の度胸は、誰も及ばな

「登山名号絵伝」　本福寺蔵
比叡山三塔の大衆の前に「登山名号」を掛けて、弁舌をふるう法住。

かった。滔滔《とうとう》と弁ずるその姿は、あたかも「勧進帳」の弁慶の風にさえ感じられる。また「一《いち》文不知《もんふち》の在家止住《ざいけしじゅう》のわれらごときの罪業《ざいごう》ふかき末世《まつせ》の凡夫《ぼんぷ》、たやすくたすかるといふ《う》法をうけたまは《わ》らずさふらふ《そうろう》」〈**訳文**　一つの文字も知らない、在家のままで生活する私どものような罪の深い末の世の凡夫が、たやすくたすかるという仏法を拝聴したことがありません。〉という言葉からは、法住を始めとする近江国《おうみのくに》の民衆が、自立してゆくために求めて止《や》まなかった心の支えを、蓮如上人の教えに見出した喜びが伝わって来る。

　元々僧兵達の本意は、本願寺の教えよりも、本願寺勢力の拡がりによって比叡山の権威が損なわれ、年貢が滞《とどこお》ることにあったようで、さしたる反論も起[5]こってはいない。すでに比叡山側も本願寺門流の容認に傾いていたものか、法住の大活躍の甲斐あって、各道場の十字名号の本尊は御墨付きを得られるようになる。そして、これを境に比叡山側と本願寺門徒との対立は下火となり、和平の交渉が進められて行った。

和平への流れの中、近江の道場には再び念仏の声が満ち始める。金森惣道場や堅田の唯賢《ゆいけん》道場にも奪われていた十字名号の本尊が戻され、文正元年（一四六六、蓮如上人五十二歳）の十一月二十一日には、初めて京都を離れて再建された金森惣道場で報恩講が営まれた、と『金森日記秡』は伝えている。

交渉が重ねられた結果、比叡山側から出されたいくつかの条件のもとに、本願寺が安堵《あんど》されることになった。第一の条件は、この度《たび》比叡山から敵視された蓮如上人が留守職《るすしき》を退き、五男光養丸（実如上人）にその地位を譲[6]ること。第二の条件は、本願寺は比叡山西塔《さいとう》院の末寺となり毎年釈迦堂に末寺銭三十貫を上納すること。第三の条件は、比叡山三塔に対し邪法《じゃほう》を改め正法《しょうぼう》に戻る旨《むね》の起《き》請文《しょうもん》を提出することである。こうして、応仁元年（一四六七）三月、比叡山三塔からそれぞれ本願寺に対して安堵状《あんどじょう》史料②が出され、蓮如上人はその翌年の応仁二年（一四六八）三月、五男の光養丸（実如上人）に留守職の譲状を認《したた》めた。

このようにして、青蓮院門跡の仲介ということで和平がまとめられたのである。

なお、『本福寺跡書《あとがき》』にはこの他に、比叡山側に三千貫の賠償金が支払われたことが記されている。

注

1―『善龍寺物語』には、「飯室《イムロ》ノ松善院ハ、法住門徒ノ今堅田ノ藤田ノ舎兄、東塔北谷覚恩坊ノ入魂也」と、その縁故の関係が記されている。『本福寺由来記』によれば、この時松善院は、「比叡山三塔の僧侶の集まりで、法住が本願寺側の道理の一端を申されても構いません。そうされるのならば、私どもは承知しましょう」といって約束したと言う。

2―『善龍寺物語』では、文正元年（一四六六）春のこととされ、光養丸（実如上人）・下間筑前《しもつまちくぜん》・法住・唯賢・道西・上宮寺如光が共に登山していることが記されている。

3―『本福寺跡書』

4―『本福寺跡書』

5―ただし『善龍寺物語』には、「既ニ皈《かえ》リケル迹《あと》ヨリ、悪僧《ド》トモ大勢追イ懸ケ来リ、仏ヲ奪ヒ返《イ》サントス。法住ハ無㝵光ノ本尊ノ軸ヲ抜キ捨テ、仏ハ《バ》カリヲ三ツニ折テ懐ニ入レテ、ニケ《ゲ》ラレケル。彼ノ寺ノ十字ニハ、三筋オリメ今ニアリ。」とあり。法住が比叡山から下山する所を、僧兵に追われたことが記されている。

6―この時の譲状にも記されている通り、蓮如上人はいったん長男の順如《じゅんにょ》（一四四二～八三年）にその地位を譲ろうとして譲状まで認《したた》めているが、順如はこれを辞退している。その理由は、宗教者として適していないとの自覚によるものと見られる。その代りに順如は、宮廷や貴族、将軍家といった世俗の人々を相手に交渉することには、とても長《た》けていた。実悟の『天正三年記』や『蓮如上人塵拾鈔』には、生来の美肌が評判だった順如が、応仁の乱の最中に、将軍足利義政や弟の義視の前で、裸舞を披露する場面が伝えられている。こうしたことが影の力となって、蓮如上人を支えていたのであろう。

史料①『本福寺由来記』

本文

「ソモ〳〵本願寺邪法《じゃほう》ヲトリタテ《(取立)》、国々ニヲ《オ》ヒ《イ》テ、専《もはら》 在家出家ヲエラハ《バ》ス《ズ》、流布《るふ》シテス、《(勧)》メラル、処《ところ》ノ法、并《ならびに》 无导光《むげこう》ヲ本尊トシテ、正 法《しょうぼう》ヲミタ《(乱)》ス《ダ》ニハアラス《ズ》ヤ」ト、衆徒《しゅと》ノ中ヨリイヒ《イ》イタ《ダ》サレタリ。法住ハモトヨリ、ウツホ《ボ》字ノ无导光ノ御本尊ヲモリタテマツラレタレハ《バ》、根本中堂《こんぽんちゅうどう》ノ正面ノ柱ニク《(釘)》キ《ギ》ウツ《ッ》テカケ、「イマワカ《ガ》宗 体《しゅうたい》、正 法《しょうぼう》ニアラス《ズ》、邪法《じゃほう》ニテ仏説ヲミタ《ダ》スヨシノオ《(仰)》ウセ、至極《しごく》迷惑セシムルトコロ。抑《そもそも》 浄土真宗ノ門ニヲ《オ》ヒ《イ》テハ、カミ仏説ヨリヲ《オ》コ《(起)》リテ、下《しも》先徳ノ偈尺《げしゃく》 ニイタリテワ《(私)》タクシナシ。諸宗《しょしゅう》 諸法護者《しょほうごしゃ》、清 浄《しょうじょう》 持律《じりつ》ノ出 家《しゅっけ》、発心《ほっしん》ノウヘ《エ》ハ、カ《(難)》タカラス《ズ》オハ《ワ》シマシサフラフ《ソウロウ》ラン。シカルニ他力易行《たりきいぎょう》 ノ門ハ、一文不知《いちもんふち》ノ在家止住《ざいけしじゅう》 ノワレラ《(我等)》コ《ゴ》トキノ罪業《ざいごう》フカキ末世《まっせ》ノ凡夫、タヤスク《(容易)》タスカルトイフ《ウ》仏法ヲウケタマ《(承)》ハ《ワ》ラス《ズ》サフラフ《ソウロウ》。シカレハ《バ》、弥陀如来ノ本願ハ極悪最下《ごくあくさいげ》ノ郡類《ぐるい》ヲ本《ほん》トタスケマシマス誓《せい》ヤク《(約)》、時機《じき》ノ順 熟《じゅんじゅく》(函《かん》)蓋《がい》相応ノ教《きょう》、修《しゅ》シヤ《(易)》スク行《ぎょう》 シ《ジ》ヤ《(易)》スクシテ、イツ《ズ》レノツト《(勤)》メカ、コレニマサ《(勝)》ラント、信ス《ズ》ルハ《バ》カリニテサフロフ《ソウロウ》。サテ、カ《(掛)》ケタテマ《(奉)》ツルトコロノ无导光ノ本尊ハ、大無量 寿経《だいむりょうじゅきょう》 ノナカノ十二光仏ノ異《い》名《みょう》ノウ《(内)》チニハ、第三ニ无导《むげ》光仏。コレヲモテ婆藪般豆《ばすばんず》菩薩ノ論《ろん》 曰《のたまわく》 、世尊我一心《せそんがいっしん》、帰命《きみょう》 尽十方《じんじっぽう》无导光如来《むげこうにょらい》、願生《がんしょう》 安楽国《あんらくこく》、ト讃《さん》シ《ジ》マシマス。ソノ上《じょう》 代上 根《だいじょうこん》ノ機《き》カクノコ《ゴ》トシ。イカニイハ《ワ》ンヤ、下根底下《げこんていげ》ノ愚智無智《ぐちむち》ノ尼入道等《あまにゅうどうら》ス《(勧)》、メ入《いれ》シメテ、タスカラセンタメニテ候《そうら》ヘ《エ》ハ《バ》、イカテ《デ》カ邪法ニテハアルヘ《ベ》キヤ。ヨク／＼キコシメシワケラレ候《そうら》ハ《ワ》ヽ《バ》、カシコマリ存《ぞん》シ《ジ》候《そうろう》ヘ《ベ》キ」ヨシ、申《もう》シタマ《モ》フ《ウ》トコロナリ。衆徒《しゅと》キ《(聞)》、タマヒ《イ》テ、「ソノ利《り》ニクラ《(暗)》カラス《ズ》、国々在々所々《くにぐにざいざいしょしょ》ニミチ《(満)》／＼テ、コノ本尊ヲイカナルイヤ《(卑)》シキモノマテ《デ》モ、モテアソフ《ブ》間《あいだ》、三院ヨリノ成敗《せいばい》ハ、率爾《そつじ》ニサセシ《ジ》タメ、イマヨリナヲ《オ》已《い》後モ、カ《(堅)》タク成敗《せいばい》スヘ《ベ》キナリ。サリナカ《ガ》ラ、イマカ《(掛)》ケラル、トコロノ本尊免《めん》シ《ジ》申ス」。ソノ本尊ハイマニ本福寺ニオハ《ワ》シマス。ソレヨリシテコソ、コ、モトハ、マツ《ズ》山門ヨリノ義クツロク《グ》サマ《(様)》ナリ。

訳文

「そもそも本願寺は邪《よこしま》な教えを特別なものとして取上げ、諸国において、在家の者も出家の者も選ぶことなく、ひとえに勧めて弘められているが、その教えは无礙光を本尊とすることとあわせて、正しい教えを乱しているのではないか。」と衆徒の中から切り出された。法住は、言うまでもなく、うつぼ字の无礙光の御本尊を携帯していたので、根本中堂の正面の柱に釘を打って掛け、「今自分の宗門の教えの根本が正しい教えではなく、邪《よこしま》な教えで、仏の教説を乱すとのお言葉は、極めて迷惑千万《せんばん》なことである。そもそも浄土真宗の門流では、遡《さかのぼ》れば釈尊の教説より始まり、下れば高僧の偈文《げもん》(仏の教えを詩句によって述べたもの)や釈文《しゃくもん》(経論の解釈)に至るもので、けっして自分勝手な教えではない。様々な宗派の様々な教えを護《まも》る者や、清らかに戒律を守る出家者は、求道心を起こした上は証りを得ることも難しくはなくていらっしゃいますでしょう。けれども、他力易行《いぎょう》の教えの門というのは、一つの文字も知らない、在家のままで生活する、私どものような罪の深い末の世の凡夫のためのもので、このようにたやすくたすかるという仏法を拝聴したことがありません。それですから、阿弥陀如来の本願は罪の極めて重い最低の人々を対象としてたすけられる誓約で、時節と人々の素質が教えを受けるように十分に熟して、函《はこ》と蓋《ふた》のようにぴったりと合っている教えです。修しやすく行じやすくて、一体これに勝《まさ》る勤《つと》めがあるでしょうか。信ずるだけでいいのでございます。さて、ここにお掛けしてある无礙光《むげこう》の本尊は、『大無量寿経』の中の十二光仏という阿弥陀如来の異名の中では、三番目の無礙光仏であります。この本尊を、インドのヴァスバンドゥ（天親）菩薩の『浄土論』では「世尊我一心《せそんがいっしん》、帰命尽十方《きみょうじんじっぽう》、無《む》礙光《げこう》如来、願生《がんしょう》安楽国（世尊よ、私は一心に十方世界をつくしてことごとく満足される障《さわ》りのない光の如来の命に順《したが》い、極楽浄土に生まれたいと願う）」と、ほめたたえていらっしゃる。その大昔の勝《すぐ》れた素質のお方でさえ、この通りであります。まして、素質の劣った最低の愚かで無智な尼や入道（在俗のままで剃髪《ていはつ》し仏門に入った女性や男性）等《ら》を勧めてこの教えに入《はい》らせ、たすからせようとするためなのですから、どうして邪《よこしま》な教えなどであるでしょうか。よくよくお聞き分けになられるならば、もったいなく思うでありましょう。」と、申されたのであります。衆徒《しゅと》はこれを聞かれて、「その利益《りやく》に暗くはないが、諸国のここかしこであまねく、この本尊をどのような身分の低い者までも、心の慰《なぐさ》めにしているので、延暦寺の三院《さんいん》（東塔の本院・西塔《さいとう》院・横川《よかわ》楞《りょう》厳《ごん》院）が成敗を加えようとするのは、このような無礼《ぶれい》な行いをさせないためである。今後もなお、厳しく成敗すべきである。そうではあるが、今掛けておられる本尊についてはお許し申す」。その時の本尊は、今も本福寺におありにある。それからというもののそのことが原因だったことであろう。このところは、ともかく比叡山よりの迫害は寛大になった様子である。

史料②『延暦寺安堵状』第三通目　応仁元年三月　奈良県吉野町本善寺蔵

【史料解説】 奈良県吉野町飯貝《いいがい》本善寺には、この時延暦寺から本願寺に対して出された五通の安堵状が伝えられている。五通のうち二通は東塔本院から出され、一通は西塔院から出され、二通は横川楞厳院から出されている。ここでは、最も詳細に赦免の内容が記されている第三通目を取り上げた。

本文

山門西塔院《さいとう》政所《まんどころ》集会《しゅうえ》議《ぎシテ》曰《いわク》

右白河《しらかわ》大谷本願寺者《ハ》、可《ベキ》㆑専《もっぱらにス》㆓弥陀《ノ》悲願㆒処《ヲところ》、以《もっテ》㆓凡情僻執《ぼんじょうへきしゅうノ》之宗《しゅうヲ》㆒為《すルノ》㆑本《ほんト》之間《あいだ》、去寛《さるかん》正《しょう》六年、京洛《きょうらくトいイ》云辺里《へんりトいイ》云、根本枝葉《しよう》皆以《みなもっテ》令《しムル》㆓刑罰㆒処《セところ》也《ナリ》。爰《ここニ》彼《かノ》末孫光養丸《ばっそんこうようまる》、守《まもリ》㆓根本《ぽんヲ》㆒一向《いっこう》専宗《せんじゅうヲ》置《おキ》畢《おわンヌ》。新《あらたニ》加《くわわり》㆓当院《とういんノ》之末寺《じニ》㆒、釋迦堂奉寄分《ほうきぶん》毎年参仟疋可《ひきベキノ》㆑奉《たてまつル》㆑献《けんジ》之由《よし》、依《よっテ》㆑為《たルニ》㆓青蓮院境内《けいだいノ》之候《そうろう》仁《にん》㆒、自《より》㆓御門跡㆒重々《かさねがさね》御籌策《ちゅうさくノ》之間《あいだ》、被《らルル》㆓濃談《あつクだんぜ》㆒者也《ものナリ》。雖《いえどモ》㆑然《しかリト》、背《そむキ》㆓契約《ノ》之旨《むねニ》㆒且《かつハ》興《おこシ》㆓邪教《じゃきょうヲ》㆒且《かつハ》返《そむカバ》㆓奉寄《ほうきニ》㆒者、速《すみやかニ》可《ベキ》㆑令《しム》㆓追罰《ついばつセ》㆒者也《ものナリ》。仍《よっテ》為《しテ》㆓後證《ごしょうノ》亀鏡《ききょうト》㆒、十学頭連署《がくとうれんしょノ》之状《じょう》如《ごとシ》㆑件《くだんノ》。

応仁元年三月日

西塔院執行《しぎょう》代　法印慶隆

一学頭法印叡運（北谷）　在判

二学頭法印鏡運　在判

一学頭法印快運（東谷）　在判

二学頭法印覚信　在判

一学頭法印権大僧都木慶　在判

二学頭法印木厳　在判

一学頭法印頼誉（南谷）　在判

二学頭法印権大僧都永隆　在判

一学頭法印暹算　在判

二学頭法印祐秀　在判

本願寺雑掌《ざっしょう》

訳文

延暦寺西塔院政所《まんどころ》の集会《しゅうえ》の議決に言うことには、右の白河《しらかわ》大谷本願寺は、阿弥陀仏の悲願（阿弥陀仏が衆生を哀れむ心から起こした本願）だけを修すべき寺であるのに、凡情《ぼんじょう》（凡夫の心情）や僻執《へきしつ》（かたよった執心）を旨《むね》としていたので、去る寛正六年（一四六五）に、京の都でも片田舎《かたいなか》の里でも、本家から門葉に至るまで、悉《ことごと》く刑罰に処したところである。ところが、その子孫の光養丸（実如上人）が、一向専修《いっこうせんじゅ》の教えをさし控え、大本《おおもと》の天台宗の教義を守って、新しく当院の末寺に加わり、釈迦堂に毎年三千疋《びき》（三十貫文、今日の約四百三十万円）を奉献するとのことを、本願寺は青《しょう》蓮院《れんいん》の境内に住む候人《こうにん》（門跡に召し使われる僧形の衆）であるということで、青蓮院御門跡から度々御仲介があったので、このたびは特別にお計らいになるのである。若《も》しも約束の内容に反して、邪教を再興したり、拠り所としている西塔院に背くならば、すぐにも罰を加えであろう。そういうわけで、後の証《あか》しのため、十人の学頭が連署する書状は以上の通りである。

応仁元年（一四六七）三月日

本願寺雑掌　　※以下の連署は省略

第五節　応仁の乱と大津近松坊舎の建立

（一）応仁の乱の勃発

——史料『応仁記』巻二、『本福寺由来記』——

根本の御影が堅田に迎えられた応仁元年（一四六七）、京都の政治状況は風雲急をつげていた。応仁元年（一四六七）五月、足利将軍家および畠山氏・斯波《しば》氏の後継者争いがきっかけとなって、東西両軍が激突する応仁の乱が勃発したのである。

当初は十六万五百余騎と伝えられる細川勝元《ほそかわかつもと》率《ひき》いる東軍が、十一万六千余騎と伝えられる山名宗全《やまなそうぜん》率《ひき》いる西軍に対して、有利に戦いを進めていたが、八月に西国より参陣した大内政弘《まさひろ》の軍一万余りが加わって西軍が盛り返し、十月の相国《しょうこく》寺の戦いを境《さかい》に次第に膠着《こうちゃく》状態に入って行った。この間京都の主《おも》だった寺院や公家の屋敷は次々と戦火に巻き込まれてゆき、公家も町民も京都の町から郊外に避難して行った。応仁の乱はその後、幕府も守護大名も収拾し切れない混乱した社会状勢をそのまま反映して、十一年間も続けられ、京都の町の大部分は、両軍に雇われた足軽《あしがる》達によって繰り返し[史料①]略奪放火を受け、焼け野が原と化してしまった。この時の様子を詠んだ「汝《なれ》や知る 都は野辺《のべ》の 夕雲《ゆうひば》雀《り》 あか《が》るを見ても 落つるなみた《だ》は」〈**訳文**〉あなたは知っているか、京の都は一面の野原と化し夕暮れに雲雀《ひばり》が空高く舞い上がっている。その光景を見るにつけ、涙がこぼれることである。〉という歌は有名である。

応仁の大乱は、蓮如上人にも、直接間接に大きな影響を及ぼすこととなる。この混乱の中、京都金宝寺に安置され[1]ていた親鸞聖人の生身《しょうじん》の御影像が、応仁の乱の開戦を避け、近江の栗本や[2]赤野井を経て堅田の馬場道場に移されることになった。応仁元年（一四六七）二月上旬の頃、船で堅田の唐崎《からさき》の浜へ御影像が到着した時の様子を『本福寺由来記』は誇らしげに伝え[史料②]ている。

その年の報恩講は堅田で勤められ、堅田衆の喜びの中を無数の参詣人が馬場道場へ集まったのであった。

注 1―『本福寺由来記』には、「寛正六歳大簇《たいそう》中旬(旧暦一月)ノ比、京都室町ニ御座アリテ、ソレヨリ今法寺(金宝寺)へ御移リナリ。」とある。

2―『本福寺由来記』によれば、京都の金宝寺から同壬生《みぶ》を経て、近江国栗本郡の安養寺に七十日安置された後、赤野井から船で堅田まで運ばれている。

史料①『応仁記』巻二（『群書類従』所収）

【史料解説】『応仁記』は、応仁の乱直後に記された戦記文学で、著者は明らかでない。その内容は、物語的に誇張された描写ながら、応仁の乱当時の情勢をかなり客観的に語っている。従って、充分な考証を加えることにより、応仁の乱の全体像をかなりよく再現できる史料と見られている。

本文

同六月八日ノ午《うま》ノ刻計《こくばか》リニ、中《なか》ノ御門猪熊《みかどいのくま》ノ一色《いっしき》五郎館《やかた》ニ、乱妨人《らんぼうにん》火ヲカケ、又近衛《またこのえ》ノ町ノ吉田神主ノ宅ヲ、物取共《ものとりども》ガ火ヲ放ツト同時ニ、火ヲ上《あぐ》ル所九ケ所。折節《おりふし》、南風吹《ふき》、下《しも》ハ二条、上《かみ》ハ御《ご》霊《りょうの》辻、西ハ大舎人《おおとねり》、東ハ室町ヲサカヒ《い》百町余《あまり》。公家・武家ノ家三万余宇。皆灰燼《かいじん》ト成《なり》、郊原《こうげん》ト成畢《なりおわんぬ》。

訳文

同じく応仁元年（一四六七）六月八日の午《うま》の刻《こく》（正午）位に、中御門猪熊《なかみかどいのくま》の一色五郎《いっしきごろう》の館《やかた》に、乱《らん》暴人《ぼうにん》（東軍の兵士）が火をかけ、また近衛《このえ》町の吉田の神主《かんぬし》の宅に物取り（盗賊）どもが火を放《はな》つと同時に、火の手が上がるところが九か所に及んだ。おりしも南風《みなみかぜ》が激しく吹いて、下《しも》は二条、上《かみ》は御霊《ごりょう》の辻、西は大舎人《おおとねり》、東は室町《むろまち》を境として百町余り[1]の公家《くげ》や武家の家三万軒余りが皆灰燼《かいじん》に帰して、今は野原となり果ててしまった。

注　1―九九ヘクタール（一町は〇・九九ヘクタール）。この辺りの表現には軍記もの独特の誇張がある。

史料②『本福寺由来記』

本文

…サテ赤野井《あかのい》ヨリ御ウシロ《(後)》サ《ザ》マニオイ《(負)》タテマツリ、ソノ浦ヨリ御船《おふね》ニメサレ、応仁元ノ暦《れき》交鏡上旬ノ比《ころ》、当所下《しも》ハ《バ》ヽ《バ》カラサキ《(唐崎)》ノハマ《(浜)》ヘ、御船ヲツケ申《もう》サレ、馬場《ばんば》本福寺道場へ御光臨ヲ《オ》ハ《ワ》シマシ、ソノ年ノ霜月《しもつき》二十一日ノ夜ヨリ、蓮如上人様御下向《ごげこう》アリテ、二十八日マテ《デ》ノ七昼夜ノ智恩報《ちおんほう》徳《とく》ノ御仏事ノ御ツトメ《(勤)》、スル〳〵トナン《(難)》ナク、ワタラセオハ《ワ》シマストコロ、希代未曾有《きたいみぞう》ノ御イト《(営)》ナミ、世上代《よじょうだい》モ中比《なかごろ》モ、タメシ《(例)》スクナク《(少)》コソオハ《ワ》シマス。ヨロコ《(喜)》ヒ《ビ》ノナカノヨロコヒ《ビ》、幸《しあわせ》ノ中ノ幸《しあわせ》、本懐《ほんかい》マンソ《ゾ》ク何事《なにごと》カコノ一事ニカシカンヤ。諸々《しょしょ》ヨリ御参詣イクラト申《もう》スカキ《ギ》リヲ存セ《ゼ》ス《ズ》。

訳文

それから、赤野井道場より御影像を後向きに背負い申し上げ、赤野井の浦から御船にお乗りになった。そして応仁元年（一四六七）二月上旬の頃、当所下馬場《しもばば》唐崎《からさき》の浜へ御船を付け申し上げ、馬場本福寺道場へいらっしゃいました。そして、その年の十一月二十一日の夜より、蓮如上人様が下向されて、二十八日までの一週間の智恩報徳《ちおんほうとく》の（親鸞聖人の恩を知り徳に報いる）御仏事（報恩講）の勤行が滞《とどこお》りなく無事に執《と》り行われました。それは未《いま》だかつて無かったような類《たぐ》い稀《まれ》な盛大な行事で、はるか昔にもそれほど遠くない昔にも、そんな例が余り無い程です。喜びの中の喜び、幸《しあわ》せの中の幸《しあわ》せ、心の奥底に在ったかねてからの望みが満足されるということは、これに匹敵するものが何かあるでしょうか。あちこちから参詣する人達も、どれほどの数か申し尽くせない位であります。

（二）祖像の動座

――史料『本福寺跡書』――

都の混乱はその周辺にも余波を及ぼし、琵琶湖の湖上にも不穏な空気が漂い始めた。応仁の乱の混乱した情勢の中で、堅田衆の船が、こともあろうに将軍足利義政が造営していた「花の御所」の用材を積んだ運送船に、海賊行為をしかけたのである。怒った義政は早速比叡山に堅田を討つよう命令史料①を下し、堅田の町は再び緊張に包まれた。

このように比叡山の攻撃が伝えられる中、堅田では大事な聖人の根本の御影を避難させる方策が図られた。結局比叡山の手の届かない園城寺《おんじょうじ》（三井寺《みいでら》）のある大津に移されることになった。大津には園城寺万徳院に仕える法住の門弟道覚が住んでいたのである。けれども大津に向うには、比叡山方の港町坂本を通過しなければならない。そこで堅田衆の船乗り達は、決死史料②の突破を試みたのである。突破は成功し、聖人の御影は無事大津へ到着することができた。

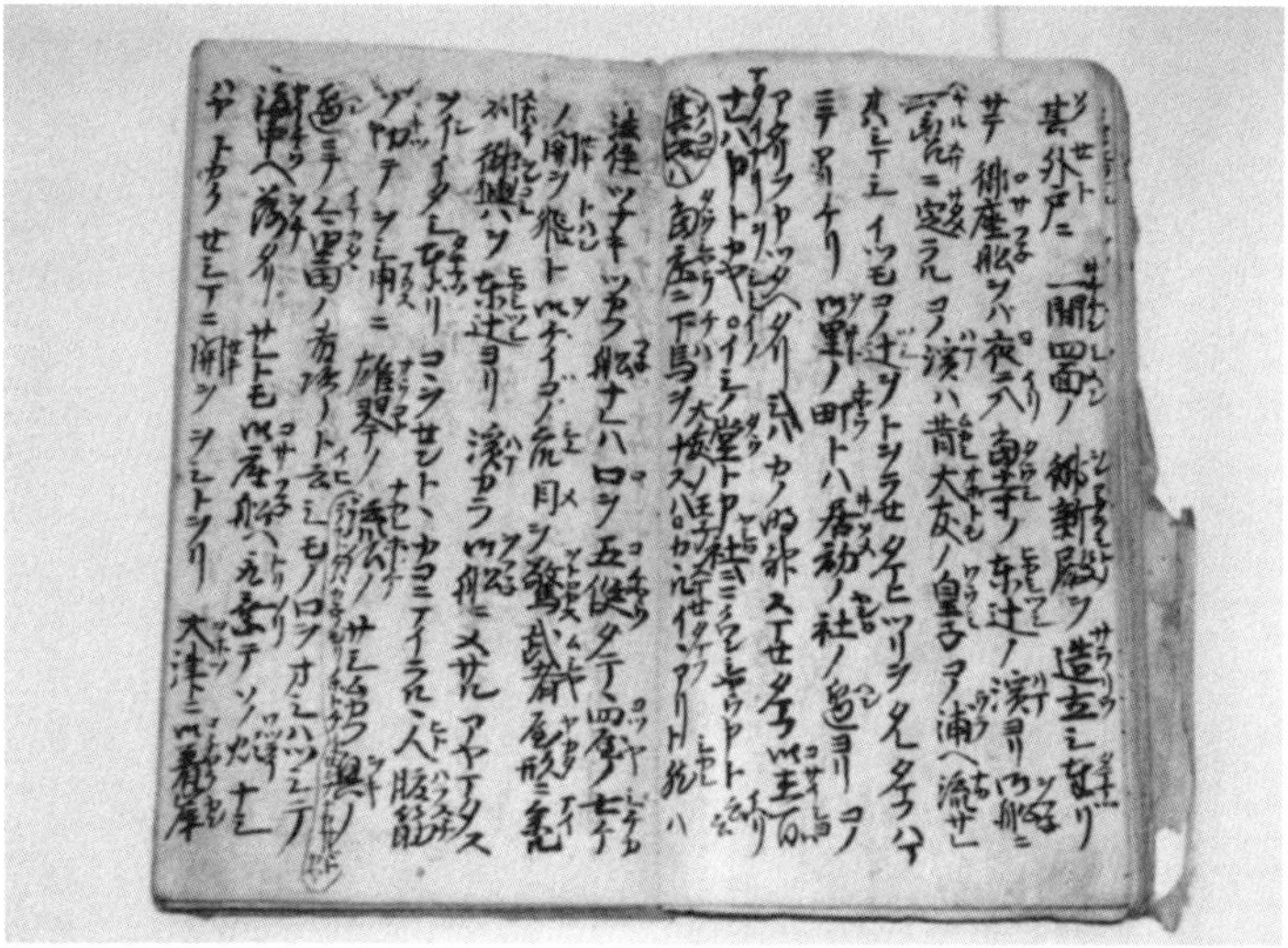

『本福寺跡書』本福寺蔵
大切な根本の御影を堅田から大津まで避難させる場面

堅田の浮御堂《うきみどう》
本福寺より二五〇m程東の湖岸にある。右手には、琵琶湖を隔てて三上山が望まれる。

史料①『本福寺跡書』

本文

応仁二年正月九日、山門ニヲ《オ》ヒ《イ》テ堅田発向《はっこう》スヘ《べ》キ衆儀《しゅうぎ》、六十三人ノ評定《ひょうじょう》在《あり》レ之《これ》。故《ゆえ》イカントイフ《ウ》ニ、湖上《こじょう》海賊《かいぞく》擅《ほしいまま》ノ働《はたらき》、剰《あまつさえ》京都花御所《はなのごしょ》御造営《ごぞうえい》ノ御材木《おざいもく》上《のぼ》ル、ソノ年余《ねんよ》南《みなみ》給《たまわ》ル、ソノ緩怠《かんたい》ニヨテ被《るる》レ成《なさ》二御下知《ごげち》一也《なり》。

訳文

応仁二年（一四六八）正月九日、比叡山で堅田を討伐すべきとの衆徒達の相談が、六十三人で評決された。どういう理由からかと言うと、堅田衆が湖上で海賊行為をほしいままに働き、事もあろうに京都の「花の御所」を造営される材木が湖を都へ上る時、その年余《ねんよ》（関料）を南《みなみ》（堅田衆の一人）がいただいたという不届きによって、将軍義政公が御命令なさったのである。

史料②『本福寺跡書』

本文

…既《すでに》可《べき》レ被《らる》レ責《せめ》ノ間《あいだ》、御開山生身御影様《ごかいさんしょうじんごえいさま》、イツ《ズ》クヘ入可《いれべき》レ奉《たてまつ》ルノ内談《ないだん》ニフス（付）。爰《ここ》ニ大津浜《おおつはま》ノ道《どう》覚《かく》トイヒ《イ》シ入道《にゅうどう》ハ、本福寺《ほんぷくじ》門徒タルノコトナレハ《バ》、其外戸《そのせど》ニ一間四面《いっけんしめん》ノ御新殿《おんあたらしどの》ヲ造立《ぞうりゅう》シ奉《たてまつ》リ、サテ御座船《ござぶね》ヲハ《バ》、夜《よ》ニ入《いり》、当寺《とうじ》ノ東 辻《ひがしつじ》ノ浜《はま》ヨリ御船《おふね》ニ可《べき》レ被《る》レ召《めさ》ニ定《さだめ》ラル。…然《しかれ》ハ《バ》法住ツナ《(繫)》キ《ギ》ツカ《(使)》フ《ウ》船ナレハ《バ》、ロ《(櫓)》ヲ五挺《ごちょう》タテ、、四屋《よつや》ノ七《しち》ケ《か》ノ関《せき》ヲ飛《とばん》ト、御《お》ケイ《(警)》コ《ゴ》ノ衆《しゅ》、目《め》ヲ驚《おどろかす》、武者《むしゃ》屋形《やかた》ニ参《まい》ル。 則《すなわち》御輿《おんこし》ヲ東 辻《ひがしつじ》ヨリ浜《はま》カラ御船《おふね》ニメサル。アヤマタス《ズ》ヲ《オ》イ《(シ)》イタ《ダ》シ奉《たてまつ》リ、コ、ヲセン《(先途)》ト《ドト》、カコ《(水夫)》ニマイラル、人《ひと》、腹筋《はらすじ》ノ切《きっ》テヲ《オ》シ申《もうす》ニ、雄琴《おうごと》ノ流 仏《ながれぼとけ》コノホトケハカネノモリノホトケ、シナセンナカサル、トカヤノサシムカフ奥《ウおき》ノ辺《へん》ニテ、今堅田《いまかたた》ノ藤次郎ト云《いい》シモノ、ロ《(櫓)》ヲオ《(押)》シハツ《ズ》シテ海中《かいちゅう》ヘ落《おち》タリ。サレトモ《ド》御《ご》座船《ざぶね》ヘ取乗《とりのり》テ。ソノ煩《わずらい》ナシ。ハヤトカクセシマ《(間)》ニ、関《せき》ヲヲ《オ》シトヲ《オ》リ、大津《おおつ》ニ御著 岸《ごちょくがん》ワタラセタマヒ《イ》、御新造《ごしんぞう》ヘ移 奉《うつしたてまつ》リ、法住《ほうじゅう》ハ御前《ごぜ》ニマイ《(参)》リ、御番《ごばん》マ《モ》ウサセラル。

訳文

今にも攻められるだろうというので、御開山親鸞聖人の生 身《しょうじん》の御影様をどこへお入れ申し上げようという内々の話し合いが行われた。この時、大津浜の道覚という入道は、本福寺の門徒であるとのことなので、大津浜の外戸《せど》に一間《けん》四面の 新 殿《あたらしどの》を造立し申し上げ、そうして御座船を用意して、夜に入って当本福寺の東 辻《ひがしつじ》の浜より御船に乗せられるように決められた。…さて、法住が繫《つな》いで使っている船であるので、艪《ろ》を五梃《ちょう》つけて、坂本四屋《よつや》の七箇所の関（哨戒線）を超速度で突破しようと、御警固の衆は目を驚かすばかりで、武者屋形に参った。そうして、御輿《こし》を堅田の東辻より、浜から御船に乗せられた。仕損《しそこな》うことなく浜から御船を押し出し申し上げ、ここを運命の分かれ目と、船乗りとして行かれる人が、腹《はら》の筋《すじ》を切る程に艪《ろ》を押し申したけれども、雄琴《おうこと》の流仏《ながれぼとけ》―この仏像は金森にあったもので、志那のセンナが流されたとか言う―と向い合った沖の辺《あた》りで、今堅田《いまかたた》の藤次郎という者が、艪《ろ》を押し外《はず》して海中へ転落した。けれども、御座船へ取り乗って、大事に到らなかった。早くもあれこれする間に、関（哨戒線《しょうかいせん》）を突破し、大津に御着岸され、新しい建物へ移し申し上げた。法住は御影の御前に参り、番をされた。

(三)　堅田大責

―史料『本福寺由来記』―

応仁二年（一四六八）三月二十九日、ついに比叡山は堅田に総攻撃[史料○]をかけた。何しろ将軍家の命令によるものだったただけに、周囲の村落で味方するところはなく、堅田は最初から劣勢に立たされた。比叡山側の攻勢は物凄く、五日に渡る善戦もむなしく堅田の町は焼けて焦土と化してしまった。攻撃の裏には、かねてから本願寺門徒が盛んなことをおもしろくなく思う僧兵達の不満と、堅田衆の上乗《うわのり》権と関務《せきむ》権をねらう坂本衆の思惑があったようである。この後堅田衆はしばらく沖の島に退いたが、二年後権益を奪回すべく坂本衆に決死の戦いを挑んでうち勝ち[1]、文明二年（一四七〇）十一月九日比叡山と再び和を結ぶことになる。

「虎斑の名号」　蓮如上人真筆　西福寺蔵

尚現在の沖島《おきのしま》には、蓮如上人の弟子となった郷士・茶谷重右衛門《ちゃやじゅうえもん》（西了《さいりょう》）に始まる西福寺《さいふくじ》（本

「西福寺絵伝」

願寺派）という寺院があり、蓮如上人直筆の六字名号（虎斑《とらふ》の名号）と『正信偈』文（能発一念喜愛心、不断煩悩得涅槃、凡聖逆謗斉廻入、如衆水入海一味）が残されている。また六字名号に因《ちな》んで、重右衛門の死んだ妻にまつわる、蓮如上人の幽霊済度《さいど》伝説が伝えられ、二幅の絵伝に描き出されている。西福寺の略縁起[2]には、文明年間に上人が吉崎から堅田へ船で向かう途中、難風（暴風）に遭ってこの島に立ち寄ったとあるが、堅田衆が応仁二年（一四六八）に沖島に移り住んでいるところから見て、既にその頃から本願寺の教えが伝わって、蓮如上人との関係も生じていたと見られる。

注

1──『本福寺跡書』には、「其已後《そのいご》、又《また》三院ヨリ、途津《とづ》・三浜《みはま》ヲ発向《はっこう》ノトキ、堅田衆手《かたたしゅうて》ヲクタ《ダ》キ退治《たいじ》ヲ加《くわう》ヘ《べ》キ一義有《ある》レ之《これ》間《あいだ》、堅田四方ノ兵船《ひょうせん》ノテツ《ヅ》カイ《（遣）》ヲモテ、命《いのち》ヲチリアクタ《（塵芥）》ニカロン《（軽）》シ《ジ》テ、セメ《（攻）》入《いり》コミ《（込）》クツ《ズ》シ、焼《やき》ハライ、本意ニ落居《らっきょ》ス。仍《よって》関《せき》・上乗《うわのり》ヲ取返処也《とりかえすところなり》。殿原《とのばら》モ全人衆《またうどしゅう》モ、双方切限《そうほうきりかぎり》ニ、一切《ひときり》

〳〵ノスイ《(水)》兵、一艘《いっそう》〳〵ニトリノリ《(乗)》〳〵、ソノタ、カイ《(戦)》、名ヲ末代ニ残《のこさん》ト、鑓《やり》ノシホ《オ》クヒ《ビ》ヲニキ《ギ》ッテ、クワイケイ《(会稽)》ヲ雪訖《きよめおわりぬ》、紙上《しじょう》ニノスル《(載)》ニイトマアラス《ズ》」と、その戦いの様子が記されている。

2―西福寺の『略縁起』には、およそ次のような話が伝えられている。「文明年間のある春の頃、この島の郷士で茶谷重右衛門《ちゃやじゅうえもん》という者の女房が、難産のために死んでしまう。けれども、我が子可愛《かわい》さのあまり、毎夜幽霊になって現われて来るので、重右衛門は悲嘆にくれていた。ある夜のこと、重右衛門の夢に白山権現が現われて、『明日蓮如上人という勝れた僧侶がこの島に船で立寄られるから、その教えを受けるように』と告げて来た。案の定その翌日、蓮如上人がにわかな暴風のために、この島へ通り掛かったので、重右衛門はその船に近寄って、事情を話すと、早速上人は重右衛門の住まいへ向われる。そしてその晩現われた幽霊に向って、『一向に阿弥陀如来を信じ、二《ふた》心《ごころ》なく念仏を称えなさい』と、説かれると、その幽霊は『とても有難いのですが、悪い行いの報《むく》いで、念仏を称えるのが困難です』と、返事をした。そこで上人は、なおさら哀れに思って、荒むしろの上で御名号を書き、ご自身で手渡されると、幽霊はそれを押し頂いて、空に消えて行った。けれども翌日の晩に、再びその名号を持って重右衛門の許へやって来ると、『このお名号を我が子に与えて下さい』と言って、たちどころに消え去ってしまった。このお名号は、荒むしろの上で書かれたために、虎の斑《ふ》の模様に拝まれて、それ以来『虎班の御名号』と呼ばれて、尊ばれたのであった。」

史料○『本福寺由来記』

本文

応仁二年三月廿四日、堅田大責《おおぜめ》ト廻文《まわしぶみ》マワリ《(回)》テ、同廿九日、城ノキワ《(際)》ヘ敵《てき》ツメ《(詰)》テ、ヲ《オ》メキ《(喚)》サケ《(叫)》ンテ《デ》、セメ《(攻)》タリケリ。山門ヲテキ《(敵)》ニウケテンケ《ゲ》レハ《バ》、東西南北ミカタ《(味方)》スル里《さと》モナシ。ワレ《(我)》モ〳〵ト、海ノ中ニ、オキ《(沖)》ニユカナ《(筏)》ント《ド》ヲカキテ、ヨロツ《ズ》サ《ザ》イホウ《(財宝)》、アシヨワ《(足弱)》ヲ、オキ《(置)》タリケル。アマリ《(余)》ノセメ《(攻)》事ナレハ《バ》、数度ニヲ《オ》ヨ《(及)》ンテ《デ》、シロ《(城)》ヨリウツ《(撃)》テ《ッ》イ《(出)》ツ《ズ》レハ《バ》、衣川《きぬがわ》・タテヲ《オ》カ・オウゴ《(雄琴)》ト。トナ《ノ》ウカ《(苗鹿)》ノサト《(里)》マテ《デ》モ、オウ《(追)》テイテ《デ》タリ。イク度《たび》オウ《(追)》テイツ《ズ》レト《ド》モ、テニタマラヌトテ、タトヒ《イ》シロ《(城)》ノナカ《(中)》マテ《デ》、テキ《(敵)》打入《うちいり》ミタ《ダ》レ入《いる》トモマクリイタ《ダ》サントテ、オシタ《ダ》マリテ居タリケレハ《バ》、ニシウラ《(西浦)》ノイソキ《ギ》ワ《(磯際)》ヨリ、法西ノクスヤ《ズ》ヘ、大ミナミ《(南)》ノ大カセ《ゼ》フクニ、ヒヤ《(火矢)》ヲイコミ《(射込)》タレハ《バ》、ヤケ《(焼)》アカ《ガ》リ、大御堂ノヒワタ《(檜皮)》ヒキ《ダブ》ノヤネ《(屋根)》マテ《デ》、火矢ヲイコミ《(射込)》ヤキ《(焼)》タテ、、シロ《(城)》ニハ一人モタマラス《ズ》。ウミ《(海)》ナルユカニ、ヲ《オ》キ《(置)》ツルモノトリ入テ、ソノ日オキ《(沖)》ノ嶋ヲサシテ、舟ヲオシイ《(押出)》タ《ダ》シ、ヨキシ《ジ》ユ《ュ》ン風ナレハ《バ》、ホ《(帆)》ヲアケ《ゲ》テオチ《(落)》行《ゆく》。ヤカ《ガ》テシマ《(嶋)》ヘソ《ゾ》トツキ《(着)》タル。東ウラ《(浦)》ノ将監《しょうかん》方オチ《(落)》ハヲ《オ》チラルヘ《ベ》キニ、地下《じげ》ノハタ《(旗)》ヲ、トリ《(取)》ニモ《(戻)》ト《ド》リテ、テキ《(敵)》ニア《(会)》ヒ《イ》、下《しも》ハ《バ》ヽ《バ》ニシノウミ《(海端)》ハ《バ》タニテ、ハラ《(腹)》ヲキ《(切)》ラル。

訳文

応仁二年（一四六八）三月二十四日、堅田大責《おおぜめ》と回状《かいじょう》（回覧される文書）が回って同じ三月の二十九日、城の際《きわ》へ敵が迫って大声で叫びながら攻めて来たのであった。比叡山を敵に回してしまったので、東西南北に味方する里もない。我も我もと海の中に入り、沖に筏《いかだ》などを組んで、数多くの財宝や老人・女性・子供を乗せたのであった。余りにひどい攻撃であったので、数回に渡って城より打って出て、衣川《きぬがわ》・たておか・雄琴《おうごと》・苗鹿《のうか》の里まで追って出た。何度追って出ても、持ちこたえられないと思って、たとえ城の中まで敵が打ち入り乱入しても追い出そうとして、じっと黙っていたところが、西浦《にしうら》の磯際《いそぎわ》より法西の葛屋《くずや》（草葺《くさぶ》き屋根の家）へ南の大風が激しく吹いている時に、火矢《ひや》を射込《い》んだので、焼け上った。さらに大御《おおみ》堂の檜皮葺《ひわだぶき》の屋根まで、火矢を射込んで焼き立てたので、城では一人も持ちこたえられなかった。海にある筏《いかだ》に置いてあるものを船に取り入れて、その日沖の島を指《さ》して船を押し出し、よい順風であるので、帆を上げて落ちて行き、間もなく島へ着かれたのである。東浦の将 監方《しょうかん》は、落ちようとすれば落ちることができたのに、地下《じげ》（土地）の旗を取りに戻って、敵に合い、下馬場《しもばば》の西の海端《うみばた》で腹を切られた。

（四）大津近松坊舎の建立

―**史料**『本福寺跡書』―

根本の御影が安置された大津には、三月十二日蓮如上人も到着[史料○]し、万徳院の庇護《ひご》を受けてようやく安住の場を得るに到り、家族共々落ち着いたものと見られる。文明元年（一四六九）になると、園城寺（三井寺）山内《さんない》南別所《べっしょ》の近松《ちかまつ》の里に新しい坊舎（近松坊舎）が建立[1]され、根本の御影もここに移された。これが後の顕証《けんしょう》寺《じ》である。実悟の『拾塵記《しゅうじんき》』には「一度ハ本願寺ト号セラレシ所也《ところなり》」〈**訳文** 一度は本願寺と呼ばれた所である。〉とあり、本願寺の名を付けることも考えられたようだが、延暦寺の手前断念せざるを得なかったのであろう。これ以後根本の御影は、山科本願寺に移されるまでの十一年間、近松の坊舎に安置され、長男順如がここに居住して守護するこ

近松別院（本願寺派）

となる。

注

1――現在の西本願寺近松別院（大津市札の辻）の地と言われる。近くには蓮如上人の伝説を伝える「犬塚の欅《けやき》」があり、天然記念物に指定されている。それは次のような話である。文明三年北陸下向に当たって上人は三井寺円満院の僧正と別れの宴を催したが、その膳には何と毒が盛られていた。それは料理人の芝田外記《げき》という者が比叡山から金をもらって命ぜられたのだった。その時、上人の御供の井上五郎左衛門の飼い犬が突然吠え出して座敷へ駆け上がった。そして上人の膳を蹴散らしご馳走の一品を一口食べると、庭へ飛び出し、苦しみながら三、四度回って、とうとう血を吐いて死んでしまったのである。その後芝田外記は、前非を悔いて上人の信者となり、犬の亡き骸は手厚く葬られた。それがこの犬塚だという。この話しは、江戸時代後期の蓮如上人絵伝に取り上げられて、広く知られるようになった。

史料○『本福寺跡書』

本文

…比《ころ》ハ同年《おなじとし》三月十二日ノ日ナリ、蓮如上人様モ、御アトニツカセタマフ《モウ》。カノ道覚カ《ガ》トキノ主《しゅ》ハ、万徳院《まんとくいん》ナレハ《バ》、法住家《いえ》ニツタハ《ワ》ルアヲ《オ》イノ太刀一腰《よう》ツカハ《ワ》レ、南院《みなみいん》・中院《なかのいん》・北院《きたのいん》三院ヲ、カラクミヲモテト、ノヘ《エ》ラル、間《あいだ》、等閑《とうかん》モナク入魂《じっこん》ナレハ《バ》、蓮如上人様シハ《バ》ラク御逗留《ごとうりゅう》オハ《ワ》シマスナリ。ホト《ド》ナク文明元年□ニ近松寺《ごんしょうじ》タカワラヲキリハキ、御坊御建立アリ。寺号ハ顕《けん》証寺《しょうじ》トナツ《ヅ》ケタテマツラル、ナリ。

訳文

頃は同じ応仁二年（一四六八）三月十二日の日である、蓮如上人様も御後から大津にお着きになった。彼《か》の道覚のその時の主《あるじ》は園城寺《おんじょうじ》（三井寺）の万徳院であったので、法住は家に伝わる葵《あおい》の太刀一腰《たちひとこし》を万徳院に進上され、園城寺（三井寺）の南院《みなみいん》・中院《なかのいん》・北院《きたのいん》との間柄もを唐組《からくみ》（唐様の組紐《くみひも》）を贈って整えられたので、心安く昵懇《じっこん》の間柄《あいだがら》で、蓮如上人はしばらく御逗留していらっしゃったのである。間もなく、文明元年（一四六九）□に近松寺《ごんしょうじ》の竹の林を切り開いて、御坊を御建立になった。寺号は顕証寺と名付け申し上げられたのである。

第三章　吉崎御坊

吉崎遠望　大聖寺《だいしょうじ》川北岸より南方に望む
上は吉崎の御山。その手前には、東別院(左手)と西別院(右手)が見える。

第一節　北陸への道

（一）各地を旅する蓮如上人

—史料『蓮如上人御一期記』一五二、『空善聞書』一一六、『御文（吉野紀行）』、「蓮如上人和歌」（慈願寺蔵）—

応仁二年（一四六八、上人五十四歳）三月十二日から、しばらく大津に滞在した上人であったが、このころから比叡山の目が光る近江国《おうみのくに》の周辺を離れて、自由に布教のできる土地を求め各地を旅したようである。

蓮如上人《れんにょしょうにん》の最初の足跡は三河国《みかわのくに》に見出される。実は、この時本当に三河に足を踏み入れているかどうか、いまだに結論が得られていないのだが、愛知県安城市本証寺《ほんしょうじ》（大谷派）に伝わる楷書六字名号、および愛知県碧南《へきなん》市 油淵町《あぶらふちまち》の応仁寺《おうにんじ》に残されている行書六字名号には、共に応仁二年（一四六八）五月二十日の日付が上人の手でその裏書きに記されている。この名号下付を境にして高田派だった本証寺は本願寺派に加わって行き、またこの年から文明年間にかけて、三河国へ次々と絵像本尊・宗祖御影・蓮如上人御影が三十一幅程下付されているところから見て、蓮如上人来訪の可能性が考えられる。

三河ではすでに、上宮寺の如光が本願寺の門下に加わっており、寛正の法難の際にも本願寺の力になっている。従って三河下向が事実ならば、如光一族が案内役を務めていたことであろう。この如光については、油ヶ淵《あぶらがふち》（愛知県碧南市の湖）の藻の中で泣いていた四、五歳の童子を村人が育て上宮寺に入寺するようになったとの伝説が語られているが、そうした縁から油ヶ淵北岸の西端《にしばた》道場（応仁寺）[1]を訪れたと推測される。

蓮如上人は更に三河から東国へ回ったようである。そのことは実悟の『蓮如上人御一期《ごいちご》記《き》』史料①一五二に、「第二回目の東国御修行（東国旧跡御巡拝）は、文明年間以前の事であった。」と記されている上に、江戸時代中期に西本願寺の学匠玄智《げんち》が著わした『大谷本願寺通紀』にも、「二年、重ねて東北諸州に遊び、祖迹《そせき》を歴訪《れきほう》す」〈**訳文** 応仁二年、再び東北の諸国を旅して回り、宗祖の遺跡を次々と訪ねた。〉とあることから推測できる。これを疑問視する見方もあるが、『空善聞書《くうぜんききがき》』史料②一一六に、奥州で熱心な夫婦の信者と感動的な再会をする話が伝えられており、また応仁二年（一四六八）の五月二十日から九月末までの期間が上人の年譜の中で空白になっていることから見て、この時期に東国へ下向した可能性が高い。この時は最初の下向とは違い、各地の門徒に迎えられ、馬も用意されたという。

関東の寺院で蓮如上人が立ち寄った痕跡《こんせき》を確認できるのは、茨城県古河《こが》市磯部の勝願《しょうがん》寺《じ》[2](大谷派)である。ここは親鸞聖人の直弟子善性房《ぜんしょうぼう》に始まる寺と見られているが、既に存如上人が同系統の信濃国長沼《しなののくにながぬま》の浄興寺《じょうこうじ》(新潟県上越市高田に現在、浄興寺派本山)に宛てた書状[3]の中にその名前を見出すことができ、早くから本願寺に所属していたものと考えられる。勝願寺には蓮如上人の筆による九字名号と草字六字名号が伝えられており、寺伝によると、応仁二年のこの年に「しばらく御滞在御名号御染筆《ごせんぴつ》」と記されている。

上人の次の足跡は、同じ応仁二年十月中旬頃、高野山から大和国十津川《やまとのくにとつがわ》を巡り吉野山に到っている。この時の様子は「吉野紀行」とよばれる御文[史料③]に綴られている。その内容は大半が和歌で占められていて、一見真っ盛りな紅葉《もみじ》を愛《め》でながらののんびりした旅[4]にも思える。けれども、上人が訪れた奥吉野の野長瀬《のながせ》[5](奈良県五條市大塔町《おおとうちょう》)は、十津川に沿って深く刻まれた渓谷の地域で、今でこそ道路が整備されているが、かつては大変な難所として知られていた。蓮如上人も「これほどに はげしき山の 道すがら のりのゆかりに あらでやはゆく」〈**訳文** これほどに険《けわ》しい山の道筋を、仏法のゆかりなしに、旅して行けるでしょうか〉と詠んで、浄土真宗の教えを説くためだからこそ、このような険しい道を歩いて来たのだと、告白している。

河和田唯円墓所　奈良県下市町下市
立興寺（本願寺派）
立興寺の裏山の崖の前に河和田唯円の墓所と伝えられる墓石がある。

乗専の墓所 奈良県五條市西吉野町平尾
徳善寺（本願寺派）の付近
「乗専法師終焉之地」と刻まれた石碑の奥に、墓石が建っている。

吉野は意外にも、早くから浄土真宗と縁が結ばれた土地であった。「すぎにし人の　あと〻おもへ《え》ば」〈**訳文**　過去にここで暮らした真宗指導者ゆかりの土地だと思ったからこそ、やって来たのです。〉という言葉の通り、既に河和田唯円《かわわだゆいえん》[6]に始まり、聖空《しょうくう》[7]、存覚《ぞんかく》上人[8]、乗専《じょうせん》[9]と続く指導者達が次々と足を踏み入れていた。下市町《しもいちちょう》立興寺《りゅうこうじ》（本願寺派）本堂裏の崖《がけ》には、唯円房の墓所が伝えられ、西吉野村平尾徳善寺の近くには大峰山系を望むように乗専の墓所が建っている。そうした人達の布教活動を受継ぐ形で、蓮如上人も吉野の奥地まで分け入ったのである。

蓮如上人と奥吉野との縁は寛正五年（一四六四）に古代《こだい》（五條市大塔町小代《こだい》）の門徒に十字名号の本尊を下付しているのが初見で、今回も古代に立ち寄ってはいるが、目的地は野長瀬であった。この土地には、河和田唯円に始まる下渕円慶《しもぶちえんきょう》門徒[10]（後の立興寺）が、以前から教線を伸ばしていた。そのことは、京都龍谷大学に残されている絵像本尊の裏書から知ることができる。この裏書は蓮如上人の筆になるものだが、「文明二歳庚寅《かのえとら》二月十二日、和州《わしゅう》吉野郡下渕円慶《しもぶちえんきょう》門徒同郡十津川野長瀬鍛冶《かじ》屋道場本尊也《なり》」、すなわち上人が奥吉野を訪れた二年後の文明二年（一四七〇）二月十二日に、下渕円慶門徒に所属する野長瀬鍛冶屋道場の本尊として与えられたとある。この鍛冶屋道場というのは、野長瀬

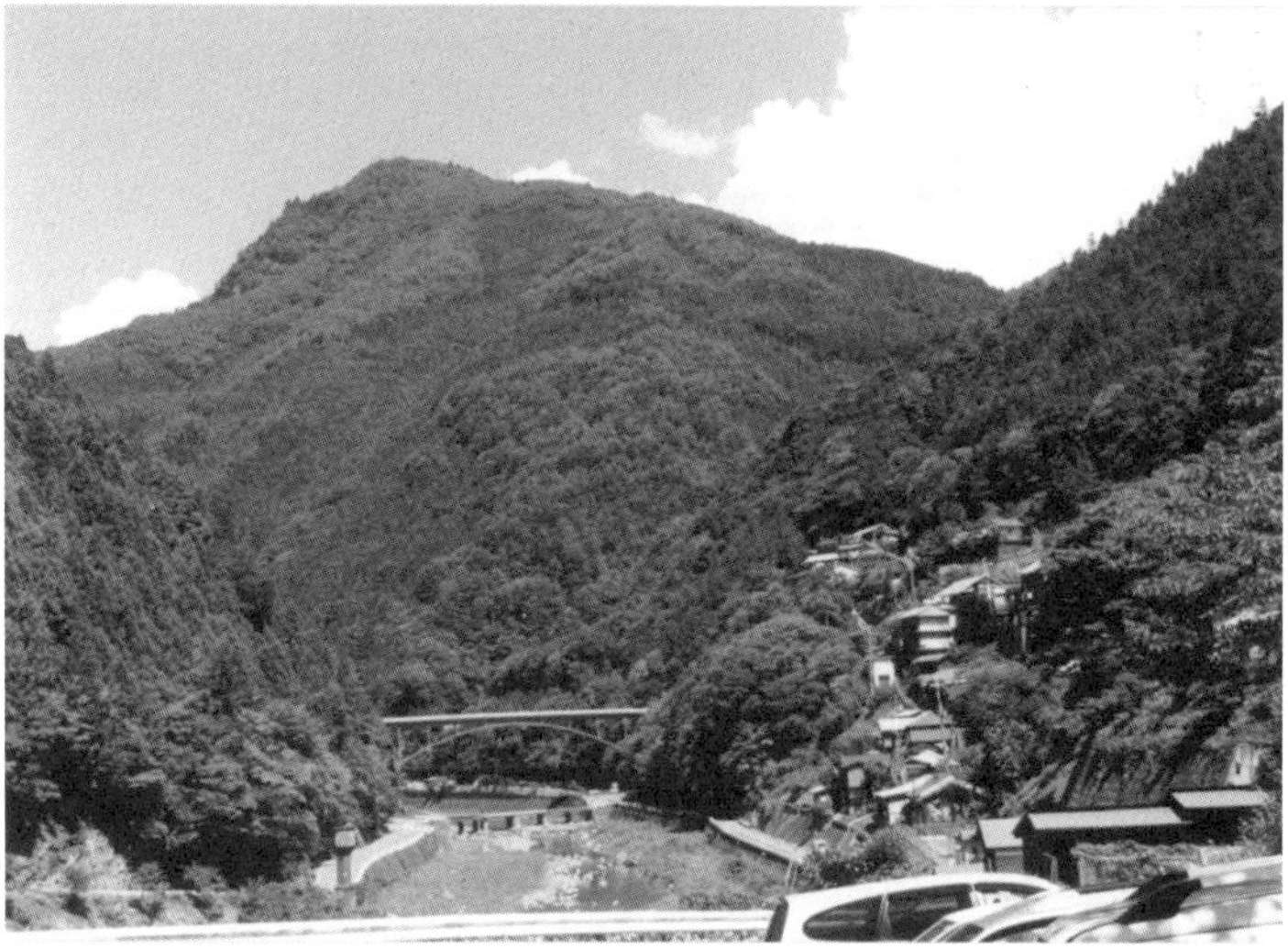

奈良県五條市大塔町辻堂の風景
この地に蓮如上人ゆかりの浄称寺がある。

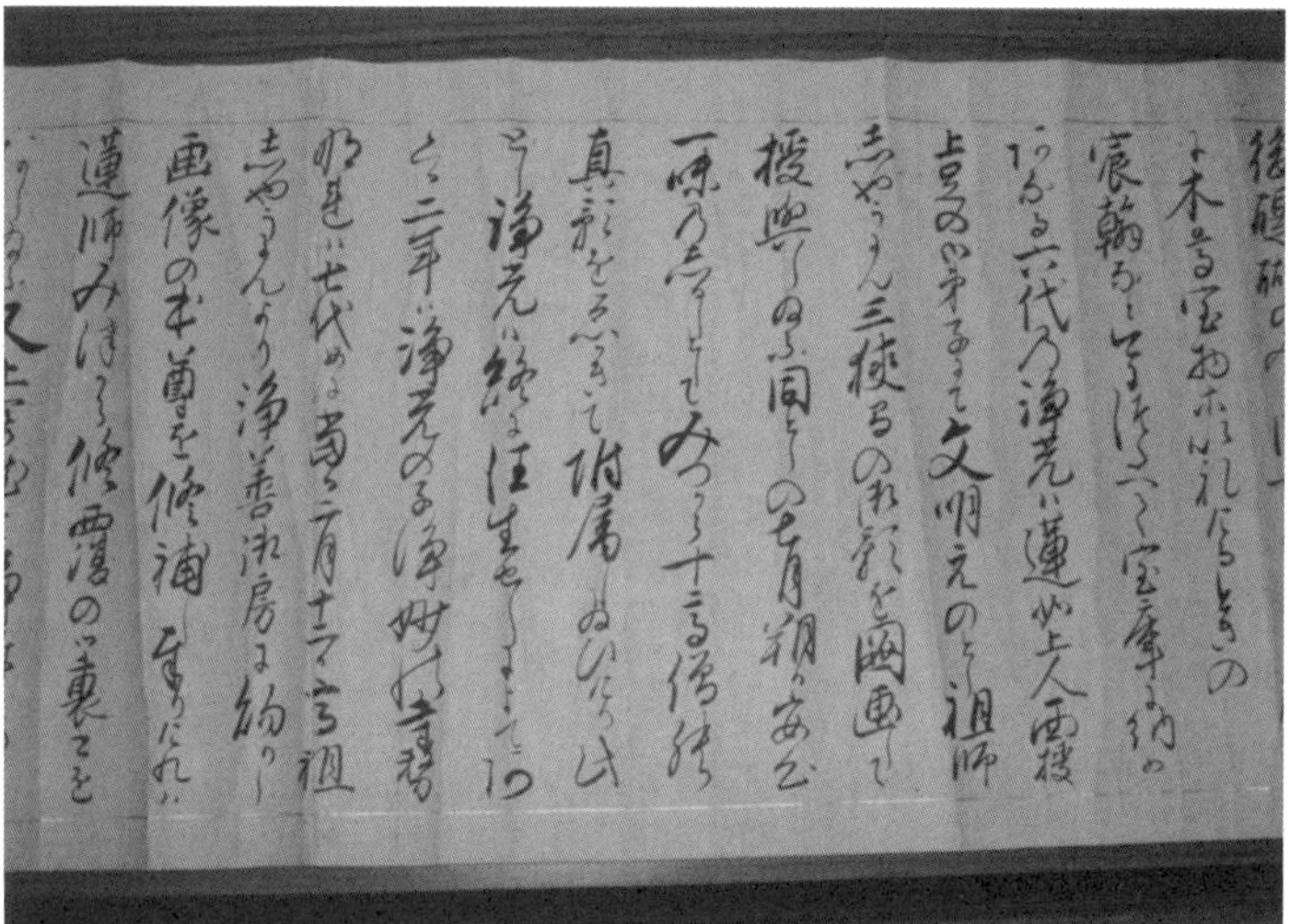

「浄称寺縁起」享和三年(一八〇三)柳原均光《なおみつ》書写
蓮如上人と当寺三世浄光との縁について記された部分。

を構成する九つの村落のうち、辻堂《つじどう》（五條市大塔町辻堂）にあったと見られる。現在ここには浄称寺[11]（本願寺派）という真宗寺院があり、鍛冶屋道場の伝統を伝えている。

おそらく上人は、河和田唯円に始まる下淵円慶門徒との縁から、この奥吉野の渓谷が続く険しい土地にまで足を向けたのであろう。そこにはもう一つ、蓮如上人の教えを強く求めるものがあった。それはこの吉野が南朝ゆかりの地域だということに由来する。

吉野山から南へ峠を越えた才谷《さいたに》（下市市才谷）には西照寺（本願寺派）があるが、蓮如上人との縁からこの寺を開いた和田衛門次郎正頓《まさとみ》[12]という土豪は、楠木正成《まさしげ》の一族和田正遠《まさとお》の流れを汲む者であった。こうした南朝とのかかわりを伝える吉野の真宗寺院は、一つや二つに留まらずかなりの数[13]に登る。存覚上人や乗専が吉野へ入ったことについても、後醍醐天皇との関わり[14]が伝承されている。吉野の真宗寺院と南朝との関わりに一層真実味を感じさせるのは、先程の辻堂一帯が、後醍醐天皇の皇子大塔宮《おおとうのみや》護良《もりよし》親王の鎌倉幕府に反旗を翻《ひるがえ》すきっかけとなった場所[15]だと伝えられている点である。辻堂の浄称寺も、すぐ隣りの殿野《とのの》（五條市大塔町殿野）の西教寺（本願寺派）も、南朝と極めてゆかりが深く、特に西教寺は土地の豪族竹原八郎[16]と共に大塔宮を支えた甥《おい》の戸野兵衛《とののひょうえ》[17]の子孫が代々住職を務めている。

こうした南朝の遺臣たちは、明徳三年（一三九二）に南北朝が合一すると、南朝復興という悲壮な抵抗の中で多くの犠牲をはらい、中央の命令に従わない凶悪の輩《やから》と蔑《さげす》まれた。「吉野紀行」の御文に「鬼すむ山」「鬼が城」という表現が使われているのは、このような南朝の遺臣が住む山や砦《とりで》だったことを表わしているものと解される。

鬼とののしられた彼らにとって、蓮如上人の「在家止住《ざいけしじゅう》」の念仏の教えが、どれほど深い救いをもたらすものであったのかは、我々の想像を絶するものがある。上人の「吉野紀行」の最後を飾る「いにしへ《え》の 心うかりし 三《み》吉野の」〈**訳文** 昔のつらい歴史があったみ吉野ですが〉という歌の言葉には、そんな南朝の遺臣たちのことが意識されていたのではないだろうか。

これをきっかけにして、蓮如上人はこの地に幾度も足を運ぶようになり、吉野一帯には門徒の信者が広がって、吉野衆という一大勢力にまで発展してゆくことになる。

更に上人は翌々年の文明二年（一四七〇）、河内国《かわちのくに》から和泉国堺《いずみのくにさかい》へ布教に出ている。河《かわ》内国《ちのくに》の慈願寺《じがんじ》[史料④18]は、寛正の法難の直後にも滞在しているが、文明二年二月改めてここを訪れ、二首の和歌を直筆《じきひつ》で認《したた》めている。この和歌の「おなじ木ずゑ《こずえ》」「きくにかわらぬ」と詠われた言葉からは、すでに以前から何度も慈願寺を訪れているという、親近感が伝わって来る。また和泉国堺では、道顕の樫木屋《かたぎや》道場(今日の真宗寺)や、円浄《えんじょう》の紺屋《こんや》道場(今日の慈光寺)に足跡を残している。そのことは、十月二十八日道顕に与えられた『親鸞聖人絵伝』[19](四幅)や六月二十八日円浄に与えられた「蓮如上人像」から推測される。当時京都の町が応仁の乱のために焼失を続けていたのに対して、ここ堺は遣明船《けんみんせん》の港となって繁栄していた。道顕の父親も、明《みん》の富商堅致《けんち》、母は堺の豪商の娘と伝えられている。樫木屋は旅館や薬を商っていた店の屋号で、蓮如上人がこうした堺の商人達を相手に、本願寺の教えを伝えようとしていたことが分かる。

注　1―そうしたところから油ヶ淵のことを蓮如池とも呼んでいる。

2―この他にも今井雅晴氏「蓮如と北関東の浄土真宗」(『講座蓮如』第六巻平凡社発行)によれば、下総坂東報恩寺(茨城県常総市豊岡町)や三《み》村《むら》妙安寺(茨城県坂東市みむら)にも、蓮如上人の来訪が考えられている。報恩寺については、存如上人の七月三日付書状(新潟県上越市浄興寺蔵)に、「其《その》子細《しさい》報恩寺方へ只今《ただいま》状《じょう》出《いだし》申上《もうしあげ》候《そうろう》」と、初めてその名前が見出されるところから、門下になっていた可能性が指摘され、また三村妙安寺については、前橋妙安寺所蔵の「一谷《いちのや》山《さん》記録」「妙安寺系図」から、その関係が推測されている。

3―九月二十九日付の書状には「磯部善忠御房上洛候《そうろウ》間《あいだ》、便宜《びんぎ》可《ベク》レ然《しかル》候《そうろウ》間《あいだ》、一筆事伝《ことつたエ》申《もうシ》候《そうろウ》。」とあり、また五月四日付の書状には「磯部《いそべ》の善慶御房往生、只今《ただいま》聞《きき》候《そうろう》。返々《かえすがえす》あハ《わ》れに候《そうろう》。」とある。尚《なお》この善忠（勝願寺五世住職）については、浄興寺と同系統の福島県会津若松市浄光寺（本願寺派）に、文安二年（一四四五）八月十一日付で存如上人が記した法名状が伝えられていたことが、『新編会津風土記』の記述によって裏付けられる。また勝願寺には、明応三年（一四九四）十月二十九日に蓮如上人より下付された善忠の影像が残されていて、没後すぐに影像が与えられるような、親しい間柄だったことが知られる。

4―籠谷眞智子氏は『蓮如さまとお方さま』に、「歌道の心情の師として西行法師を敬慕されていて、このたびの高野・吉野二山の行脚は、ありし日の西行の草鞋《わらじ》のあとを偲ばれた、とおもっている。」と記している。

5―現在の五條市大塔町は平成十七年（二〇〇五）まで大塔村と言った。『大塔村史』（昭和三十四年発行）によれば、この村は元々十二村郷《むらごう》と呼ばれ、五つの組に分かれていた。野長瀬とはそのうちの一つ野長瀬組を指すようである。具体的には辻堂・殿野《とのの》・閉君《とじきみ》・宇井《うい》・清水《しみず》・引土《ひきど》・飛養曾《ひようそ》・堂平《どうひら》・猿谷《さるや》の九つの村落の集合を言う。

6―『大谷遺跡録』によれば、唯円は親鸞聖人が没した後、河内国安福郡で法を説いていた慶西《きょうさい》房（生没年不詳）の勧めで、大和国下市《しもいち》に入り、草庵を結んだと伝えられる。そして、覚如上人と対面した後再び吉野へ入り、翌年の正応二年（一二八九）二月六日下市で没している。

7―奈良県吉野郡下市町善城《ぜんぎ》にある瀧上寺《りゅうじょうじ》（本願寺派）の開基。瀧上寺に伝わる「八高僧像」から、横曽根の性信から、近江瓜生津門徒の指導者愚咄《ぐとつ》を経て秋野川門徒の指導者聖空に到る血脈を辿ることができる。

8―『存覚一期記《いちごき》』や『存覚袖日記《そでにっき》』の記録から、存覚上人と瀧上寺の開基聖空との親密な関係が知られる。おそらく存覚上人は瀧上寺が教線を拡大してゆくための貴重なブレーンとなっていたものであろう。存覚上人の下市市街の東側にある峯山《みねやま》という高台（古御房跡）に草庵を結んでいて、その没後に瀧上寺六世尊空（明徳元年、一三九〇年没）がその地に碑を建てて秋野房舎と称していた。そうしたゆかりから、現在下市市街の西側の高台に存覚上人の墓地が作られている。

9―乗専は覚如上人の高弟で、『大谷本願寺通紀』によると、「於二和州吉野郡平尾村《ニ》一而《しテ》化《けす》。遺墓現在在《あり》二村旁《ちかくニ》一」とある。この記述の通り、現在五條市西吉野町にある真宗寺院が多く乗専を開基としている。

10―下淵と呼ばれていたのは今日の下市の市街で、蓮如上人を迎え入れたのは、河和田唯円から五代目の円慶であった。そこから上人はこの門徒集団のことを下淵円慶門徒と呼んでいる。またこの円慶には文明七年（一四七五）「左《さ》上《じょう》の御影」という親鸞聖人の御影が与えられており、この時本願寺門下になっていたと見られる。また立興寺の寺号も蓮如上人が与えたものという。

11―浄称寺には、江戸時代の享和《きょうわ》三年（一八〇三）柳原均光《なおみつ》（日野家庶流当主）によって書写された『浄称寺縁起』が伝えられており、その記述から龍谷大学所蔵の絵像本尊（二八一頁）が、かつて確かに浄称寺に存在していたことが判明する。

12―西照寺に伝えられている話では、文明七年（一四七五）秋のこと、吉崎を退去したばかりの蓮如上人が下市の秋野坊舎（存覚上人の居た坊舎）で法話をしていた。そこへ西谷の土豪和田衛門次郎正頓が通りかかり、上人の話に引き込まれて行く。その教えに深く心を動かされた正頓は、その翌日上市《かみいち》で行われた上人の法話にも夫婦で出かけて行った。再度の聴聞で感極まった正頓は、とうとうその翌日上人を西谷の屋敷に招いて、村人こぞって上人の話を聴聞し、ついに夫婦で上人に入信して、「釋慶空《けいくう》」「釋尼妙佑《みょうゆう》」という法名を受けて、念仏道場を誕生させたという。これが西照寺の由来である。この時の上人真筆の法名状（文明七年九月二十七日）が今でも西照寺に残されている。

13—秋永孝氏の「真宗吉野教団の成立とその活躍」（一九七六年『奈良女子文化短期大学紀要』二号所収）によれば、吉野の真宗寺院の開基となった人達の多くは、土地の豪族で、南朝の戦力の中心となり、後醍醐天皇より八旗を賜った「八旗八荘司《はっきはちしょうじ》」と呼ばれる人達だったと言う。

14—下市町の願行寺には、存覚上人が吉野へ入ったのは後醍醐天皇のお召しによるとの言い伝えが残されている。また五條市西吉野町平雄《ひらお》の徳善寺には、乗専について、以前から後醍醐天皇の処遇を受けて吉野へ入り、覚如上人の弟子となってから、西吉野を中心に各地で布教活動をしたとの伝承が伝えられている。

15―元弘二年（一三三二）十一月吉野で挙兵することになる大塔宮護良親王について、『太平記』巻第五には、幕府軍の手を逃れて熊野へ向かう途中、十津川に方向を転じ、野長瀬の辻堂・殿野に到って、土地の豪族竹原八郎とその甥の戸野兵衛の後援を得たとある。そして半年この地に停《とどま》ったと伝えられている。

16―『浄称寺縁起』では、浄称寺の門徒と伝えられている。

17―戸野兵衛が黒木の御所を造って護良親王をかくまったことは、『太平記』巻第五の記述に見える。西教寺には今日でも護良親王と戸野兵衛の遺品が秘蔵され、本堂前には「大塔宮護良親王遺跡」と刻まれた石碑が建てられている。

18―大阪府八尾市本町慈願寺。この寺は当初現在の顕証寺と同じ久宝寺の地に在ったが、東西分派のために対立して、慶長三年（一五九八）に現在の場所に移っている。

19―上場顕雄氏「摂河泉における真宗教団の展開」によれば、この絵伝の裏書は後筆と見られる。けれども絵伝自体は蓮如上人が下付した優品で、『大谷本願寺通紀』巻二にも、文明二年に寺を再建し、その落慶法要に蓮如上人が招請されているところから、かつては真筆の裏書があったと推測される。

史料① 『蓮如上人御一期記』一五二　天正八年（一五八〇年）　実悟編

本文

第二番ノ東国御修行ハ文明年中《以前也》也《なり》。年記可レ勘 其時《そのとき》ニハハヤ御門人○仏法《ヒロマリテ》繁昌《はんじょう》アリケレハ《バ》、路次《ろし》中馬ナト《ド》マイラスル輩《やから》モ出来《しゅったい》セリトナリ。

訳文

第二回目の東国御修行（東国旧跡御巡拝）は、文明年間以前の事であった。―年記については考える必要がある。―その時は第一回目とは違い、すでに東国門徒の間にも蓮如上人の教えが弘まり、仏法が盛んになっていたので、道中に馬などを御用意する人達も出て来たという。

史料②『空善聞書』一一六　空善撰

本文

「ソレ信ヲトリテ、人ニモ信ヲトラセヨ。『ワレハ奥州へ御下向ノ時、前下向ニ一人聴聞《ちょうもん》シテヨロコ《(喜)》ヒ《ビ》シソノ仁《ひと》、モシアルヤ』ト御タツ《ズ》ネアリ。夫婦トモニ信ヲエテヨロコ《(喜)》フ《ブ》ヨシキコ《(聞)》シメシテ、二日路ノアヒ《イ》タ《ダ》ヲ御下向アリ。シカルニカノアル《(主)》シ《ジ》申事《もうすこと》ニ、『御下向ハカタシ《ジ》ケナキニ、ナニヲクコ《(供御)》ニソナヘ《エ》申スヘ《ベ》キ』トカナシミ《(悲)》ケリ。キコ《(聞)》シメシテ、『ナンチ《ジ》ラハナニ《(何)》ヲ食スルソ《ゾ》』ト御タツ《ズ》ネアリ。『ヒエ《(稗)》ト申物《もうすもの》ハカリタヘ《ベ》候《そうろう》』ヨシ、申候《もうしそうろう》トキ、『ナンチ《ジ》ラカ《ガ》シヨク《(食)》スル物ヲコシ《(拵)》ラヘ《エ》テマイラセヨ』ト仰候間《おおせそうろうあいだ》、ヒヱ《エ》ノカユ《(粥)》ヲキコシメシテ、一夜御カタリ《(語)》アリテキカ《(聞)》セケリ」ト仰候《おおせそうらい》キ。サレハ、カヤウ《ヨ》ニ御身ヲステ御辛労アリテ、御ス、メ《(勧)》アリタル御事ト、思ヒ《イ》タテマ《(奉)》ツリテシルシ《(記)》申候也《もうしそうろうなり》。

訳文

「信心を得て、人に対しても信心を得させるように。『私が奥州へ下向した時、以前下向した時に、一人《ひとり》聴聞して喜んだ人がいたが、その人がもしかして居ないだろうか』と上人は尋ねられた。そして、『夫婦共に信心を得て喜んでいる』とのことをお聞きになると、二日の道を下向された。けれども、その主《あるじ》は、『下向してくださったのは有難いのですが、食物に何をお出し申し上げたらよいのでしょう』と申して悲しんでいた。それを上人はお聞きになって、『そなた達は何を食べているのか』と尋ねられると、『稗《ひえ》と申すものばかりを食べます』とその夫婦が申しましたので、『そなた達が食べているものをこしらえてお出しなさい』とおっしゃって、稗の粥を食べて一晩語って聞かせた。」とお言葉がありました。

ですから、このように御身《おんみ》を捨て、ご苦労されて、信心をお勧めになられたことと、思い申し上げて、記すのでございます。

史料③『御文―応仁二年（一四六八）十月中旬』（吉野紀行）西光寺本『十帖御文』所収

本文

応仁二年孟冬《もうとう》仲旬之比《のころ》ヨリ、江州志賀郡《しがのこおり》大津辺《あたり》ヨリ忍出《しのびいで》、紀伊国《きいのくに》高野山一見ノツイテ《デ》ニ、和州吉野ノ奥、十津川《とつがわ》ノナカセ《ガ》鬼カ城《おにガじょう》トイ《イ》ヒシ所ヘユキハンヘ《ベ》リシ時、アマリニ道スカラ《ガ》難所ナリシ間《あいだ》、カナシ《(愛)》カリシホト《ド》ニ、カクソ《ゾ》ツ《ヅ》、ケ侍《はんべり》シナリ。

高野山ヨリ十津河小田井《こだい》ノ道ニテ、

奥吉野 キヒ《ビ》シキ山ノ ソワツ《ヅ》タヒ《イ》 十津河ヲ《オ》ツル ノナカセ《ガ》ノ水

十津河《とつかわ》ノ 鬼スム山ト キ、シカト《ド》 スキ《ギ》ニシ人ノ アト、オモヘ《エ》ハ《バ》

コレホト《ド》ニ ハケ《ゲ》シキ山ノ 道スカ《ガ》ラ ノリ《(法)》ノユカリニ アフ《ウ》テ《デ》ヤハユク

十津川ヨリ小田井《こだい》ノ道ニテ、

谷々ノ サカリノ紅葉《もみじ》 三吉野《みよしの》ノ 山ノ秋ソ《ゾ》物ウキ

山々ノ サカ《ガ》シキ道ヲ スキ《ギ》ユケハ《バ》 河《かわ》ニソ《ゾ》ツレテ カヘ《エ》ル下淵《しもぶち》

下淵《しもぶち》ヨリ河《かわ》ツ《ヅ》ラノ道ニテ、

三吉野ノ 河ツ《ヅ》ラツ、《ヅ》ク イ《(飯貝)》、カ《ガ》ヰ《イ》ノ イモセ《(妹背)》ノ山ハ チカクコソミレ

河ツ《ヅ》ラヨリシテ吉野蔵王堂《ざおうどう》一見ノ時、一年ノウカリシ事ヲイマオモヒ《イ》出《いだし》テ、

イニシヘ《エ》ノ 心ウカリシ 三吉野《みよしの》ノ ケフ《キョウ》ハ紅葉モ サカリトソ《ゾ》ミル

応仁二年孟冬《もうとう》仲旬信証院兼寿法師《しんしょういんけんじゅ》御判有《あり》レ之《これ》

訳文

応仁二年十月中旬のころから、江州《ごうしゅう》志賀郡《しがぐん》大津（滋賀県大津市）あたりからひそかに旅立って、紀伊国《きいのくに》（和歌山県）の高野山《こうやさん》を一見したついでに、和州《わしゅう》吉野（奈良県吉野郡）の奥にある、十津川《とつがわ》は野長瀬《のながせ》の鬼が城[1]というところへ行きました。その時、余りにも道中が難所であったので、心をかき立てられて、このように続けて歌を詠《よ》んだことです。

高野山から十津川と小田井《こだい》[2]（五條市大塔町小代）へ向う道で、

奥吉野 きびしき山の そはづたひ《わ》 十津河をつる《お》 のながせの水
（奥吉野の険《けわ》しい山の絶壁伝いに、十津川へ落ちる野長瀬の水であることです。）
十津河《とつかわ》の 鬼すむ山と きゝしかど すぎにし人の あとゝおもへば《え》
（十津川は鬼が住む山だと聞いたけれども、過去にここで暮らした真宗指導者ゆかりの土地だと思ったからこそ、やって来たのです。）
これほどに はげしき山の 道すがら のりのゆかりに あふで《う》やはゆく
（これほどに険《けわ》しい山の道筋を、仏法のゆかりに遇《あ》うことなしに、旅して行けるでしょうか、いや行くことはできません。）
十津川から小田井《こだい》へ向う道で、
谷々の さかりの紅葉《もみじ》 三吉野《みよしの》の 山の秋ぞ物うき
（谷々に盛りの紅葉が燃え盛るみ吉野ですが、その山の秋は侘《わび》しいものです。）
山々の さがしき道を すぎゆけば 河《かわ》にぞつれて かへ《え》る下淵《しもぶち》
（山々の険《けわ》しい道を通り過ぎて行くと、やがて川に従って下淵《しもぶち》へと帰って行きます。）
下淵から河辺の道で、
三吉野の 河づらつゝ《づ》く いゝがゐ《い》の いもせの山は ちかくこそみれ

（み吉野の川辺が続く飯貝《いいがい》の地では、端麗《たんれい》な姿の妹背《いもせ》の山が真近に見渡せることです。）

河辺から吉野蔵王堂《ざおうどう》へ行って一見した時、一年の間つらかったことを、今思い出して、

いにしへ《え》の 心うかりし 三吉野《みよしの》の けふ《きょう》は紅葉も さかりとぞみる

（昔のつらい歴史があったみ吉野ですが、今日は紅葉も真っ盛りに見えます。）

応仁二年（一四六八）十月中旬　信証院兼寿《けんじゅ》（蓮如）の法印御判が記されている。

注　1―奈良県吉野郡大塔村辻堂付近

2―吉野郡大塔村小代

史料④『蓮如上人和歌』　文明二年（一四七〇）二月二十八日

蓮如上人真筆　大阪府八尾市慈願寺蔵

本文

くる春も おなし木すゑ《じこずえ》を なかむ《が》れは《ば》 いろもかわらぬ やふ《ぶ》かけ《げ》の梅

年つもり 五十有余を おくるまて《で》 きくにかわらぬ 鐘や久宝寺《きゅうほうじ》

文明二歳二月廿八日　花押（蓮如上人）

訳文

新しい年も、以前から見慣《みな》れた同じ梢《こずえ》を眺めてみると、

色も変わらずに、藪陰《やぶかげ》1のところに梅が咲き誇っている。

五十歳余りになるまで、年月《としつき》が過ぎて来たが、

聞くたびに変わることのないのが、久宝寺《きゅうほうじ》2の鐘の音《ね》である。

文明二年（一四七〇）二月二十八日　花押（蓮如上人）

注　1―藪の陰になっている所

2―慈願寺のあった河内国渋川郡久宝寺（大阪府八尾市久宝寺）の地。

（二）大津から北陸へ

―史料『経覚私要鈔』、『御文―文明七年四月二十八日』―

文明二年（一四七〇、蓮如上人五十六歳）十二月五日、上人の二度目の妻蓮祐《れんゆう》がこの世を去った[1]。更に翌文明三年（一四七一）二月一日には五女妙意（十二歳）を、二月六日には長女如慶（二十八歳）を相次いで失うという悲運に見舞われている。このことが上人の気持ちに転機をもたらしたものか、上人はにわかに北陸下向を決意する。

北陸の地は、覚如上人の頃より本願寺と縁が深く、越中国《えっちゅうのくに》井波《いなみ》の瑞泉寺《ずいせんじ》[2]や加賀国二俣《ふたまた》の本泉寺《ほんせんじ》[3]（共に叔父如乗が住持を勤める）、越前国藤島《えちぜんのくにふじしま》の超勝寺《ちょうしょうじ》[4]（父存如上人の従兄弟如遵《にょじゅん》が住持を勤める）、越前国荒川の華蔵閣《けぞうかく》[5]（父存如上人の従兄弟祐慶が住持を勤める）等の親類寺院があった。特に二俣本泉寺は、蓮如上人の本願寺継職を実現させた恩人である叔父如乗の寺であり、上人の次男蓮乗《れんじょう》（一四四六～一五〇四年、当時二十六歳）が養子となっていたのである。

また北陸には父存如《ぞんにょ》上人以来の深い繋がりのある有力寺院が存在していた。加賀国石川郡大野荘の吉藤専光寺《よしふじせんこうじ》[6]には、存如上人が下付した『三帖和讃《さんじょうわさん》』『持名鈔《じみょうしょう》』『浄土真要鈔《じょうどしんようしょう》』等が伝えられ、同じく加賀国河北郡の木越《きごし》光徳寺[7]にも蓮如上人が存如上人の命を受けて下付した『三帖和讃』『教行信証』が伝えられており、共に本願寺系の有力寺院となっていた。越前国の和田本覚寺《わだほんがくじ》も、宝徳三年（一四五一）存如上人が阿弥陀如来絵像をその門流に下付しており、本願寺と親密な関係にあった。

　このように本願寺と縁の深い北陸へ、蓮如上人は早くから下向することを考えていたようで、文正元年（一四六六）八月五日に大乗院経覚に送った手紙に、[史料①]「『越前の武将朝倉孝景《たかかげ》が、越前の国の守護職を争う斯波義敏《しばよしとし》と義廉《よしかど》のうち、将軍義政に背いて義廉方についた』との噂《うわさ》のために、越前への下向が難しく迷惑している」[8]との内容が記されている。この頃の上人は、比叡山の弾圧のために近江国を点々としており、万一の場合に備えて北陸下向を考えていたのかも知れない。応仁元年（一四六七）に一応比叡山との和平は実現したものの、その後も堅田大責《かたたおおぜめ》等不安定な情勢が続き、近江国《おうみのくに》に居たのでは思い切った布教活動も不可能であった。妻や娘達の死去は、そうした状況に置かれていた蓮如上人に、新たな布教活動の地北陸へ下向することを、[史料②]決意させたのであった。

　文明七年（一四七五）四月二十八日付の『御文《おふみ》』には、近江国の情勢を挙げた上に、「北国方ノヒト安心ノトヲ《オ》リモ、四度計《しどけ》ナキヤ《ヨ》ウニオホ《ボ》ユルマヽ」〈**訳文** 北国の人びととの信心の受け止め方も混乱して不十分に思われたので〉と、北陸へ赴く理由が記されている。本願寺と縁の深い北陸の地に、親鸞聖人本来の正しい信心を植えつけたいとの、言わば第二の本願寺改革とも言える決意が、この言葉には示されているのではなかろうか。

注

1―次女見玉尼《けんぎょくに》のことを綴った『御文―文明五年八月二十二日』より知られる。

2―現在の富山県南砺市井波瑞泉寺

3―現在の金沢市二俣町本泉寺

4―福井市藤島町超勝寺

5―現在の福井県吉田郡永平寺町藤巻興行寺

6―現在の金沢市本町専光寺

7―現在の石川県七尾市馬出町光徳寺

8―辻川達雄氏は『蓮如実伝』第二部（北陸篇上）で、「蓮如は、朝倉と会ったようだが、朝倉が以ての外のことを申したので不愉快千万であったようである。ただし、彼の越前下向の決心は堅いようである」と訳し、そのころ朝倉孝景を訪ねた蓮如が、朝倉に冷たくあしらわれた不満を、経覚に訴えたものと推測している。これに対し、神田千里氏は『一向一揆と真宗信仰』に、「蓮如からの書状で朝倉についての『物云《ものいい》』即ち風評がしきりで迷惑していると言ってきた」と解し、朝倉の動向によって蓮如の利害が左右されるという関係にあったと見ている。その風評とは、「文正元年（一四六六）七月二十三日、足利義政は斯波義廉《しばよしかど》を退け、斯波義敏《よしとし》に家督を命じたため、朝倉孝景がこれに反対して義廉方についていた」という風評で、このため義政側の蓮如にとっては、朝倉氏と関係をもつことができなくなり、甚だ迷惑したという推測である。

史料①『経覚私要鈔《きょうがくしようしょう》』文正元年（一四六六）八月五日

本文

自《リ》二本願院一有《あり》二書状一、朝倉物云《ノものいい》以《もっテ》外《ノほかノ》間《あいだ》、令《しムル》二迷惑《セ》一由申賜了《よしもうシたまイおわンヌ》。京都破《はスレバ》者、定《さだメテ》可《ベキ》二下向《ス》一歟《か》。

訳文

本願寺蓮如より書状（手紙）が来て、朝倉孝景の噂《うわさ》1の内容が意外なので、迷惑しているとのことを報告して来た。京都大谷の本願寺が破却したので、きっと越前へ下向するのではないか。

注　1――「物言ひ」は「口のききぶり・言い方」とも「噂・風評」とも解釈され、また「以ての外」は「けしからない」とも「意外・思ってもみない」とも受け取れる。

史料②『御文 - 文明七年四月二十八日』　堺市真宗寺蔵永正写本

本文

北国ニヲ《オ》モム《(赴)》キシ由来ハ、マタク名聞《みょうもん》利養《りよう》ノタメニアラス《ズ》。マタ栄花《えいが》栄燿《えいよう》ヲモコト、セス《ズ》。ソノユヘ《エ》ハ、大津ニヒサシク居住セシムルトキハ、ヒトノ出入ニツケテモ、万事迷惑ノ次第、コレオホ《オ》キアヒタ《イダ》、所詮《しょせん》北国ニ暫時モ下向セシメハ《バ》、コノ方出入ノ義、退転スヘ《ベ》キアヒタ《イダ》、不図《ふと》下向スルトコロナリ。ツキ《ギ》ニハ、北国方ノヒトノ安心ノトヲ《オ》リモ、四度計《しどけ》ナキヤ《ヨ》ウニオホ《ボ》ユルマ、、覚悟ニヲ《オ》ヨハス《バズ》、一年モ半年モ逗留《とうりゅう》スヘ《ベ》キヤ《ヨ》ウニ、心中ニオモフ《ウ》トコロニ、コノ四、五年ノ堪忍《かんにん》ハ、存《おもい》ノホカノ次第《しだい》ナリ。サラニモテ、心中ニカネテヨリ、タクム《(巧)》トコロニアラス《ズ》、…

訳文

私が北国の地へと向ったいわれは、まったく世間の評判や財産を得たいためでもなければ、世に輝き栄えようとするのでもない。その本当の理由は、大津に長いこと住んでいた時には、人とのいざこざに関しても、色々と困ったことが多かったので、詰まる所、しばらくの間でも北国へ下っていれば、こちらの方のいざこざもなくなって行くであろうから、ふと下向したのである。

それから、北国に住む人達の安心《あんじん》（信心）の受け止め方も、きちんとしていないように思われたので、充分な心構えもなく、一年でも半年でもこちらに逗留すればよいように、心の中で思っていたのだが、この四、五年間も耐え忍ぶことになるだろうなどとは、思いもかけないことであった。だからけっして心の中で前もってそうしたいと工作していたのではない。

（三）下向の時期と近江門徒との別れ

――**史料**　御文より、『金森日記抜』『本福寺由来記』――

こうして蓮如上人は、いよいよ北陸へと旅立つことになった。

上人が近江国を旅立ち北陸へ向った年月日は、「御文」の中に散見される（史料①a～g）。文明三年（一四七一）というのは動かないものの、その月日については、「初夏（四月）上旬」「初夏仲旬」「仲夏（五月）上旬」「五月仲旬」とまちまちで、幾分主観的に記されている感がある。これについて堅田修氏[1]（一九二五～二〇一一年）は、「仲夏ノ比《ころ》ヨリ、花洛《からく》ヲイデテ」という史料①dの「御文」の記述から、「四月上旬大津を出て一旦京に赴き、五月中旬都を出て吉崎へ向った」と解している。吉崎へ到着したのは、史料①gの「御文」より六月上旬と見られ、同じく「御文」の記述から越前国、加賀国を巡り歩いて、七月下旬には吉崎の草庵に落ち着いたと見られる。

北陸への下向は、上人を慕って来た近江の門徒達との別れでもあった。『金森日記秡《かねがもりにっきぬき》』（史料②）と『本福寺由来記《ほんぷくじゆらいき》』（史料③）には、門徒達との別れの様子が記されている。北陸への出発点は、前者では金森、後者では堅田とされるが、お供の名前が共通し、道西が堅田までお供をしそれより先は法住が随行したと見れば、一応話の辻褄は合うようである。その折、蓮如上人が比叡山を指差して「あれが近いので。」と語る『本福寺由来記』の記述は、上人が近江を離れなければならなかった理由を物語っている。下向のルートについて、『本福寺由来記』は琵琶湖西岸を北上して、海津《かいづ》へ宿泊した様子が記され、ここから敦賀へ越えて北陸へ入ったと推測されるが、『金森日記秡』の記述では若狭《わかさ》を経《へ》て越前国へ入ったとあって、食い違いを見せている。

注　1――『真宗史料集成』第二巻解説。

史料①御文に見える北陸下向の時期

本文

a『御文・文明五年(一四七三)十一月二十一日』蓮如上人真筆本　珠洲市西光寺蔵

予去《さる》文明第三ノ暦《れき》夏ノ比《ころ》ヨリ、江州《ごうしゅう》志賀郡《しがのこおり》大津《おおつ》三井《みい》ノフモトヲ、カリシ《ソ》メナカ《ガ》ライテ《デ》シヨリコノカタ、…

b『御文・文明五年九月日』上越市本誓寺蔵　実如上人証判本（『五帖御文』第一帖第八通）

文明第三初夏《そか》[1]上旬ノコロヨリ、江州《ごうしゅう》志賀郡《しがのこおり》大津三井寺南《みなみ》別所辺《べっしょあたり》ヨリナニトナク風度《ふと》シノヒ《ビ》イテ《デ》、、越前加賀《えちぜんかが》諸所ヲ経廻《けいがい》セシメオハ《ワ》リヌ。…コノ山中ヲヒキタヒ《イ》ラケ《ゲ》テ、七月廿七日ヨリカタノコト《ゴ》ク一宇《いちう》ヲ建立シテ、…

c『御文・文明七年（一四七五）四月二十八日』堺市真宗寺蔵永正写本

サンヌル文明第三初夏《そか》仲旬《ちゅうじゅん》ノコロヨリ、ニハ《ワ》カニコノ方ヲシノヒ《ビ》イテ《デ》、《テ》、…

d『御文・文明六年（一四七四）正月十一日』蓮如上人真筆本　城端別院蔵（『五帖御文』第二帖第三通）

抑《そもそも》去《さんぬる》文明第三之暦《のれき》、仲夏《ちゅうか》[2]ノ比《ころ》ヨリ、花洛《からく》ヲイテ《デ》、《テ》、同年七月下旬之候《のこう》ニ、ステ《デ》ニ此《この》当山ノ風波《ふうは》アラキ在所《ざいしょ》ニ草庵ヲシメテ、…

e『御文・文明七年（一四七五）五月七日』上越市本誓寺蔵実如上人証判本

文明第三仲夏《ちゅうか》上旬ノコロヨリ、ステ《デ》ニ江州《ごうしゅう》志賀郡《しがのこおり》大津近松《ちかまつ》ノ南別所《みなみべっしょ》ヲ立出《たちいで》シヨリコノカタ、…

f『御文・文明六年（一四七四）四月八日』上越市本誓寺蔵実如上人証判本

夫《それ》文明第三ノ天、五月仲旬ノコロ、江州《ごうしゅう》志賀《しか》ノ郡《こおり》大津三井寺ノフモト南《みなみ》別所《べっしょ》近松《ちかまつ》ヲ風度《ふと》オモヒ《イ》タチテ、コノ方ニヲ《オ》イテ居住スヘ《ベ》キ覚悟ニオヨハ《バ》ス《ズ》、越前《えちぜん》・加賀《かが》ノ両国ヲ経廻《けいがい》シテ、ソレヨリノホ《ボ》リ、当国細呂宜《ほそろぎ》ノ郷《ごう》吉崎トイヘ《エ》ル在所《ざいしょ》イタリテオモシロキアヒ《イ》ダ…

g『御文・文明五年（一四七三）十月三日』蓮如上人真筆本　南砺市行徳寺蔵

抑《そもそも》去《さんぬる》文明第三之《の》暦林鐘《れきりんしょう》3上旬候《こう》ヨリ当年マテ《デ》ハ、ステ《デ》ニ三カ年之間《のあいだ》、当山ニ堪忍《かんにん》セシムル志《こころざし》ハ、…

注　1―旧暦四月
2―旧暦五月
3―旧暦六月の異称

史料②『金森日記秡』

本文

文明三年四月上旬《じょうじゅん》ノ頃《ころ》、聖人ノ御旧跡ユカシク思召《おぼしめ》サレテ、程モナク近松《ちかまつ》ヲ忍ヒ《ビ》出玉《いでたま》ヒ《イ》ヌ。

御門徒申シト《ド》、メ申《もう》サレシホト《ド》ニ、京都近江《おうみ》御経廻《ごけいかい》アリ。サレト《ド》モ北地《ほくち》御下向《ごげこう》御《おん》志《こころざし》　在《ましまし》テ、ツヒ《イ》ニ金森《かねがもり》ヨリ道西・与治郎・与太郎・九郎治良《じろう》御供申《おとももう》シ、夜ニ入《いり》テ堅田《かたた》ニ御渡リ候《そうらい》テ、若狭《わかさ》ツタ《ヅ》ヘ《エ》越前《えちぜん》ノ国ニコヘ《エ》一宿《いっしゅく》　在《ましまし》シテ、吉崎ト云《いウ》フ処《とこ》ロニ一宇御建立アリテ、マス〳〵御繁昌《はんじょう》也《なり》。

訳文

文明三年（一四七一）四月上旬の頃、親鸞聖人の御旧跡に心がひかれられて、間もなく大津の近《ちか》松《まつ》坊舎を忍び出られた。御門徒が思い留まるよう申し上げたので、京都・近江国をめぐって歩かれた。けれども、北国の地へ下向されたいとの御志がおありになって、とうとう金森《かねがもり》より道西・予治郎・与太郎・九郎治良がお供申し上げ、夜に入ってから堅田に船でお渡りになって、若狭《わかさ》（福井県西南部）を経《へ》て、越前国《えちぜんのくに》（福井県）に国境を越え、一晩泊まられて吉崎という所に一宇の御堂を建立され、ますますご繁昌されたのである。

史料③『本福寺由来記』

本文

文明第三暦《のれき》、賀州吉崎殿《よしざきどの》へ、信証院殿様御下向《ごげこう》候《そうろう》。其時西浦法西《そのときにしうらほうさい》道場へ、夜ニ入《いり》御出《おいで》ヲナサル。法西ハ大野ニ入《いり》シコトシテ、其子《そのこ》五郎二郎ハ《バ》カリアル所へ、法住・与二郎殿・与太郎・九郎二郎・兵衛《ひょうえ》太郎ナント《ド》、御供申《おとももう》ス。五郎二郎申スハ、モシコ、モトニ御坊御コンリウ《リュウ》アラハ《バ》、コノ地帰進《(寄)》可《べき》レ申《もうす》ト申《もうす》ニ、山門ノカタ《(方)》ヲ御《ご》ラン《(覧)》セ《ぜ》ラレテ、アレカ《ガ》チカイ《(近)》ホト《ド》ニトオウセケル。サテ賀州へ法住モ御供申《おとももう》サル、、路次《ろし》御ミチスカ《ガ》ラ、打下《うちおろし》オカヤハ法住門徒、海津《かいづ》桶屋浄賢法住門徒ニテチイサク、御座《ござ》ヲ法住料足《りょうそく》五貫文御下《おんくだし》アリ。御新造《ごしんぞう》ヲツクリ、上様《うえさま》ヲ入《いれ》タテマツリ、御コシ《(腰)》ヲヤス《(休)》メラル、。

訳文

暦《こよみ》は文明三年目の年、加賀国《かがのくに》（石川県南部）吉崎殿《どの》へ、信証院《しんしょういん》殿様（蓮如上人）が下向なさいました。その時堅田西浦《にしうら》の法西道場へ、夜に入っておでましになった。法西は大野[1]に行っていたようで、その子息の五郎二郎だけが居た所へ、法住・与二郎殿・与太郎・九郎二郎・兵衛太郎等がお供申し上げた。五郎二郎が申すには、「もしここに御坊を建立されるならば、この土地を寄進申し上げましょう。」と申しましたところ、山門（比叡山延暦寺）の方をご覧になられて、「あれが近いので。」とおっしゃった。そうして、加賀国へ法住もお供申し上げたが、その道中の道すがら、打下《うちおろし》[2]のオカヤは法住の門徒、海津《かいづ》[3]の桶屋《おけや》浄賢は法住の門徒で道場が小さく、御座所を法住が銭五貫文下され、新しい建物を造って上様をお通し申し上げ、お腰を休められた。

注

1―滋賀県高島郡朽木村大野

2―滋賀県高島郡高島町勝野の白髭神社近くの地名

3―滋賀県高島郡マキノ町海津

第二節　蓮如上人の吉崎下向を実現させた人物

（一）蓮如上人の真意

蓮如上人は『御文』の中で、北陸下向に旅立つ時の様子を、「かりそめながらいでし」[1]〈訳文 ふとしたことから出《しゅっ》立《たつ》した〉、[2]「なにとなく風度《ふと》しのびいでて」〈訳文 とくに目的もなく不意に目立たぬように旅立って〉、「にはか《わ》にこの方《かた》をしのびいでて」〈訳文 突然目立たぬようにこちらの方《ほう》（大津）を出て〉等と記しているが、研究者の多くは、これを上人の本心とは異なる言葉だと見ている。それは上人の北陸下向に、極めて周到な計画的意図が働いていたと考えるからである。例えば、百瀬明治《ももせめいじ》氏（一九四一年～）は[3]「越前下向は周到な計画があって実行されたことは明らか」だとし、辻川達雄《つじかわたつお》氏（一九二一～二〇〇二年）は、[4]「蓮如の吉崎移転はきわめて計画的に、しかも綿密かつ慎重裡に進められたものであった」と推測している。こうした考え方がひいては蓮如上人を、宗教家よりは教団を組織した政治家・事業家としか見ない傾向を生んでいるとも言えよう。

果たして上人に、単なる教団の繁栄のために、言葉巧みに布教をするような計画的意図があったのであろうか。上人に政治的な側面が目立つようになる吉崎退去以降ならともかくも、吉崎の時代を見る限り、上人自身は布教の拠点を一時的に北陸の地へ移しただけで、そこでたまたま大蓮如ブームが起こり、五木《いつき》寛之《ひろゆき》氏[5]も説く通り、北陸の地に渦巻く民衆のエネルギーに翻弄《ほんろう》されたと思われる。「ふとしたことから」「とくに目的もなく不意に」「突然」という言葉も、阿弥陀如来の本願をひたすら信ずる上人にとっては、「如来のおはからい」とでも言うべき表現なのではなかろうか。[6]「暫時《ざんじ》モ下向せしめば、この方《かた》出入《でいり》の義《ぎ》退転《たいてん》すべきあひ《い》だ」〈**訳文** しばらくでも北国へ下っていれば、こちらのいざこざの問題もなくなるであろうから〉とか、「覚悟にを《お》よばず、一年も半年も逗留《とうりゅう》すべきや《よ》うに、心中におもふ《う》」〈**訳文** なんとなく、一年でも半年でも滞在すればよいように思っていた〉という言葉には、単に手軽い表現というだけでは済まされない、上人の真意が綴られていると見るべきであろう。だとすると、上人の北陸下向は、上人の意向によってすべてが計画されたというよりは、下向のお膳立を整え、上人を吉崎に招いた人物を考えてみなければなるまい。

蓮如上人が吉崎に移るきっかけを作った人物として、これまでに三人の名前が取上げられている。すなわち、吉崎を含む細呂宜郷下方《ほそろぎごうしもかた》の領主であった興福寺大乗院元門跡の経覚《きょうがく》、後に守護代《しゅごだい》として越前一国を支配した朝倉孝景《たかかげ》（教景《のりかげ》）、細呂宜郷の最下級の荘官である別当《べっとう》として吉崎の地の支配に携わっていた本願寺末寺の和田本覚寺蓮光《ほんがくじれんこう》の三人である。

注

1―『御文・文明五年十一月二十一日』
2―『御文・文明五年九月日』
3―『蓮如・大事業家の戦略』（一九九五年 清流出版発行） 一六〇頁
4―『蓮如実伝』 北陸編上 （一九九六年 本願寺維持財団発行） 六五頁
5―『蓮如』 一九九四年　岩波新書
6―『御文・文明七年四月二十八日』

（二）興福寺大乗院門跡経覚説

——史料『大乗院寺社雑事記』——

吉崎のある細呂宜郷は、興福寺最大の荘園である北国荘園の一部で、隠居した経覚の所領となっていた。そのことから、興福寺大乗院前門跡経覚との私縁に吉崎下向の理由を求めようとする説が、三浦周行《みうらひろゆき》氏[1]（一八七一～一九三一年）によって唱えられた。経覚の日記『経覚私要抄』から経覚と蓮如上人の親交関係が窺われるからである。経覚と蓮如上人との親交関係は、谷下一夢《たにしたいちむ》氏[2]（一九〇二～一九六六年）によって更に研究され、大乗院門跡尋尊の日記『大乗院寺社雑事記』[史料〇]から、前門跡経覚の母親が大谷本願寺の娘であったことが知られて、二人は親類関係にあったことが判明した。このことから吉崎下向に際し、経覚に少なくとも何らかの挨拶があったことは間違いない。

経覚は蓮如上人が吉崎へ入ってから二年目の文明五年（一四七三）八月二十七日に病没しているが、朝倉喜祐氏によれば、その間興福寺大乗院へはほとんど年貢が納められていないと言う。また吉崎には経覚に仕えていた楠《くす》葉《ば》新《しん》右衛《え》門《もん》（西忍）の屋敷があり、経覚の内意を受けて、吉崎御坊建立に助力していたと考えられている。けれども、当時の興福寺大乗院の北国荘園に対する支配力はかなり衰えており、経覚の了解だけを頼りに吉崎へ下向するのは難しかったと見られる。

注　1―元京都帝大名誉教授
　　2―元龍谷大学講師、「蓮如上人の吉崎占拠に就いて（一九三三年）」（『真宗史の諸研究』一九七七年同朋舎発行所収）

史料◯『大乗院寺社雑事記』文明六年（一四七四）閏《うるう》五月三日

本文
正《しょう》林ハ、後五大院殿《ごごだいいんどの》御母、一向宗□大谷女也《むすめナリ》、於《おいテ》二大谷ニ一入滅ス。

訳文
正林《しょうりん》[1]は、後五大院経覚《ごごだいいんきょうがく》殿の御母で、一向宗の大谷本願寺の娘である。大谷で入滅された。

注

1——尋尊大僧正が極楽坊を参詣した時、同坊の石塔の文字を写した内容。この正林について、谷下一夢《たにしたかずむ》氏は「蓮如上人吉崎占拠について」で、嘉吉《かきつ》二年（一四四二）正月二十六日に没した女性で、存如上人の近親者であったと見ている。

（三）朝倉孝景説

——史料『拾塵記』、『大乗院寺社雑事記』——

吉崎御坊の土地は朝倉孝景（教景）が寄進したものとする「朝倉孝景寄進説」[史料①]は、最も古くから語られて来たもので、既に実悟の『拾塵記《しゅうじんき》』や越前朝倉氏と一向一揆との戦いを描いた『朝倉始末記《あさくらしまつき》』[1]を始めとして、宗門の間で継承されて来た説である。近代に入ってからも、蓮如上人が吉崎へ移る直前の文明三年（一四七一）五月二十一日に孝景が越前の守護に任じられていることが事実とされて、この説は是認され続けてきた。これに対し、重松明久《しげまつあきひさ》氏[2]（一九一九～八九年）は、越前国の土地支配の関係を検討[史料②]した上で、朝倉孝景（教景）が蓮如上人に土地を寄進したということを裏付ける直接の史料がない上[3]に、甲《か》斐《い》氏と争っていまだ越前国に勢力を確立しておらず、越前国の守護はおろか守護代にもなっていなかったと主張[4]した。そして当時の朝倉氏の勢力から察して、朝倉孝景寄進説は到底事実とは思われないと結論[5]づけた。

だが近年でも新たに、辻川達雄氏[6]（一九二二～二〇〇二年）や神田千里《ちさと》氏[7]（一九四九年～）

が、蓮如上人の北陸下向の意図を示す『経覚私要抄』[8]の記録や、応仁の乱で朝倉孝景が西軍から東軍に寝返った時期と蓮如上人の吉崎下向の時期が重なり合うことに着目し、吉崎下向は既に大谷破却の翌年から計画されており、上人は朝倉孝景の許可を得て吉崎へ下向したとの説を主張している。その一方で、北西弘《きたにしひろむ》[9]氏（一九二五年〜）のように、反対に朝倉氏と敵対していた甲斐氏と本願寺との関係に注目する見方もある。
このように朝倉孝景と本願寺との関係については、未《いま》だに諸説出されているが、実際にどの程度の関係だったのか、当時の越前国の政治状勢を更に検討した上で、慎重に考えてみる必要があろう。

注　1—加賀一向一揆と越前の戦国大名朝倉氏との戦いを描き出した書物。慶長年間（一五九六〜一六一五年）以降に成立したものと見られている。
2—元広島大学教授、「本願寺教団の展開と一向一揆」（『中世真宗思想の研究』一九七三年刊所収）
3—同前三五九頁
4—同前三六五頁
5—同前三七一頁

6―福井県郷土史家、『蓮如実伝』北陸編上

7―東洋大学教授、『一向一揆と真宗信仰』一九九一年 吉川弘文館発行

8―「朝倉の物云以ての外の間、迷惑せ令むるの由」

9―元大谷大学長、『蓮如上人筆跡の研究』一九九九年

史料①『拾塵記《しゅうじんき》』実悟著

本文 敷地ハ、越前守護《しゅご》朝倉弾正《だんじょう》左衛門尉《じょう》之《の》入道恵林《えいりん》字《あざな》一斎《いっさい》寄進之《の》地也《なり》。

訳文 吉崎の御坊の敷地は、越前守《えちぜんのかみ》朝倉弾正《だんじょう》左衛門尉《さえもんのじょう》孝景《たかかげ》(教景《のりかげ》)入道恵林《えいりん》が寄進した土地である。

史料②『大乗院寺社雑事記』文明三年(一四七一)八月五日

本文 去月《きょげつ》廿一日、於《おいて》二越前《えちぜんの》国《くにに》一甲斐《かい》朝倉合戦《かっせんす》。朝倉方打負了《うちまけおわんぬ》。朝倉方《は》以《もっての》外《ほかの》小勢也《こぜいなり》。朝倉

弾正《だんじょう》教景《のりかげ》ハ称《しょうし》二国司一《と》、立《たて》ヱ《エ》ホ《ボ》シ・狩衣《かりぎぬ》等ニテ成《なり》二殿上人《てんじょうびとと》一、緩怠《かんたいなる》振舞《ふるまい》無《なし》二是非《ぜひ》一。然之《しかるの》間《あいだ》、国輩《のやから》悉《ことごとく》以《もって》背《そむく》レ之《これに》。希代《きたいの》儀也《ぎなりと》云々《うんぬん》。

訳文

昨月（七月）二十一日、越前国《えちぜんのくに》で、甲斐氏と朝倉氏が合戦《かっせん》した。朝倉氏は合戦に敗《やぶ》れてしまった。朝倉方《がた》は意外に少ない軍勢であった。朝倉弾正《だんじょう》教景（孝景の最初の名前）は国司《こくし》と名乗り、立《たて》烏帽子《えぼし》[1]や狩衣《かりぎぬ》[2]等を着用して殿上人《てんじょうびと》（昇殿を許された四位・五位の者）となり、無礼《ぶれい》に振舞《ふるま》ったのだからしかたがない。それだから、越前国《えちぜんのくに》の武士達はことごとく教景《のりかげ》（孝景）に背《そむ》いた。不思議なことであるという。

注　1―昇殿を許された公卿・殿上人が用いる柔軟な仕立ての烏帽子で、家格の低い地下人《じげにん》が用いる折烏帽子《おりえぼし》に対して立烏帽子という。

2―狩猟用に用いた服から、この名が生まれた。丸い領《えり》、袖口《そでぐち》の括緒《くくりお》と、行動の便《べん》を考えて前身頃《まえみごろ》と後身頃《うしろみごろ》との間を明け、開いた仕立てにしてあるのが特色。武士の正装として用いられていた。

（四）和田本覚寺蓮光説

——史料『大乗院寺社雑事記』、『御文』、『蓮如上人消息』——

越前国《えちぜんのくに》和田本覚寺は[1]、三河和田門徒野寺本証寺の末流と伝えられ、その祖和田信性《しんしょう》[2]が、覚如上人の越前大町下向の際に教化を受けて以来、本願寺と縁を結ぶようになったようである。信性の後、嫡男長松丸と異母弟長若との後継者争いにより本願寺の親族寺院超勝寺が分立するが、長若の系統はその後、次第に大きな門徒組織を形成し、越前国九頭竜川《くずりゅうがわ》・足羽川《あすわがわ》流域から三国湊《みくにみなと》を経て加賀国松任《かがのくにまっとう》から手取《てどり》川流域にまで広がる本願寺門流の大坊主《だいぼうず》となっていったことが、浅香年木《あさかとしき》氏[3]（一九三四～八七年）によって明らかにされている。本覚寺は大坊主である一方で土地の地侍《じざむらい》としても成長し、『大乗院《だいじょういん》寺社雑事記《じしゃぞうじき》』史料①によると、蓮如上人の吉崎下向前、興福寺大乗院の領地であった細呂宜郷の下級荘官と見られる別当の職に就いていることが知られる。

このようなことから、笠原一男氏は和田本覚寺の役割を重視して、[4]「蓮如の吉崎進出は、河口荘《かわぐちしょう》細呂宜郷内吉崎の本所たる大乗院前門跡経覚との私縁による了解をその消極的契機とし、さらに、加賀・越前における真宗勢力の存在を背景として、和田本覚寺を仲介として、越前の守護朝倉氏との了解を積極的契機としてなされた」という見解を出している。重松明久氏[5]はこの見方を更に発展させて、[6]「興福寺の支配権力は、崩壊の危機に瀕《ひん》しており、一方封建権力朝倉氏も競争相手の甲斐《かい》氏との対決に明け暮れていたという、旧新両支配権力の間隙《かんげき》を縫って、このころかなり成長していた、郷村《ごうそん》内農民の自治的結合を契機とし、蓮如は吉崎進出を実現しえたもののように思う。」と、経覚説でも朝倉孝景説でも説明できないことを指摘した上で、[7]「細呂宜下方《ほそろぎしもかた》の別当として、最も農民に密着して支配権を得ていた本覚寺による誘引を、重視しなければならない」と主張し、本覚寺蓮光とその門徒の下間蓮崇が[8]「地元教団の代表として蓮如を招致した」と結論付けている。

この本覚寺蓮光と下間安芸蓮崇が、上人下向のお膳立を整え招いたとする説は、文明三年（一四七一）九月十八日の『御文《史料②》』[9]からも確認することができる。ここには、蓮如上人が下間安芸蓮崇と吉崎で出会ったことが反映されているが、既に本覚寺が蓮如上人の教えに傾倒し、また蓮崇が本覚寺と早くから深い関係にあったことが窺われる。その後の経緯を見てみても、吉崎御坊に在って、本覚寺蓮光と下間蓮崇は門弟達の中心的地位を占めており、下間安芸蓮崇の偽言《いつわりごと》が発覚し、上人が吉崎を退去してからは本覚寺が留守として御坊を守り続けている。このことは、上人が本覚寺宛に出した五月十日付の書状《史料③》（手紙）等からはっきりと知ることができる。

このように、上人の吉崎下向を考える上で、本覚寺蓮光と下間蓮崇の存在は極めて重要である。

注　1―当時の和田本覚寺は、現在の福井市御幸《みゆき》の地で、福井警察署のすぐ西北の辺りだと言う。（高道正信氏『和田の本覚寺』昭和五十一年本覚寺）その拠点であった和田庄西方《わだのしょうにしかた》の地域について、浅香年木《あさかとしき》氏は、「いまの福井市西木田・みのり一帯から、東は板垣町・下馬《げば》町、西は花堂《はなんどう》一帯・山奥《やまおく》町・月見一帯にあたる」と記している。（『北陸真宗教団史論　小松本覚寺史』一九八三年）

2―『反古裏書』に、藤島超勝寺の始まりとして、信性のことが取上げられている。

3―元石川工業高専教授。

4―『一向一揆の研究』（昭和三十七年山川出版社発行）七七頁

5―一九一九～八九年。元広島大学教授

6―「本願寺教団の展開と一向一揆」（『中世真宗思想の研究』所収）三七一頁

7―同前　三七二頁

8―同前　三八二頁

9―この御文は下間蓮崇が書写した「蓮崇本御文集」の一つで、それだけに、蓮崇よび和田本覚寺のことを知る上で重要な史料と見られる。

史料①『大乗院寺社雑事記』文正元年（一四六六）七月一日

本文

河口《かわぐちの》庄《しょう》諸職人《しょしきにんの》事《こと》

：

細呂宜《ほそろぎ》　専当　本庄
　　　　　別当　本覚寺

訳文

興福寺大乗院の荘園《しょうえん》河口庄《かわぐちのしょう》の各郷《ごう》[1]の職人《しきにん》（請負《うけおい》的荘官）の事《こと》。

：

細呂宜郷《ほそろぎのごう》　専当[2]　本庄
　　　　　別当　本覚寺

注　1―『大乗院寺社雑事記』の同条には、本庄、新郷、王見、溝江、関、大口、兵庫、細呂宜、荒居、新庄という各郷の名称が記されていて、河口荘が十郷より成っていたことが判る。

2―職人には公文・政所・専当・別当があったが、専当と別当は下級の荘官と見られる。

史料②『御文・文明三年（一四七一）九月十八日』　珠洲市西光寺蔵蓮崇写本

本文

勢《せい》ヒキ、人《ひと》ノイハ《ワ》ク、先年京都上洛《せんねんきょうとじょうらく》ノトキ、高野《こうや》ヘノホ《ボ》ルヘ《ベ》キ心中《しんじゅう》ニテ候《そうろう》トコロニ、乗《じょう》専《せん》申サレケルハ、御流《ごりゅう》ノ儀《ぎ》ハアナカ《ガ》チニ高野《こうや》ナント《ド》ヘマヒ《イ》ルハ本儀《ほんぎ》ニアラス《ズ》。当流安心決定《とうりゅうあんじんけつじょう》セシメントキハ、イカニモ御本寺《ごほんじ》ニ堪忍《かんにん》ツカマツリタランカ《ガ》、報恩謝徳《ほうおんしゃとく》ノ道理タリ。シカレハ《バ》、我等《われら》モソノ義《ぎ》ニテ堪忍《かんにん》マフ《モウ》スナリ、トコマ《ゴマ》〳〵ト仏法次第《ぶっぽうしだい》カタリタマフ《ウ》ホト《ド》ニ、ソレヨリ御流《ごりゅう》ノ安心《あんじん》ニハモトツ《ズ》キ、タテマツルナリ。サイハ《ワ》ヒ《イ》ニ和田ノ御新発意《おんしんぼち》ソノ時分御在京《じぶんございきょう》候《そうろう》アヒ《イ》タ《ダ》、随逐《ずいちく》マフ《モウ》シ候《そうらい》テ、イヨ〳〵仏法次第聴聞《しだいちょうもん》ツカマツリサフ《ソウ》ラヒ《イ》テ、ソレヨリコノカタ御流《ごりゅう》ノ安《あん》心《じん》ニハナヲ《オ》〳〵モトツ《ズ》キマフ《モウ》スナリ。コレシカシナカラ《ガ》、御新発意《おんしんぼちい》ノ御恩イマニアサカラサ《ザ》ルナリ。サ候《そうろう》アヒタ《イダ》聴聞《ちょうもん》ツカマツリサフラフ《ソウロウ》次第《しだい》、スコシハワロクモマフ《モウ》シ候《そうろう》、マタハアラクモマ《モ》フ《ウ》シ候《そうろう》イハ《ワ》レニヤ、越州《えっしゅう》加州《かしゅう》不信心《ふしんじん》ノ面々《めんめん》ニハ、件《くだん》ノ心源《しんげん》トマフ《モウ》サレ候《そうらい》テ、カセ《ゼ》ヲヒキ候キ。シカレト《ド》モ、正法《しょうぼう》ノ御威光《いこう》ニヨリテ、儀理《ぎり》ノチカヒ《ガイ》サフラフ《ソウロウ》トコロヲモ、ウケタマハ《ワ》リワケサフラフ《ソウロウ》ニヨリテ、已前《いぜん》ノコト《ゴ》クニハアヒ《イ》カハ《ワ》リテ沙汰《さた》ツカマツリ候《そうろう》アヒタ《イダ》、ステ《デ》ニハヤソノ名ヲアラタメテ蓮崇《れんそう》トコソマフ《モウ》シ候《そうろう》ナリ。ナホ《オ》〳〵モ相違《そうい》ノ子細《しさい》アルヘ《ベ》クサフラフ《ソウロウ》ホト《ド》ニ、タレヒ《ビ》トモヨク〳〵御教訓《ごきょうくん》ニアツ《ズ》カリサフ《ソウ》ラハ《ワ》ヽ《バ》、マコトニモテ、同一念仏无別道故《どういつねんぶつむべつどうこ》ノコトハ《ワ》リニアヒ《イ》カナヒ《イ》候《そうろう》ヘ《べ》キモノナリ。

文明三年九月十八日

訳文

ある背の低い体つきの人（蓮崇のことを指す）がこう言った。

「何年か前のこと、京都に上洛《じょうらく》した際、高野山へ登るつもりでおりましたところが、そこで出会った乗専《じょうせん》（和田本覚寺の僧侶）が、『この流派（浄土真宗）の教えではことさらに高野山などへ参詣するのは本来の在り方ではない。この流派（浄土真宗）の信心が定まった時は、御本寺《ごほんじ》（本願寺）にお参りして娑婆《しゃば》を堪《た》え忍ぶのが、仏のご恩に報《むく》い遺徳に感謝する道理である。だから私らもそういう意味で、堪え忍び申し上げるのである。』と、細《こま》ごまと仏法について語られたので、それからは、本願寺の流派の信心にもとづかせていただいております。

幸いに、和田の新発意《しんぼっち》（本覚寺の後継ぎ、蓮光を指すものか）がその時分京都におられたので、つき従わせていただきまして、ますます仏法を聴聞《ちょうもん》申し上げました。それ以来、本願寺の流派の信心をいっそう深く拠り所に申し上げています。これはことごとく御新発意《おんしんぼっち》のご恩によるもので、今に到るまでそのご恩は浅くないのです。そうではございますが、仏法を聴聞申し上げておりますす内容を、少し行き届かずに申し、またたけだけしく申すためか、越州（福井県）、加州（石川県南部）の信心が定まっていない人びとからは、「例の心源《しんげん》（蓮崇《れんそう》）が」と申されて、そのために風邪をひいてしまいました。

しかし、正しい教えのご威光によって、教えの道理を勘違いしているところも承《うけたまわ》り、わからせていただいたので、以前とは打って変わって振る舞わせていただけるようになりました。そこで、早くもすでにその名を改めて、「蓮崇《れんそう》」と申しております。

まだまだ、いろいろまちがっている点もあるでしょうから、どんな人でもよく御教訓頂けましたならば、まことに、『同一《どういつ》念仏無別道故《むべつどうこ》（浄土に生まれるものはすべて、弥陀の成就した同じ念仏によって生まれるのであって、それ以外に別の道はない）』という道理にかなうものでありましょう。

文明三年九月十八日。」

史料③『蓮如上人消息』五月十日本覚寺御房宛　蓮如上人真筆　七尾市常福寺蔵

［史料解説］文明七年八月の吉崎退出以降に出された消息と見られる。

本文

又□のほかに□にてそれの御煩《おんわずらい》のミ《み》にこそ候《そうら》へ《え》。吉崎《よしざきの》事《こと》留守《るす》之《の》儀《ぎ》、於于《おいて》レ今《に》無《なき》二等閑《とうかん》一事《こと》候《そうろう》間《あいだ》、悉《ことごとく》皆《みな》それの可《べき》レ為《たる》レ計《はからい》候《そうろう》間《あいだ》、心安《こころやすく》覚《おぼえ》候《そうろう》。仏法不思議之事《こと》候《そうろう》間《あいだ》、さのみ煩《わずらい》もあるまし《じ》く候《そうろう》。乍《ながら》レ去《さり》老体《の》事《ことに》候《そうろう》間《あいだ》、御身《ごしん》労推量《ろうすいりょう》申《もうし》候《そうろう》。愚老《ぐろう》も事外老屈《ことのほかろうくつに》候《そうろう》間《あいだ》、迷惑こそ候《そうら》へ《え》。毎《ごとに》レ事《こと》期《ごし》二後信《こうしんを》一候《そうろう》。恐々謹言《きょうきょうきんげん》。

五月十日　　　　蓮如　花押

本覚寺御房

訳文

また□のほかに□であなたには御苦労ばかりおかけしていることです。

吉崎の留守のこと、今までなおざりなことなくて、ことごとくすべてあなたが取り計らって下さっているようですので、安心しています。仏法の不思議なはたらきがございますので、たいして心配することもないに違いありません。しかし、ご老体でいらっしゃるので、お体のご苦労をお察し申します。この私もはなはだしく年を取り腰が曲がって来て、困っていることです。何かありましたらば、またお便りをしましょう。　恐々謹言。

五月十日　　　　　　　　　　　　　　　　蓮　如　御判

本覚寺御房

第三節　吉崎御坊

（一）吉崎の御山と坊舎の建立

―**史料**『御文』より、吉崎付近の地図、吉崎の風景―

文明三年（一四七一）六月上旬頃、教化のために北陸の地に入った蓮如上人は、その拠点として吉崎の地を選んだ。

吉崎は、越前国河口庄細呂宜郷（あわら市北部）にある十三の村[1]の最も北の端に位置している。蓮如上人がこの土地を選んだ理由は、第一に[史料①]「おもしろき」〈**訳文** 風景に趣《おもむき》がある〉、[史料②]「すぐれておもしろき」〈**訳文** 風景に際立って趣《おもむき》がある〉と記している通り、歌心のある上人が心を引かれる景勝の地であったことである。

上人が風光明媚《ふうこうめいび》な場所としたのは、吉崎村の北西部の標高三十三メートル程の「御山《おやま》」あるいは「千歳《ちとせ》ヶ峯」「蓮如山」などと呼ばれる[史料①②④]小高い台地であった。当時の吉崎の「御山」は、その南部から西部、西部から北部へと、三方を北潟湖《きたがたこ》に囲まれ、北潟湖の水が流れ出る日本海の方向に鹿島《かしま》という小島が望まれる、文字通りの景勝の地だったのである。上人は、このコバルトと緑の重なった、えも言われない雄大な美しさを愛し、次のような和歌を詠んだと伝えられている。

[2]「ほと〳〵と　たゝく船ばた　吉崎の　波の上にも　弥陀たのむかな」

「鹿島山　とまりからすの　こえきけば　今日も暮ぬと　告わたるかな」

[3]「終夜《よもすがら》　たたくふなばた　吉崎の　鹿島つづきの　山ぞ恋しき」

こうした景色の美しさには同時に、御山の地形のことも含まれている。同じ御文[史料①]に「カヽル要害モヨク」〈訳文　これほど要害の地として適し〉とある通り、上人は比叡山の僧兵に命を狙われた近江国での体験から、崖によって隔てられる地形に強く引き付けられている。そこには、近江国で度々比叡山の勢力に襲われて来た体験があった。

さらにここは北潟湖と日本海、大聖寺川の接点に当たり、水運に恵まれ北陸街道が走る交通の要衝《ようしょう》でもあった。水上交通が主流となっていた当時、ここは聞法者が大勢集まる場所としてふさわしい条件の場所と受け取られたに違いない。

おそらく上人は、こうした特徴を具えた吉崎に強く心を引かれて、根拠地に選定したのであろう。

吉崎御坊建立の様子はもっぱら『御文』によって知ることができる。吉崎の「御山《おやま》」は、

吉崎御坊跡より見た北潟湖の風景
目の前が鹿島《かしま》で、その向こうに日本海が見渡せる。

吉崎御坊跡（御山《おやま》）

[史料②]「年来虎狼《ころう》のすみなれし」〈**訳文** 長年獣《けもの》が住み着いた〉、「本は誠《まこと》に虎狼野干《ころうやかん》のふしどにて、家の一《ひとつ》もなかりつる」[4]〈**訳文** 本《もと》は本当に狼《おおかみ》や狐《きつね》と言った獣《けもの》のねぐらで、一件の家も無かった〉と記されている通り、人の手が加えられていない荒れ地だったようである。従ってここに坊舎を建立するには、まず土地の造成工事が必要であった。[史料②]「山中をひきたひ《い》らげて」〈**訳文** 山中を平らにして〉、[史料①]「その頂上を引《ひき》くつ《ず》して」〈**訳文** その頂上を平らに崩《くず》して〉という御文の表現はこの土地の造成工事を表わしたものと見られる。

土地の造成から坊舎の完成まで、一体どの位の期間で行われたのであろう。このことに最も詳しい福井県の二人の郷土史研究家、朝倉喜祐《きゆう》氏[5]（一九二〇～二〇一一年）と辻川達雄氏[6]の説は、この点で大きく異なっている。朝倉喜祐氏は[7]「吉崎坊は、職人、人夫、地元住民の昼夜をおしんでの突貫作業で、七月中旬頃に完成した。」とし、蓮如上人が吉崎御坊に入寺した日を、七月二十七日であったとする。それに対し辻川達雄氏[8]は蓮如上人が越前・加賀を布教して回っている間に[9]整地作業が行われ、七月二十七日から本坊や付属建物などの建築が始められて、吉崎御坊で第一号の『御文』[10]が作られた九月十八日までにはほぼ完成していたとする。この両説の分かれ目は、文明五年（一四七三）九月の『御文』に[史料②]「七月廿七日よりかたのごとく一宇を建立して、昨日今日とすぎゆくほどに」という文の「七月廿七日ヨリ」を、「建立シテ」に係ると読むのか、「スギュク」に係ると読むのかにあると見られる。重松明久氏[11]（一九一九〜八九年）もこの文に注目し、最初は七月二十七日を工事開始の日と見たが、後に七月[12]二十七日を坊舎落成の日と[史料③]の見解に改めるに到っている。ただし、七月二十七日を坊舎完成の日と見ると土地造成から坊舎建立の工事の期間は余りに短か過ぎる。そこで朝倉喜祐氏は工事の開始を上人が北陸下向を決意した春の雪解けの時期まで引き上げている。つまり、北陸下向以前から、吉崎が御坊建立の地として定められていたと推測するのである。

いずれの説にせよ、吉崎御坊の建立は、上人自身が文明五年十二月中旬の『御文』に「人間のわざとも覚へ《え》ざりけり」と記すような門徒の信心の力によって、極めて短期間に完成されたものであろう。

注

1―『大乗院寺社雑事記』文明二年（一四七〇）七月十四日の条には、尋尊の手で河口庄に所属する各郷の村名が記されている。それによると「細呂宜《ほそろぎ》ニハ」という記述の後に、牛屋《うしのや》村・宇弥一野《うねいちの》村・青木《あおのき》村・伊比政所《いいまんどころ》村・宮谷《みやだに》村・西方寺村・たかつか《（高塚）》村・ひ山《（樋山）》村・たかはたけ《（高畠）》・はしや《（橋屋）》村・吉さき《（吉崎）》村・今古《（今道）》村・瀧羊谷《（滝平谷）》村・神宮寺村という十三村から構成されていたことが分かる。これはほぼ旧金津町北部の地域に相当する。（村名の振り仮名は、辻川達雄氏の『蓮如実伝』北陸篇上十五、六頁によった。）

2―次の和歌と共に、先啓の『蓮如上人縁起』（安永七年、一七七八年刊行）に見える。

3―江戸時代中期の蓮如上人伝と見られる。『蓮如尊師行状記』に記録されている。

4―『御文・文明五年十二月中旬』

5―金津町吉崎史編纂委員、『吉崎御坊の歴史』一九九五年 国書刊行会発行

6―福井県郷土史研究家、『蓮如実伝』北陸編上 一九九六年 本願寺維持財団発行

7―『吉崎御坊の歴史』五五頁

8―『蓮如実伝』北陸編 上 一三九頁

9―六月上旬から七月中旬

10―『御文・文明三年九月十八日』

11―元広島大学教授、『中世真宗思想史の研究』一九七三年 吉川弘文館発行

12―『中世真宗思想史の研究』四一六頁

史料①『御文・文明五年（一四七三）八月二日』上越市本誓寺蔵実如上人証判本

本文

越前《えちぜんの》国《くに》加賀サカイ長江瀬越ノ近所ニ、細呂宜《ほそろぎ》ノ郷《ごう》ノ内吉崎トヤランイヒ《イ》テ、ヒトツノソヒヘ《ビエ》タル山アリ。ソノ頂上ヲ引クツ《ズ》シテ屋敷トシテ一閣ヲ建立ストキコヘ《エ》シカ《ガ》、…此《この》両三ケ国ノ内ニ於《おい》テオソラクハカヽル要害モヨクオモシロキ在所ヨモアラシ《ジ》、トソ《ゾ》オホ《ボ》ヘ《エ》ハンヘ《ベ》リ。

訳文

越前（福井県）と加賀（石川県）の国境《くにざかい》、長江[1]や瀬越《せごし》[2]の近所に、細呂宜郷《ほそろぎごう》（福井県坂井郡）に属する吉崎とか言う、そびえた山が一つある。その頂上を取り崩《くず》して屋敷を造り、仏閣を一つ建立したと、評判になっているが、…この加賀・越中・越前の二、三ケ国の内では、おそらくこれほど要《よう》害《がい》の地としても適し、風景にも趣《おもむき》のある場所はよもやないだろうと思われます。

注　1―現在の石川県加賀市永井町。吉崎より一キロメートル程東に当たる。大聖寺川の流域。古代より水上交通の要衝だったと見られる。

2―現在の石川県加賀市瀬越町。長江とは大聖寺川を挟んで北側に隣接している。長江同様水上交通の要衝として知られていた。

史料②『御文・文明五年（一四七三）九月日』上越市本誓寺蔵実如上人証判本（『五帖御文』第一帖第八通）

本文

当《とう》国《ごく》細《ほそ》呂《ろ》宜《ぎ》郷《ごう》内吉崎トイフ《ウ》コノ在所スク《グ》レテオモシロキアヒ《イ》タ《ダ》、年来虎狼《ころう》ノスミナレシコノ山中ヲヒキタヒ《イ》ラケ《ゲ》テ、七月廿七日ヨリカタノコ《ゴ》トク一宇ヲ建立シテ、昨日今日トスキ《ギ》ユクホト《ド》ニ、ハヤ三年ノ春秋《しゅんじゅう》ハオクリケリ。

訳文

この越前《えちぜんの》国《くに》細呂《ほそろ》宜郷《ぎごう》内にある、吉崎というこの場所が、風景に際立って趣《おもむき》があったので、長年野獣が住み着いて来たようなこの山中を平らにして、七月二十七日より型通り一つの坊舎を建立して、昨日《きのう》今日《きょう》と過ぎてゆく間に、早くも三年の年月を送ったのだった。

史料③『御文・文明六年（一四七四）正月十一日』（『五帖御文』第二帖第三通）　**蓮如上人真筆本城端別院蔵**

本文

同年七月下旬之《の》候《こう》ニ、ステ《デ》ニ此《この》当山ノ風波アラキ在所ニ草庵ヲシメテ…

訳文

同じ文明三年（一四七一）七月下旬頃に、早くもこの吉崎の御山《おやま》の風や波の荒い場所に草庵を設けて、…

史料④吉崎付近の地図　国土地理院二万五千分の一地形図　北潟より

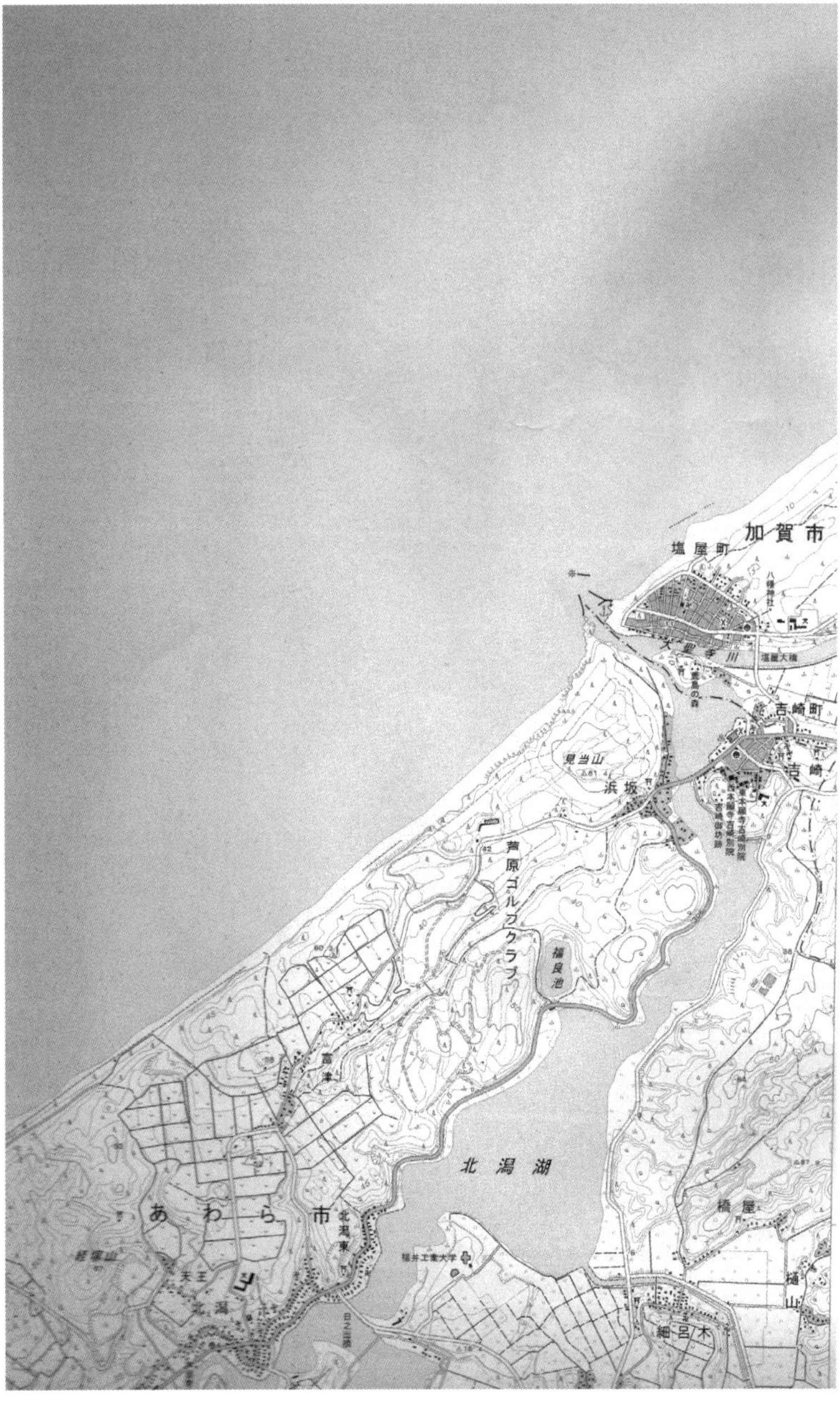

（二）吉崎の坊舎

――史料　『吉崎御坊絵図』、現在の吉崎御坊跡――

吉崎に建立した坊舎とは一体どのようなものだったのであろう。『御文』には、「一宇《いちう》の坊舎」「一閣」「草庵」「本坊」等とあるだけで、建物の具体的な様子については知ることができない。今日までのところ、吉崎御坊の往事の姿をもっともよく伝えてくれる史料は、滋賀県照西寺に伝えられる『吉崎御坊絵図』史料①である。

『吉崎御坊絵図』は、文明六年（一四七四）三月の火災後に復興された吉崎御坊の様子を描いたもので、蓮如上人から弟子の円広坊に授与されたものを江戸時代初期に模写したものと伝えられている。この絵図によると、吉崎の御山《おやま》の中央に、入母屋《いりもや》造り檜皮葺《ひわだぶき》の本坊が建ちその向って右側に式台《しきだい》（玄関の間の前の板敷の部分）が設けられた庫裏《くり》があり、その奥に蓮如上人の居室と思われる建物が見え、本坊と廊下で結ばれている。

本坊の規模については、この絵図から四間四面とも六間四面とも言われているが、礎石が確認されておらずはっきりとしたことは分かっていない。本坊には『御文』（文明六年正月日）に「当山ニ安置するところの本尊、ならびに開山の御影」とあるように、絵像あるいは名号の本尊と親鸞聖人の御影が安置されていたものと見られる。

本坊が在った御山の広さは約三千坪（約一万平方メートル）で、現在「本堂跡[史料②]」とされているのはその中央から三十メートル程南の地点で、石垣に囲まれた場所に七、八個の礎石が残されている。辻川達雄氏はこれを従来通り本坊跡と見なしているが、朝倉喜祐氏は、この礎石がかつて三十二個[1]あり、その位置から書院跡と判断し、本坊はそこから三十メートル程東の現在蓮如上人の銅像[2][史料②]（高村光雲作）が立っているあたりではないかと見ている。『吉崎御坊絵図』にはまた、坊舎の裏手で二人の弟子を両脇にして石に腰掛ける蓮如上人らしい人物が描かれている。けれども現在「御腰掛石《おこしかけいし》」[史料②]として知られている大きな石は、「御本堂跡」より二十メートル余り西側に見出される。延宝《えんぽう》五年（一六七七）の『吉崎山絵図』[3]には、この大きな石の近くにさらに五個の石が描かれており、朝倉喜祐氏はこれを庭園の跡と見ている。

注　1―『坂井郡誌』（明治時代）による。
2―昭和五年六月に原形完成。
3―吉崎をめぐる東西本願寺の争いの際、吉崎西御坊側から幕府へ提出された絵図

史料①『吉崎御坊絵図』　滋賀県多賀町照西寺（本願寺派）蔵　江戸時代初期写本

［史料解説］蓮如上人が弟子の円光房に授与したものを、江戸時代初期に複写した絵図だと伝えられる。焼失後再建された吉崎御坊の姿を伝える貴重な史料である

史料②現在の吉崎御坊跡

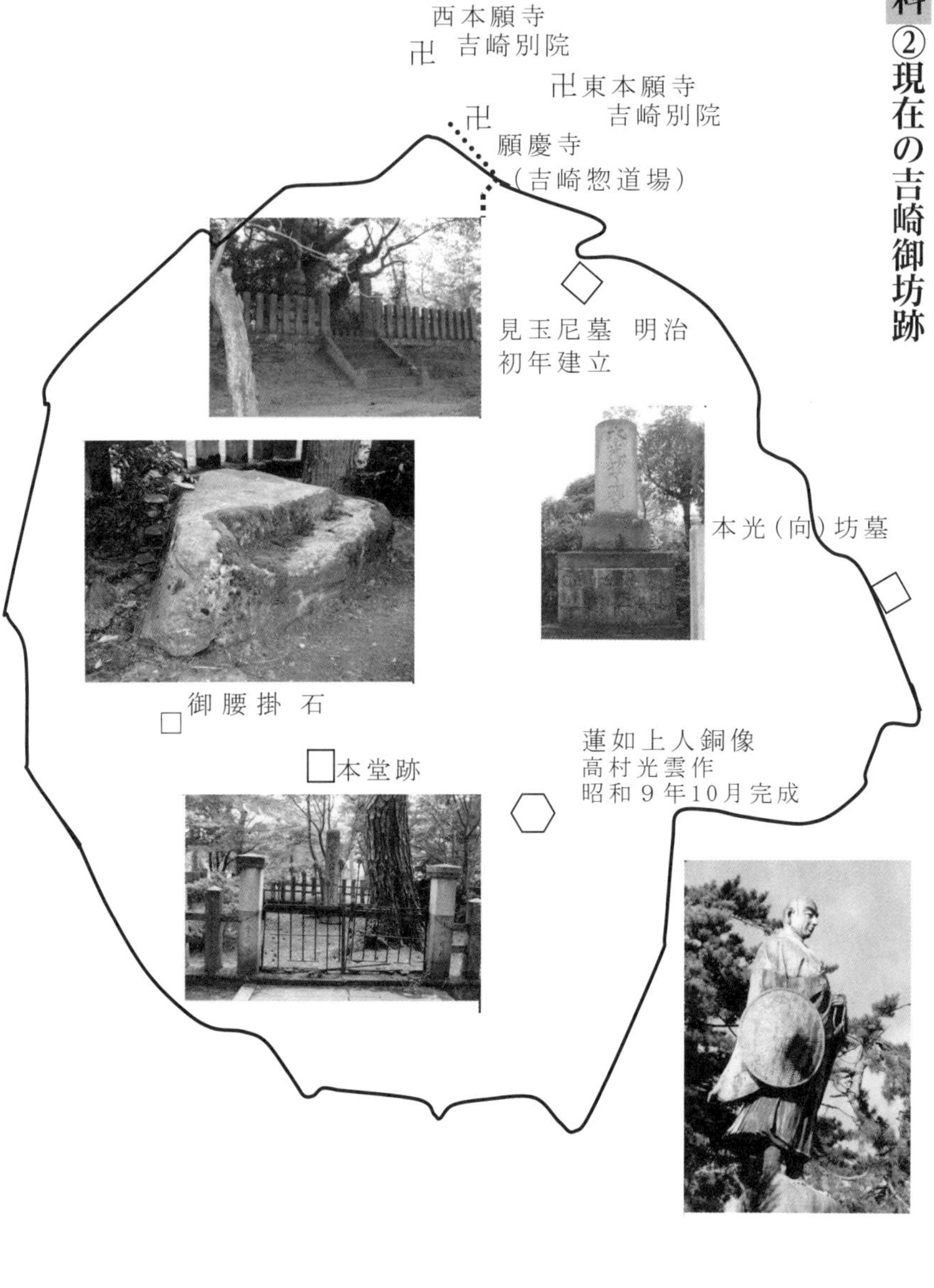

（三）門・参道と多屋

―史料『御文』、『吉崎御坊絵図』―

吉崎の浦から御山《おやま》の上の本坊へは緩《ゆる》やかな坂を登って行く広い参道が造られていた。これが『御文』[史料①]にも記述されている馬場大路《ばんばおおじ》である。『吉崎御坊絵図』[史料③]を見ると、その入口には簡素な門が設けられ、東門と呼ばれていた。その場所は現在の大谷派吉崎別院から少し東の吉崎公民館脇にある井戸の辺りだと見られている。馬場大路はその東門から南へ百メートル程行った所で大きく右に曲り、西方に向って更に百メートル程勾配を増しながら登って行き、本坊へと入る西門へ[1]達していた。また本坊の南側と北側にはこれとは別に大きな門が設けられ、それぞれ南大門、北大門と呼ばれていた。

馬場大路の両側には本坊の三倍の広さの九千坪（三万平方メートル）程の土地があり、そこに門弟達が次々と小さな坊舎を建ち並べて行った。『御文・文明五年八月二日』[史料①]や『御文・文明六年九月』[史料②]によると、この門弟達の坊舎は多屋《たや》とよばれ、本坊に続いて土地を整地し建てられたものであることが知られる。多屋とは元来農民の出作り小屋（田屋）

あるいは出産用の小屋（他屋）の呼称で、門弟達が本坊の回りに建てた出張所を表わす言葉になったものと解されている。

『吉崎御坊絵図』史料③には、教聞《きょうもん》房（慶聞房）・本広《ほんこう》房（本向房）・順正《じゅんしょう》房・本覚《ほんがく》房・法円《ほうえん》房・善性《ぜんしょう》房・空善房・円広《えんこう》房・法敬《ほうきょう》房という九つの多屋が描かれ、一般に門内多屋九房と呼ばれている。多屋の跡は今日では畑地になっているが、馬場大路より一段下がった平地として原形を留めている。そこから今でも礎石やすり鉢、茶碗等が出土すると言う。

『御文‐文明五年八月日』には多屋の数を「今はや、一、二百間《けん》の棟《むね》かずもありぬらんとぞおぼへ《え》けり」〈**訳文** 今ではもう一、二百軒も棟数《むねかず》があるだろうと思われるのであった。〉とあり、『真宗懐古鈔』[2]には「四十八ケ寺の塔頭《たっちゅう》出来《しゅったい》し」とも記されている。朝倉喜祐氏は、こうした多屋の大部分は門内に建てられていたと見ている。すなわち門内多屋九房の間の土地に、一、二百棟もの多数の多屋が建ち並んでいたとの推測である。

多屋は参詣の人達の宿舎として使われるとともに、御坊の護持の役割も果たしていた。参詣の人達の接待には、多屋の坊主の妻女がこれに当たったが、彼女達は多屋の「内《うち》方《かた》」とよばれており、『御文』にも内方《ないほう》という言葉が度々登場する。

また吉崎御坊の「御山」の周辺には、防御《ぼうぎょ》の土塁がめぐらされて、入口には柵や水濠が設けられていた。この土塁と水濠は後に江戸幕府の命令で越前藩が取りこわしたと伝えられ、今日ではわずかに痕跡を残すのみである。

吉崎御坊には、堅固な警備態勢が敷かれていた。『吉崎御坊絵図』[史料③]には、馬場大路入口の門の脇に、「番人五郎左衛門」という文字が見えるが、これは和田本覚寺蓮光の舎弟であった和田五郎長光が門の防衛をしていた多屋である。北大門は今日の願慶寺《がんけいじ》から御坊へ登る参道の入口に当たるが、『願慶寺由緒書』によると、願慶寺の開基、祐念（俗名県《あがた》重《じゅう》兵衛《べえ》）が和田姓を名乗り北大門を固めていたと伝えられる。南大門は、今日の蓮如上人銅像の左手にあったとされるが、南大門の外は「和田の小路」、別名を「七曲《ななまが》り」とよばれる険《けわ》しい断崖の道で、そこを下ると北潟湖の船着場に通じていて、蓮如上人もここから度々船に乗ったと言われる。「七曲り」の下には清水の湧く池がある。「和田の小路」という名の通り、ここも和田本覚寺が守っていたものと見られている。このように吉崎の御坊の警備の最高責任者は和田本覚寺蓮光であったようで、本覚坊の多屋は馬場大路の中央の重要な部分を占めている。

注　1――朝倉喜祐氏によると、近年この近くの畑地から「西門堂」と書かれた経石《きょうせき》が出土したと言う。

2―明和四年（一七六七）河内国の僧光忍が蓮如上人の事跡を記した著作。

史料①『御文・文明五年八月二日』上越市本誓寺蔵実如上人証判本

本文

越前《えちぜんの》国《くに》加賀《かが》サカイ長江瀬越《せごし》ノ近所ニ、細呂宜《ほそろぎ》ノ郷《ごう》ノ内《うち》吉崎トヤランイヒ《イ》テ、ヒトツノソヒ《ビ》ヘ《エ》タル山アリ。ソノ頂上ヲ引クツ《ズ》シテ屋敷トナシテ一閣《いっかく》ヲ建立ストキコヘ《エ》シカ《ガ》、幾程《いくほど》ナクシテ打ツ、《ヅ》キ、加賀・越中・越前ノ三ケ国ノ内《うち》ノカノ門徒ノ面々ヨリアヒ《イ》テ、多屋ト号シテ、イラカヲナラヘ《ベ》テ家ヲツクリシホト《ド》ニ、今ハハヤ一、二百間《けん》ノ棟《むね》カス《ズ》モアリヌラントソ《ゾ》ホ《ボ》ヘ《エ》ケリ。或《あるい》ハ馬場《ばんば》大路《おおじ》ヲトホ《オ》シテ、南大門・北大門トテ南北ノ其《その》名アリ。……

訳文

越前（福井県）と加賀（石川県）の国境、長江や瀬越《せごし》の近所に、細呂宜郷《ほそろぎのごう》（福井県坂井郡）に属する吉崎とか言う、そびえた山が一つある。その頂上を取り崩して屋敷を造り、仏閣を一つ建立したと評判になっていたが、どれ程も経《た》たないうちに、それに続いて加賀・越中（富山県）・越前の三ケ国の本願寺の門徒達が寄り合って多屋《たや》と称して、甍《いらか》を並べ家を造っているうちに、今ではもう一、二百軒も数があるだろうかと思われることである。または馬場《ばんば》大路《おおじ》という参道が通っていて、南大門、北大門といって、南北にその名前を付けた門がある。…

史料②『御文・文明六年四月八日』　上越市本誓寺蔵実加上人証判本

本文

マコトニ虎狼野干《ころうやかん》ノスミカノ太山ヲヒキタヘ《エ》ラケ《ゲ》テ、一宇《いちう》ヲムスヒ《ビ》テ居住セシムルホト《ド》ニ、当国加州ノ門下ノトモカ《ガ》ラモ、山ヲクツ《ズ》シ、マタ柴築地《しばついじ》ヲツキナント《ド》シテ、家ヲワレモ〳〵トツクル…

シカレト《ド》モ田舎《いなか》ノコトナレハ《バ》、一年ニ一度ツ《ズ》ヽ《ッ》ハ小家ナント《ド》ハ焼失ストイヘト《エド》モ、イマタ《ダ》コノ坊ニカキ《ギ》リテ火難《かなん》ノ義《ぎ》ナカリシカト《ド》モ、今度ハマコトニ時剋《じこく》到来ナリケル歟《か》。当年文明第六、三月廿八日酉剋《とりのこく》トオホ《ボ》エシニ、南大門ノ多屋ヨリ火事イテ《デ》ヽ、北大門ニウツリテ焼《やき》シホト《ド》ニ、巳《い》上《じょう》南北ノ多屋ハ九《ここのつ》ナリ、本坊ヲクワヘ《エ》テハソノカス《ズ》十《とお》ナリ。南風ニマカセテヤケシホト《ド》ニ、トキノマニ恢燼《かいじん》トナレリ。…

訳文

狼《おおかみ》や狐《きつね》と言った獣の住処《すみか》となっていた大きな山を平らにして、一つの坊舎を設けて住んでいるうちに、この越前国や加賀国の門下の人びとも、山を切り崩したりまた柴築地《しばついじ》（芝を植えつけた築地）を造ったりして、われもわれもと家（多屋）を造った。…

しかしながら、田舎《いなか》のことであるので、一年に一度ずつは小さい家などが焼失している。でもこの吉崎御坊の限っては、まだ火災を受けることは無かったのだが、この度はまことにその時が来たのであろうか。本年文明六年三月二十八日酉《とり》の刻《こく》（午後六時頃）だったと思われるが、南大門の辺《あた》りの多屋より火事が出て、北大門に燃え移る勢いで焼け広がる様子だった。結局南北に並んでいた多屋は九棟であり、本坊を加えると、その数は十棟である。南風に吹かれるままに焼けたため、またたく間に灰塵《かいじん》と化してしまった。…

史料③『吉崎御坊絵図』　滋賀県多賀町照西寺蔵　江戸時代初期写本

（四）門内多屋九坊の門弟達
―史料『山科御坊事并其時代事』「法円絵像」―

吉崎御坊の門内多屋九坊を構成していたのは、どのような門弟達だったのであろうか。まず注目されるのは法敬坊・慶聞坊・空善坊の三人で、いずれも「実悟記」[史料①]「空善記」に度々登場する蓮如上人の側近中の側近の弟子達である。彼等は、皆説教の達人で、その話を聞いた信者達が感激の涙にむせんだと伝えられている。三人の略歴は次の通りである。

法敬坊順誓は、加賀国石川郡の生まれで、蓮如上人が第一回目の東国巡行で北陸へ下向した際に、上人の下部《しもべ》（召し使い）となったのが縁で仕えるようになったと伝えられ、御堂衆《みどうしゅう》を勤めた。『蓮如上人仰《おおせの》条々《じょうじょう》』九二には、永正七年[1]（一五一〇）七月二十七日、九十歳で没したと記されている。金沢市照円寺・善性寺の開基とされている。

慶聞坊龍玄は、近江国金森の道西の甥《おい》に当たり、蓮如上人に見出されて幼い頃から本願寺に奉公するようになり、御堂衆を勤めた。教学にも声明《しょうみょう》にも勝《すぐ》れ、永正十七年

(一五二〇)十二月十三日七十六歳で没している。若狭小浜《わかさおばま》の報恩寺の開基とされている。

法専坊空善《ほうせんぼうくうぜん》は、播磨国《はりまのくに》(兵庫県南西部)の出身で、早くから御堂衆として蓮如上人に仕えた。上人の生母の探索に当たった話しが知られているが、延徳《えんとく》元年(一四八九)蓮如上人が七十五歳で隠居してからは、常に上人の側《そば》に仕え、上人の往生の際も病床についていたと言われる。晩年の上人の言行を具《つぶさ》に記した『第八祖御物語空善聞書(空善聞書)』は研究者の間で高く評価されている。生没年不明。

この側近中の側近の三人に加えて法円と善性も蓮如上人と極めて親しい関係にあった弟子と見られる。

法円[史料②]は河内国《かわちのくに》(大阪府東南部)渋河郡久宝寺[2]にあった慈願寺第六代の住持である。その詳細な記録は現存しないが、慈願寺や法円が大坂布教のために設立した浄照坊(本願寺派)には蓮如上人より下付された数多くの木像、絵像、聖教、御文、和歌等が伝えられており、蓮如上人との密接な関係が窺われる。文明十三年[3](一四八一)十二月七日に没している。

善性《ぜんしょう》は、尾張国《おわりのくに》河野《かわの》惣道場《そうどうじょう》[4]の祖とされる。詳しい記録はないが、寛正の法難の前年寛正五年(一四六四)に善性に十字名号の本尊(無碍光本尊)が授けられていて、早くから親しい関係にあったことが窺われる。

以上の五人が蓮如上人に従って他国から吉崎へ入った側近の弟子であるのに対して、本覚坊・順正坊・本向坊・円広坊の四坊について朝倉喜祐氏は、越前国の門弟達であったと見ている。

このうち本向坊は「腹ごもりの聖教」の伝説で知られる本向坊了顕で、越前市波《いちなみ》（福井県足羽郡《あすわぐん》美山町市波）の本向寺の祖とされる。円広坊は越前朝倉家の家臣で新潟勝念寺の祖であったと伝えられる。越前勢四坊の中心となっていたのは蓮如上人の北陸下向を実現させた和田本覚寺蓮光であったと見られ、御坊の防御に当たっていたと考えられる。

注　1―蓮如上人没後十一年
2―現在の大阪府八尾市久宝寺町
3―蓮如上人六十七歳の年
4―河野は尾張国葉栗郡本庄郷の村々を指した。

史料①『山科御坊《やましなごぼう》事《のこと》并《ならびに》其《その》時代《じだい》事《のこと》』十四　実悟著

本文

愚老《ぐろう》若年《じゃくねん》のおり、法敬《ほうきょう》坊《ぼう》の讃嘆《さんだん》にハ《は》、御堂のうちハ《は》皆々感涙《かんるい》にむせひ《び》声をあけ《げ》よろこは《ば》れ候《そうろう》。慶聞坊《きょうもんぼう》玄龍 法専坊《ほうせんぼう》善空 の讃嘆にも御堂のうちしハ《ば》らく動揺して涙をなか《が》され候《そうらい》つる…

訳文

年老《お》いた私（実悟）がまだ若かった時、法敬坊順誓《ほうきょうぼうじゅんせい》の讃嘆《さんだん》（仏の徳を讃《たた》える言葉）には、御堂《みどう》の中の人々皆《みんな》が感激の涙にむせび、声を発して喜ばれました。慶聞坊《きょうもんぼう》龍玄や法専坊空善の讃嘆《さんだん》（仏の徳を讃える言葉）にも、御堂の中の人々がしばらくの間動揺するほどに、感激し涙を流されました。

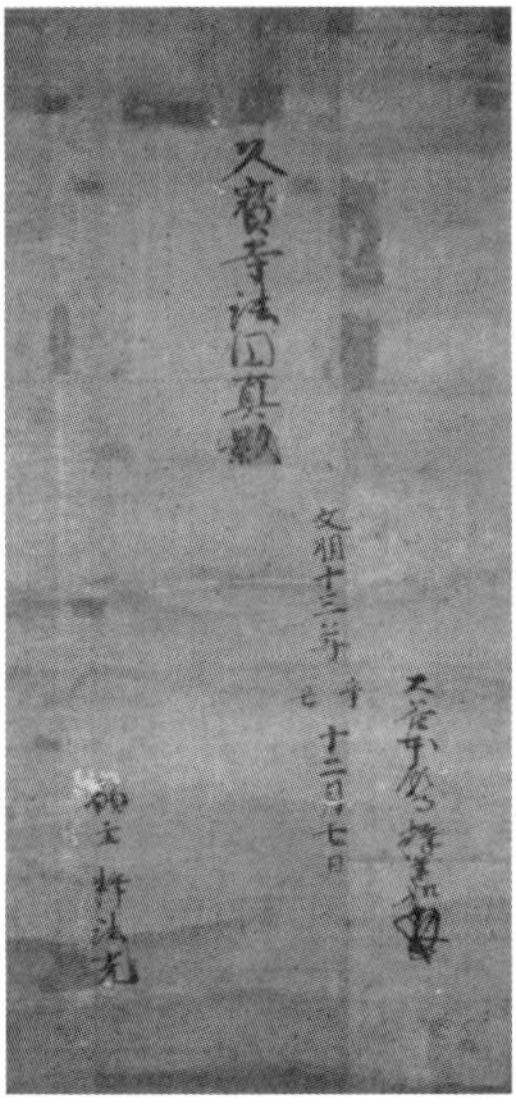

史料②法円影像と裏書き　文明十三年（一四八一）十二月七日 蓮如上人下付
大阪市真田山町浄照坊蔵

第四節　北陸門流の改革と信心為本

（一）門徒指導者の意識改革
――史料『御文・文明第三炎天之比』、『御文・文明三年（一四七一）七月十五日』――

文明三年（一四七一）の五月下旬から六月上旬頃に北陸へ入った蓮如上人は、坊舎の完成を待たずに、ただちに北陸門流の改革に取り掛かった。すなわち、「越前加賀《えちぜんかが》の両国を経廻《けいがい》して」[1]〈訳文　越前《えちぜん》（福井県）や加賀《かが》（石川県南部）両国をめぐり歩いて〉と御文に記されている通り、七月下旬までの二ケ月程の間、北陸の親類寺院や有力寺院を回って、北陸一帯に多くの門徒を持つ大坊主《だいぼうず》とよばれる門徒指導者達に厳しい意識改革を迫ったのである。これはとりもなおさず、本願寺の大改革を断行した蓮如上人が、比叡山の弾圧の及ばない北陸の地で、再度行った改革だと考えられる。

その改革の様子は、七月十五日から十八日にかけて加賀国の五箇庄や二俣本泉寺で製作した四通の御文[2]を通して窺い知ることができる。このうち二通は、直接教えを説くのではなく、スキット風に創作された話に事寄せて、大坊主の人達の意識改革を迫るものである。『御文 -「文明第三炎天之《の》比《ころ》」』史料①では、まず上人の教えを代弁する俗人という人物が登場し、大坊主に向って門徒を導く心構えを尋ねる。それに対する大坊主の答えは、「阿弥陀如来の本願に順い申し上げて朝夕お念仏を申し、仏様おたすけくださいとさえ申すならば往生する」というような心得方で、信心のことはよく知らないというものであった。そこで、その俗人は信心のことについて語り始めるのだが、それがよく知られた「聖人一流の御文」である。後にこの部分だけが独立した御文となり、『五帖御文』第五帖第十通に収められることとなる。

「聖人一流の御勧化《ごかんけ》のを《お》もむきは」〈**訳文** 親鸞聖人の流れを汲むこの流派で、教え導かれる趣旨は〉という冒頭の言葉には、親鸞聖人本来の教えを甦《よみがえ》らそうとする上人の意志が感じられる。次いで「信心をもて本《ほん》とせられ候《そうろう》。」〈**訳文** 信心を根本とされるというものであ

蓮如上人「三宝鳥の霊地」津幡町南横根
珍しい鳥がやって来て「仏法僧」と鳴いたと伝える

土山《どやま》御坊跡（復元庭園）　南砺《なんと》市土山《どやま》
文明三年。叔父如乗の妻・勝如尼の建立と伝える。蓮如上人はこの地を愛し、度々立寄ったという。

る。〉という言葉が述べられるが、これが本願寺の教えの真髄とされる「信心為本《しんじんいほん》」の教義である。続いて信心が次のように表現される。「もろ〳〵の雑行《ぞうぎょう》をなげすて〻、一心《いっしん》に弥陀に帰命《きみょう》すれば、不可思議の願力《がんりき》として仏《ぶつ》のかたより往生を治定《じじょう》せしめたまふ《もう》」〈**訳文**　様々の雑多な行《ぎょう》を投げ捨てて、疑いなく仰《おお》せのままに阿弥陀如来をたのめば、心で思いはかることも言葉で言い表わすこともできない阿弥陀如来の本願力でもって、仏の方《ほう》から往生は確かに定めさせてくださる〉。最後に、「このように信心が得られたならば、それ以後に称《とな》える念仏は、仏の大悲弘誓《だいひぐぜい》の恩に報《むく》い感謝する仏恩報謝《ぶっとんほうしゃ》の念仏と心得るべきだ」と締《しめ》め括《くく》られる。念仏が仏恩報謝と意義づけられる背景には、念仏の功徳を積むことを重んじた浄土宗鎮西派の教義が、多分に意識されていたものと見られる。この信心の表現と仏恩報謝の念仏の表現は、以後の御文で定型化され、今日のテレビコマーシャルのキャッチフレーズのような効果を発揮して、民衆に大きな反響を呼んでゆくようになる。こうして蓮如上人は、北陸の門徒指導者の意識を改革し、門徒の間に信心を呼び起こそうとしたのである。上人の生きた言葉には、おそらく人間の心の底にある生き甲斐の源泉を、揺り動かし目覚めさせる響きがあったのであろう。「歓喜の涙を流し、悔い改める心をますます深く」する大坊主達の姿には、上人の布教者としての天分が存分に反映されていると言えよう。

一方、七月[史料②]十五日付の御文（『五帖御文』第一帖第一通）では、師弟関係に固執《こしゅう》する大坊主の在り方が正されている。当時の北陸には大坊主を頂点とする師弟関係が歴然と存在し、そればかりか大坊主達は、それを乱す者に厳しい態度で臨んでいた。上人はそのような大坊主達の在り方を、『歎異抄』第三章の言葉「親鸞は弟子一人もたず」によって正し、阿弥陀如来のもとにはすべての門徒が平等であるという意識を浸透《しんとう》させようとしたのである。それはとりもなおさず、大谷本願寺で上人自身が身をもって示した平座《ひらざ》の姿勢を、門末にまで徹底させようとするものと言える。この時、上人が大坊主の人達のあるべき姿として示したのが、「如来の御代官《おんだいかん》（阿弥陀如来の代理）」という言葉であった。門徒に対して師として臨んで来た大坊主達の意識は、こうして阿弥陀如来に仕える代官という、本願寺の正統な教義を門徒に伝える立場に一新されてゆく。そして、このような如来の代官を通して北陸の門徒達の間に、阿弥陀如来のもとに門徒は皆平等であるとする「御同朋《おんどうぼう》、御同行《おんどうぎょう》（共に念仏する友人）」の意識が急速に広まって行くことになる。

注　1―『御文・文明六年四月八日』
2―『御文・「文明第三炎天之比」』、『御文・文明三年七月十五日（五帖御文第一帖第一通）』、『御文・文明三年七月十八日（五帖御文第一帖第二通）』

史料①『御文・文明第三炎天之比《のころ》』名塩教行寺本

本文

文明弟三炎天《えんてんの》之比《ころ》ロニ《ヒイ》、賀州加卜郡五ケ庄ノ内カトヨ、或片山辺《あるかたやまあたり》ニ、人十口《じっこう》ハ《バ》カリアツマ（集）リヰテ《イデ》申シケルハ、コノコロ《ゴ》仏法ノ次弟以外ワロキ由《よし》ヲ讃嘆シアヘ《エ》リ。ソノナカニ勢《せい》タカク色クロキ俗人ノアリケルカ《ガ》カタリ（語）ケルハ、一所ノ大坊主分《だいぼうずぶん》タル人ニ対シテ、仏法ノ次弟ヲ問答シケル由《よし》ヲ申《もうし》テ、カクソ《ゾ》カタリ侍《はべ》リケリ、ト云云。

件《くだんの》　俗人問《とう》テ、当流ノ大坊主達ハ、イカヤ《ヨ》ウニコ、ロネ(心根)ヲモチテ、ソノ門徒中ノ面々ヲハ《バ》御《ご》勧化《かんけ》候《そうろう》ヤラン、御心モトナク候《そうろう》。クハ《ワ》シク存知《ぞんぢ》仕《つかまつり》候《そうらい》テ聴聞スヘ《べ》ク候《そうろう》。

大坊主答《こたえ》テイハ《ワ》ク、仏法ノ御用《ごよう》ヲモテ朝夕《ちょうせき》ヲマカ(罷)リスキ《ギ》候《そうら》ヘ《エ》ト《ド》モ、一流ノ御勧化《ごかんけ》ノヤ《ヨ》ウヲモサラニ存知《ぞんぢ》セス《ズ》候《そうろう》。タ《ダ》、手ツキ《ギ》ノ坊主ヘ礼儀ヲモ申シ、又弟子ノ方《かた》ヨリ志ヲモイタシ候《そうらい》テ、念仏タ《ダ》ニ申《もうし》候《そうら》ヘ《エ》ハ《バ》肝要ト、コ、(心得)ヱ《エ》タルマテ《デ》ニテコソ候《そうら》ヘ《エ》。サ候《そうろう》間《あいだ》、一巻ノ聖教ヲモ所持候《そうろう》分《ぶん》モ候《そうら》ハ《ワ》ヌ、アサマシキ身ニテ候《そうろう》。委細《いさい》カタリ給《たま》フ《ウ》ヘ《べ》ク候《そうろう》。

俗ノイハ《ワ》ク、ソノ信心ト申《もう》ススカ《ガ》タヲハ《バ》、サラ〱御存知《ぞんぢ》ナク候《そうろう》ヤラン。

答《こたえ》テイハ《ワ》ク、我等《われら》カ《ガ》コ、ロヘ《エ》ヲ《オ》キ候《そうろう》分《ぶん》ハ、弥陀ノ願力ニ帰シタテマツリテ、朝夕《ちょうせき》念仏ヲ申《もう》シ、仏《ほと》ケ御タスケ候《そうら》ヘ《エ》トタ《ダ》ニモ申《もうし》候《そうろう》ヘ《エ》ハ《バ》往生スルソ《ゾ》、ト心得テコソ候《そうら》ヘ《エ》。ソノホカハ信心トヤランモ安心《あんじん》トヤランモ存セ《ゼ》ス《ズ》候《そうろう》。コレカ《ガ》ワロク(悪)候《そうら》ハ《ワ》ヽ《バ》、御教化《きょうけ》候《そうら》ヘ《エ》、可《べく》二聴聞《ス》一候《そうろう》。

俗《ぞく》イハ《ワ》ク、サテハ大坊主分ニテ御座《ござ》候《そうら》ヘ《エ》ト《ド》モ、サラニ聖人一流ノ御安心《ごあんじん》ノ次弟ヲハ《バ》御存知《ぞんぢ》ナク候《そうろう》。我等《われら》ハ俗体《ぞくたい》ノ身ニテ、大坊主分《ぶん》ノ人ニ一流ノ信心ノヤ《ヨ》ウ申《もうし》入《いれ》候《そうろう》、斟酌《しんしゃく》ノイタリ(至)ニ候《そうら》ヘ《エ》ト《ド》モ、四海ミナ兄弟ナリト御沙汰《ごさた》候《そうら》ヘ《エ》ハ《バ》、カタノコ《ゴ》トク申《もうし》入《いる》ヘ《べ》ク候《そうろう》。坊主答《こたえ》テイハ《ワ》ク、誠《まことに》以《もって》貴方《きほう》ハ俗人ノ身ナカ《ガ》ラ、カヽル殊勝《しゅしょう》ノ事ヲ申サレ候《そうろう》モノカナ。イヨ〱我等《われら》ハ大坊主ニテ候《そうろう》ヘ《エ》ト《ド》モ、イマサラアサマシクコソ存候《ぞんじそうら》ヘ《エ》。早々ウケ給《たまわ》リ候《そうら》ヘ《エ》。

答テイハ《ワ》ク。カクノコ《ゴ》トク御定候《そうろう》アヒ《イ》タ《ダ》、如法《にょほう》出物ニ存候《ぞんじそうら》ヘ《エ》ト《ド》モ、聴聞《ちょうもん》仕《つかまつり》　置候《おきそうろう》オモムキ大概申《たいがいもうし》入《いる》ヘ《べ》ク候《そうろう》。御心ヲシツ《ズ》メラレ候《そうろう》テ、キコシメサルヘ《べ》ク候《そうろう》。マツ《ズ》聖人一流ノ御《ご》勧化《かんけ》ノオモムキハ、信心ヲモテ本《ほん》トセラレ候《そうろう》。ソノユヘ《エ》ハ、モロ〳〵ノ雑行《ぞうぎょう》ヲナケ《ゲ》ステ、、一心ニ弥陀ニ帰命《きみょう》スレハ《バ》、不可思議ノ願力《がんりき》トシテ、仏《ぶつ》ノカタヨリ往生ヲ治定《ぢじょう》セシメタマフ《モウ》ナリ。コノクラヰ《イ》ヲ一念発起《ほっき》入《にゅう》正定《しょうじょう》之聚《しじゅ》トモ釈《しゃく》シタマヘ《エ》リ。コノウヘ《エ》ニハ、行住座臥《ぎょうじゅうざが》ノ称名念仏ハ、如来我往生《わがおうじょう》ヲサタ《ダ》メ給《たま》フ《ウ》御恩報尽《ごおんほうじん》ノ念仏、ト心得《こころう》ヘ《べ》キナリ。コレヲ信心決定《けつじょう》ノ人トハ申《もうす》ナリ。次《つぎ》坊主様ノ信心ノ人ト御沙汰《ごさた》候《そうろう》ハ、タ《ダ》、弟子ノカタヨリ細々《さいさい》ニ音信ヲモ申《もうし》、又ナニヤランヲモマイラセ候《そうろう》ヲ、信心ノ人ト仰《おおせ》ラレ候《そうろう》。コレハ大《おおい》ナル相違トソ《ゾ》存候《ぞんじそうろう》。ヨク〳〵此《この》次弟ヲ御コ、ロヱ《エ》候《そうら》ヒ《イ》テ、真実ノ信心ヲ決定《けつじょう》アルヘ《べ》キモノナリ。当時ハ大略《たいりゃく》カヤ《ヨ》ウノ人ヲ信心ノモノト仰《おおせ》ラレ候《そうろう》。アサマシキ事《こと》ニハアラス《ズ》候《そうろう》哉《や》。此《この》次弟ヲヨク〳〵御分別《ふんべつ》候《そうらい》テ、御門徒ノ面々ヲモ御勧化候《そうら》ハ《ワ》ヽ《バ》、イヨ〳〵仏法御繁昌《はんじょう》アルヘ《べ》ク候《そうろ》フ《ウ》アヒ《イ》タ《ダ》、御身《おんみ》モ往生ハ一定《いちじょう》、又《また》御門徒中《ぢゅう》モミナ往生決定《けつじょう》セラレ候《そうろう》ヘ《べ》キ事《こと》、ウタカ《ガ》ヒ《イ》ナク候《そうろう》。コレスナハ《ワ》チ、自信教人信《じしんきょうにんしん》・難中転更難《なんちゅうてんきょうなん》・大悲伝普化《だいひてんぷけ》・真成報仏恩《しんじょうほうぶっとん》ノ釈文《しゃくもん》ニ符合《ふごう》候《そうろう》ヘ《べ》キ由申《よしもうし》候《そうろう》処《ところ》ニ、大《おおい》ニ坊主悦《よろこび》テ、殊勝《しゅしょう》ノオモヒ《イ》ヲナシ、マコトニ仏在世《ぶつざいせ》ニアヒ《イ》タテマツリタルコ、ロシテ、解脱《げだつ》ノ法衣《ほうえ》ヲシホ《ボ》リ歓喜《かんぎ》ノナミ《(涙)》タ《ダ》ヲナカ《ガ》シ、改悔懺悔《がいけさんげ》ノコ、ロイヨ〱フカクシテ申《もう》サレケルハ、向後我等《こうごわれら》カ《ガ》少門徒ヲモ貴方《きほう》ヘ進《しん》シ《じ》オクヘ《ベ》ク候《そうろう》。ツネニハ御勧化《ごかんけ》候《そうらい》テ、信心決定《けつじょう》サセタマフ《モウ》ヘ《ベ》ク候《そうろう》。我《われ》等《ら》モ自今已後《じこんいご》ハ細々《さいさい》ニ参会ヲイタシ聴聞申《ちょうもんもうし》テ、仏法讃嘆仕《つかまつ》ルヘ《ベ》ク候《そうろう》。誠《まこと》ニ同一念仏无別道《むべつどう》故《こ》ノ釈文《しゃくもん》、イマニオモ《(思)》ヒ《イ》アハ《ワ》セラレテ、アリカ《ガ》タク候《そうろ》フ《ウ》トテ、此炎天《このえんてん》ノアツ《(暑)》サニヤ、扇《おうぎ》ウチツカヒ《イ》テ、ホネオリサ《ソ》ウニミヱ《エ》テ、コノ山中ヲソ《ゾ》カヘ《エ》ルトテ、マタタチカ《(立返)》ヘ《エ》リ、フル《(古)》キコトナレト《ド》モカクソ《ゾ》口《くち》ス《ズ》サミケル。

ウレシサヲ　ムカシハソテ《デ》ニ　ツ、ミケリ　ココヒ《イ》ハ身ニモ　アマリヌル哉《かな》ト、

申《もうし》ステ、カヘ《エ》リケリ。マコトニコノ坊主モ宿善《しゅくぜん》時イタルカトオホ《ボ》ヘ《エ》テ、仏法不思議ノ道理モイヨ〱アリカ《ガ》タクコソ、オホ《ボ》ヘ《エ》ハンヘ《ベ》レ。アナカシコ〱。

訳文

文明三年(一四七一)、夏の焼けつくような暑い時分に、加賀国《かがのくに》(石川県南部)河北郡《かほくぐん》五ケ庄の内であったか、ある片山《かたやま》(片側が崖《がけ》になっている所)あたりに、人が十人程集まって「最近仏法の内容がはなはだしく悪い」とのことを取り沙汰し合っていた。その中に背が高くて色の黒い俗人が居て、「ある所の大坊主分《だいぼうずぶん》(一寺を構え多くの門徒を持った有力坊主)である人に対して、仏法の趣旨について問答した」とのことを申して、次のように語ったと言う。

まずその俗人は、「この流派の大坊主達《だいぼうず》は、どのような心構えで、その門徒一人一人を教え導いておられるのでしょうか、気づかわしく思います。詳しく知りたいと思いますのでお聞かせください。」と尋ねた。

大坊主がそれに答えて言うことには。「仏法の法務を勤めて朝夕過ごしておりますが、親鸞聖人の流れを汲むこの流派で教え導かれる教義の内容を少しも知りません。ただ手次《てつぎ》の坊主（本願寺と末寺との間を取り継ぐ坊主）へ付け届けをしたり、弟子の方から志を届けて来たりして、ただ念仏さえ申すのが大切なことだと心得ているに過ぎないのでございます。ですから、一巻の聖教さえも持ってはいない浅はかな身でございます。詳しい教えの内容をお聞かせください」と。

すると俗人は更に、「それではその信心というものの内容をまったくご存じないのでしょうか。」と尋ねた。

これに答えて大坊主は、「我々が心得ていますのは、阿弥陀如来の本願に順《したが》い申し上げて、朝夕お念仏を申し『仏様おたすけくださいとさえ申しますならば往生するのだ』ということです。その他《ほか》には、信心とかいうことも安心《あんじん》とかいうことも存じません。これが間違っているのならば、教え導いてください。聴聞《ちょうもん》致しましょう。」と答えた。それを聞いて俗人が言うことには、「それでは、大坊主分《だいぼうずぶん》でいらっしゃっても、親鸞聖人の流れを汲むこの門流の御安心《ごあんじん》の趣旨をご存じなくておられます。我々は俗人の身ですから、大坊主分《だいぼうずぶん》の方《かた》に親鸞聖人の流派に伝えられる信心の趣旨を申し上げるなどというのは、差し控えるべきも甚だしいのですが、『この世界の人々は皆兄弟である』と曇鸞大師もお定めになっていることですから、教義にある通りを申し上げましょう」と。大坊主はそれに答えてこう言った。「本当にあなたは、俗人の身でありながら、よくこのように優れた事を申されるものです。確かに我々は大坊主ではありますが、今さらながら浅はかに思われます。早速に承りましょう」と。

そこで俗人は大坊主の質問に答えて次のように語り始めた。「このようにお定めがありましたので、大層でしゃばりには存じますが、聴聞致しております教えの趣旨をあらまし申し上げましょう。お心を静められて、お聞きになられませ。何よりも第一に、親鸞聖人の流れを汲むこの流派で、教え導かれる趣旨は、信心を根本とされるというものであります。その理由を表わしますと、様々の雑多《ざった》な行《ぎょう》を投げ捨てて、疑いなく仰《おお》せのままに阿弥陀如来をたのめば、心で思いはかることも言葉で言い表わすこともできない阿弥陀如来の本願力でもって、仏の方《ほう》から往生は確かに定めさせてくださるのです。その位を『一念発起《いちねんほっき》・入正定之聚《にゅうしょうじょうしじゅ》（自身の身の上に信心が起こった最初の時である一念に、正定聚《しょうじょうじゅ》の身となる）』とも、親鸞聖人は解釈されています。このように信心を得た後には、常日頃《つねひごろ》に称える称名念仏は、阿弥陀如来が私の往生を定められたご恩に報《むく》い感謝する念仏と心得るべきです。これを信心決定《けつじょう》（信心が定まった）の人と申すのです。手《て》次《つぎ》の坊主《ぼうず》（本願寺と門徒との間を取り継ぐ大坊主）様が信心の人とおっしゃっているのは、ただ弟子の方《ほう》から度々《たびたび》寺へ参ったり、また何がしかの物を差し上げる人を、信心の人とおっしゃるのです。これは大きな誤りだと存じます。よくよくこの趣旨を心得られて、真実の信心を定められるべきであります。今では、およそこのような人のことを信心の者とおっしゃっていますが、嘆かわしいことではありませんか。この趣旨をよくよく分別されて、御門徒一人一人を教え導かれますならば、ますます仏法は盛んになるでしょうから、あなた様も往生されることは確実で、また御門徒の人達も皆往生が定まることは疑いありません。これでこそとりもなおさず『自信教人《じしんきょうにん》信《しん》、難中転更難《なんちゅうてんきょうなん》、大悲伝普化《だいひでんぶけ》、真成報仏恩《しんじょうほうぶっとん》（自《みずか》ら信じた上で、更に人に教えて信ぜしめるということは、難しいといってもこれ程難しいことはない。如来の大悲を衆生《しゅじょう》に伝えて普《あまね》く教え導くことこそ、まことに仏のご恩にお報《むく》いすることである。）』という善導大師の釈文のこころにぴったりと合致するというものです」。

　このように申しましたところ、大坊主は大いに喜んで心うたれる思いで、本当に釈尊のおられた世に出会った心持ちがして、煩悩《ぼんのう》を解脱《げだつ》する法衣の袖を濡《ぬ》らして歓喜《かんぎ》の涙を流し、悔《く》い改める心ますます深く、こう申されました。「これから後《のち》は、我々の持っている少門徒《しょうもんと》（名もない門徒）

もあなたへお譲りしましょう。常に教え導いて信心を定めさせてくださいますように。我々もこれから後《のち》は、度々《たびたび》会に参加して、教えを聴聞し、仏法を讃嘆致しましょう。まことに『同一念仏《どういつねんぶつ》・無別道故《むべつどうこ》（浄土には同じように念仏によって往生するのであって、別の道がないのである）』という曇鸞大師の釈文《しゃくもん》が今に思い合わされて、有難く思います。」と言って、この炎天の焼けつくような暑さからだろうか、扇《おうぎ》をだるそうに使って、この山中を帰ろうとして、また元へ戻り、古い歌であるが、次のように口ずさんだのであった。

「うれしさを　むかしはそでに　つつみけり　こよひ《い》は身にも　あまりぬるかな（うれしさも、昔は袖に包まれているように、心の底から喜べるものではありませんでしたが、今晩は身に余るほどに深く喜ぶことができることです。）」

と読み捨てて、帰っていったのであった。まことに、この大坊主も、過去からの因縁で信心が与えられる時が来たかと思われて、仏法のはかり知れない道理がますます有難く思われたのである。あなかしこ。あなかしこ。

史料②『御文・文明三年（一四七一）七月十五日』（『五帖御文』第一帖第一通）　珠洲市西光寺蔵　蓮崇書写本

本文

或人《あるひと》イハ《ワ》ク、当流《とうりゅう》ノコ、ロハ、門徒ヲハ《バ》カナラス《ズ》我《わが》弟子トコ、ロヘ《エ》オクヘ《ベ》ク候《そうろう》ヤラン、如来聖人ノ御弟子《おんでし》トマウ《モ》スヘ《ベ》ク候《そうろう》ヤラン、ソノ分別《ふんべつ》ヲ存知《ぞんち》セス《ズ》候《そうろ》フ《ゥ》。又在々所々《またざいざいしょしょ》ニ小門徒《しょうもんと》ヲモチテ候《そうろう》ヲモ、此間《このあいだ》ハ手《て》ツキ《ギ》ノ坊主ニハアヒ《イ》カクシオキ候《そうろう》ヤ《ヨ》ウニ、心中《しんじゅう》ヲモチテ候《そうろう》。コレモシカルヘ《ベ》クモナキ由《よし》、人ノマウ《モ》サレ候間、同《そうろうあいだおなじ》クコレモ不審千万《ふしんせんばん》ニ候《そうろう》。御ネンコ《ゴ》ロニ承《うけたまわり》度候《たくそうろう》。

答《こたえ》テイハ《ワ》ク、此不審尤肝要《このふしんもともかんよう》トコソ存候《ぞんじそうら》ヘ《エ》。カタノコ《ゴ》トク耳ニト、《ヾ》メヲ《オ》キ候分《そうろうぶん》、マウ《モ》シノフ《ブ》ヘ《ベ》ク、キコシメサレ候《そうら》ヘ《え》。故《こ》聖人ノ仰《おおせ》ニハ、親鸞ハ弟子一人《いちにん》モモタス《ズ》トコソ、仰《おおせ》ラレ候《そうら》ヒ《ィ》ツレ。ソノユヘ《エ》ハ、如来ノ教法《きょうぼう》ヲ十方衆生ニトキキカシムルトキハ、タ、《ヾ》如来ノ御代官《おんだいかん》ヲマウ《モ》シツルハ《バ》カリナリ。サラニ親鸞メツ《ズ》ラシキ法ヲモヒロメス《ズ》、如来ノ教法《きょうぼう》ヲ我《われ》モ信シ《ジ》、人《ひと》ニモオシヘ《エ》キカシムルハ《バ》カリナリ。ソノ外《ほか》ハ、ナニヲオシヘ《エ》テ弟子トイハ《ワ》ンソ《ゾ》、ト仰《おおせ》ラレツルナリ。サレハ《バ》、トモ同行《どうぎょう》ナルヘ《ベ》キモノナリ。コレニヨリテ聖人ハ、御同朋御同行《おんどうぼうおんどうぎょう》トコソ、カシツ《ヅ》キテ仰《おおせ》ラレケリ。サレハ《バ》チカコ《ゴ》ロハ大坊主分《だいぼうずぶん》ノ人モ、我《われ》ハ一流ノ安心《あんじん》ノ次第《しだい》ヲモシラス《ズ》、タマ〱弟子ノナカニ、信心ノ沙汰《さた》スル在所《ざいしょ》ヘユキテ聴聞《ちょうもん》シ候《そうろう》人《ひと》ヲハ《バ》、事外説諫《ことのほかせっかん》ヲクハ《ワ》ヘ《エ》候《そうらい》テ、或《あるい》ハ中《なか》ヲタカヒ《イ》ナント《ド》セラレ候《そうろう》間《あいだ》、坊主モシカ〱ト信心ノ一理ヲモ聴聞セス《ズ》、又《また》弟子ヲハ《バ》カヤ《ヨ》ウニアヒ《イ》サ、ヘ候《そうろう》アヒ《イ》タ《ダ》、我《われ》モ信心決定《けつじょう》セス《ズ》、弟子モ信心決定《けつじょう》セス《ズ》シテ、一生ハムナシクスキ《ギ》ユクヤ《ヨ》ウニ候事《そうろうこと》、マコトニ自損損他《じそんそんた》ノトカ《ガ》ノカ《ガ》レカタク候《そうろう》。アサマシ〳〵。古歌《こか》ニイハ《ワ》ク、

ウレシサヲ　ムカシハソテ《デ》ニ　ツ、ミケリ
コヨヒ《イ》ハ身ニモ　アマリヌルカナ

ウレシサヲムカシハソテ《デ》ニツ、ム、トイヘ《エ》ルコ、ロハ、ムカシハ雑行《ぞうぎょう》正行《しょうぎょう》ノ分別モナク、念仏タ《ダ》ニモ申セハ《バ》往生スル、トハ《バ》カリオモヒ《イ》ツルコ、ロナリ。コヨヒ《イ》ハ身ニモアマルトイヘ《エ》ルハ、正雑《しょうぞう》ノ分別ヲキ、ワケ、一向一心《いっこういっしん》ニナリテ信心決定《けつじょう》ノウヘ《エ》ニ、仏恩報尽《ぶっとんほうじん》ノタメニ念仏マウ《モ》スコ、ロハ、オホ《オ》キニ各別《かくべつ》ナリ。カルカ《ガ》ユヘ《エ》ニ、身ノヲ《オ》キト《ド》コロモナク、オト《ド》リアカ《ガ》ルホト《ド》ニオモフ《ウ》アヒ《イ》タ《ダ》、ヨロコヒ《ビ》ハ身ニモウレシサカ《ガ》アマリヌルトイヘ《エ》ルコ、ロナリ。

文明三年七月十五日

訳文

ある人が言うことには、「この流派の教義は、門徒を常に自分の弟子と心得ておくべきでしょうか。阿弥陀如来や親鸞聖人のお弟子と申すべきでしょうか。それをどう判断していいか分かりません。また、あちらこちらの道場で名もない門徒を持っておりますのを、近頃《ちかごろ》は手次《てつぎ》の坊主《ぼうず》（本願寺と門徒の間を取り継ぐ大坊主《だいぼうず》）には隠しておくようにと考えております。この事についてもそ

うであってはいけない、というふうに申される人もおりますので、同様にとても疑問に思っています。詳しく承《うけたまわ》りたいのでございます」。答えて言うことには、「この疑問は、いかにも重要だと存じることでございます。親鸞聖人より受け伝えられた教えの通り、耳にははっきりと記憶していますところを申し述べましょう。お聞きになられますように。

亡くなられた親鸞聖人のお言葉では、『親鸞は弟子を一人も持たない』とおっしゃっておられました。そのわけは、『阿弥陀如来の本願の教えをあらゆる衆生に説き聞かせる時は、ただ阿弥陀如来の代官（代理）をしているだけである。けっして親鸞は、今まで他にない教えを弘めているわけではない。阿弥陀如来の本願の教を自分も信じ、他の人々にも教えてお聞かせするだけである。その他《ほか》に何を教えて弟子と言うのであろう。』とおっしゃったのであります。ですから、共に念仏する友人であるはずなのであります。こういうわけで、親鸞聖人は、『御同朋《おんどうぼう》・御同行《おんどうぎょう》』と敬意を表わしてお呼びになりました。ところが、近頃《ちかごろ》は大坊主《だいぼうず》（有力な坊主）の地位にある人も、自分は親鸞聖人から伝えられるこの流派の安心《あんじん》（信心）の内容も知らないでいて、たまたま弟子の中に信心のことをあれこれと説くところへ行って教えを聞く人がいると、ことのほか強く諫《いさ》めたり、ある場合は仲を絶《た》ったりされています。そのため、その坊主《ぼうず》もしっかりと信心の一通りの道理を聞かず、また弟子をこのように防げますので、自分も信心が定まらず、弟子も信心が定まらないで、一生虚《むな》しく過ぎて行くようでありますことは、まことに自《みずか》らを損《そこ》ない他の人々を損なう罪をまぬがれられないのであります。何ともあさはかで嘆かわしいことです。

古い歌にはこう歌われています。

『うれしさを　むかしはそでに　つつみけり　こよいは身にも　あまりぬるかな

（うれしさも、昔は袖に包まれているように、心の底から喜べるものではありませんでしたが、今晩は、身に余るほどに深く喜ぶことができるうれしさであることです。）』

『うれしさをむかしはそでに　つつむ』と言われる意味は、昔は雑行《ぞうぎょう》（浄土の行でない雑多の行《ぎょう》）と正行《しょうぎょう》（阿弥陀如来を疑いなくひとえにたのみ申し上げること）の違いを知ることもなく、念仏さえ申せば往生するとだけ思っていたという意味です。『こよひ《い》は身にもあまる』と言われるのは、正行《しょうぎょう》と雑行《ぞうぎょう》の違いを聞き知って、ひとえに疑いなく信心が定まった上に、仏のご恩に常に報《むく》いるために念仏申す心は、かつての心とはまるで違ったものであります。それゆえに、その場にじっとしていられないほど、踊り上がるくらいにうれしく思うところから、「その喜びはうれしさが身に余ってしまうほど」と言われたのであります。」あなかしこ〳〵。

文明三年（一四七一）七月十五日

（二）猟漁の御文

――史料『御文・文明三年（一四七一）十二月十八日（猟漁の御文）』、『御文・年記不明（侍能工商）』――

吉崎御坊で布教を始めたその年の暮の十二月十八日、蓮如上人は一通の御文を製作した。「猟《りょう》漁《すなどり》の御文」史料①である。その名の通り、狩《かり》や漁《りょう》をする猟師《りょうし》や漁民、商いを営む商人、主君に仕える中下級の武士の救いを説いた御文であり、在家止住《ざいけしじゅう》の（在家のままで生活している）人々の救済がありありと表現されている。一人の漁師の質問に答えて書かれた御文であるとの伝説も伝えられているが、十八日が父君存如上人の命日に当たるところから、命日に集まって来た門弟達に対し、吉崎に入ってから民衆に説いて来た言葉を明確な教えにまとめて、御文に示したものではなかろうか。

「あながちにわがこゝろのわろきをも、また、妄念妄執《もうねんもうじゅう》のこゝろのをこ《お》るをも、とゞめよといふ《う》にもあらず」〈**訳文**　ことさらに自分の心が悪いこと、また迷いや執《とら》われの心が起こるのを制止しろというのでもない。〉は、従来の仏教で救い難いとされて来た民衆の心をそのまま救ってくれるという、驚くべき教えに映ったことであろう。上人は

吉崎御坊の七曲り下より望む北潟湖
蓮如上人はいつも、この船着き場から船で吉崎御坊を出入りしたという。

そこから更に一歩踏み込んで、「かゝるあさましき罪業《ざいごう》にのみ朝《ちょう》夕《せき》まどひ《い》ぬる我等《われら》ごときのいたつ《ず》らもの」〈訳文 このようなあさはかで嘆《なげ》かわしい罪の行いばかりに、明けても暮れても迷い続けている、われわれのような虚《むな》しく暮らす者〉と表現している。これは機《き》の深心《じんしん》という深い信心にまで発展したものと見なされている。「たゞ、あきなひ《い》をもし、奉公《ほうこう》をもせよ、猟すなどりをもせよ」〈訳文 ただ商《あきな》いをもし、奉公《ほうこう》（武士が主君に仕えること）をさえもしてかまわない。狩《かり》や漁《りょう》をさえもしてかまわないのである。〉という言葉も、史料②このような信心を持つ人々へ無条件の救いを差しのべる職業の貴賤《きせん》を越えた深い救済の表現である。

このような教説は、『御文』年記不明（侍能工商の事)』にも見られ、主君に仕える武士、田畑を耕す農民、芸に生きる芸人、商いや運送に従事する商人・船乗りといった当時賎しまれていた職業の人達の救いが説かれている。

浄土真宗が救いの相手として来た階層については、従来笠原一男氏の説[1]のように耕作農民が考えられることが多かったが、井上鋭夫《としお》氏が山の民、川の民を取り上げて[2]以来、農民よりも商人、職人、漁師、水運業者、鍛冶屋、金堀り等の非農業民が意外に多かったことが注目されている。吉崎へ落ち着くまでの間に蓮如上人が巡っていた地域のうち、二俣《ふたまた》本泉寺を中心とした五箇庄《ごかしょう》・井家庄《いのいえしょう》[3]は山間の地域であり、また三男蓮綱《れんこう》(一四五〇～一五三一年)が文明の始めごろ入ったという池城《いけのじょう》(小松市池城町)・古屋《ふるや》(現小松市松岡町)という地域も山間の鉱山地帯である。吉崎御坊自体も東には白山連峰が連なり、目の前には北潟湖《きたがたこ》や大聖寺《だいしょうじ》川、日本海が見渡せる土地である。交通の要衝吉崎に、こうした山や川で生活する非農業民の門徒が大勢出入りしていたことを充分に窺わせてくれる。

注　1―『一向一揆の研究』(一九六二年、年山川出版発行)九八頁に「蓮如の布教態度」について、奥州に下って貧しい農民夫婦と稗《ひえ》の粥をすすりながら一夜を明かした出来事を例に挙げて、「こうした態度は、戦国の世の農民生活の現実をただしく把握し、それら農民こそ本願寺の依存せねばならぬ階層であることを自覚してこそはじめてとれる態度であった。」と述べて、蓮如上人が主に農民を救いの対象としていたとの見方を表明している。

2―井上鋭夫氏は『一向一揆の研究』（一九六八年 吉川弘文館発行）で、真宗の門末になった人々について、農民の他に舟運・海運・漁業に従事する川・海の民と狩猟民・杣人《そまびと》・木地師《きじし》・漆掻《うるしか》き・金掘《かなほ》り・鋳物《いもの》師・鍛冶《かじ》師といった山の民の存在を重視し、「本願寺はこれら山・河・海の民を、阿弥陀信仰・太子信仰（観音）信仰によって摂取し、それらの武士化・農民化・商人化を通じて、天台・真言・禅・浄土の諸宗の影響下にあった農民地帯をも手に入れることができたのであった。」と推察している。

3―井家庄は今日の河北郡津幡町南部の地域。ここの南横曽根という集落にはかつて乗光寺（江戸時代宝永年間に現在の富山県小矢部市の地に移転）が在り、その跡地には、蓮如上人がここを訪れた際に「仏法僧《ぶっぽうそう》」と鳴く三宝鳥の鳴き声を聞いたという伝説の石碑（三五六頁写真）が建てられている。（一八八一年に建立）おそらく上人がこの地で布教したことが伝説化されたものであろう。

史料①『御文・文明三年（一四七一）十二月十八日（猟漁《りょうすなどり》の御文）』

珠洲市西光寺蔵　蓮崇書写本

本文

マツ《ズ》、当流ノ安心《あんじん》ノヲ《オ》モムキ（趣）ハ、アナカ《ガ》チニワカ《ガ》コ、ロノワロキ（悪）ヲモ、マタ、妄念妄執《もうねんもうじゅう》ノコ、ロノオコル（起）ヲモ、ト、《ヾ》メヨトイフ《ウ》ニモアラス《ズ》。タ、《ヾ》アキナヒ（商）《イ》ヲモシ、奉公《ほうこう》ヲモセヨ、猟スナト《ド》リ（漁）ヲモセヨ、カ、ルアサマシキ罪業《ざいごう》ニノミ、朝《ちょう》夕《せき》マト《ド》ヒ《イ》ヌル我等《われら》コ《ゴ》トキノイタツ《ズ》ラモノヲ、タスケン、トチカヒ《イ》マシマス、弥陀如来ノ本願ニテマシマスソ《ゾ》、トフカク信シ《ジ》テ、一心ニフタコ《ゴ》、ロナク、弥陀一仏ノ悲願ニスカ《ガ》リテ、タスケマシマセ、トオモフ《ウ》コ、ロノ、一念ノ信マコトナレハ《バ》、カナラス《ズ》如来ノ御《おん》タスケニアツ《ズ》カルモノナリ。コノウヘ《エ》ニハ、ナニトコ、ロエテ念仏マ《モ》ウスヘ《ベ》キソ《ゾ》ナレハ《バ》、往生ハイマノ信力《しんりき》ニヨリテ御タスケアリツル、カタシ《ジ》ケナキ御恩報謝《ごおんほうしゃ》ノタメニ、ワカ《ガ》イノチアランカキ《ギ》リハ、報謝ノタメトオモヒ《イ》テ、念仏マ《モ》ウスヘ《ベ》キナリ。コレヲ、当流ノ安心決定《けつじょう》シタル、信心ノ行者《ぎょうじゃ》トハマ《モ》ウスヘ《ベ》キナリ。

文明三年十二月十八日

訳文

何よりもまず、この流派の安心《あんじん》（信心）の大事な内容は、ことさらに自分の心が悪いこと、また迷いや執《とら》われの心が起こるのを制止しろというのでもない。ただ商《あきな》いをもし、奉公《ほうこう》（主君に仕えること）をもしなさい。狩《かり》や漁《りょう》をさえもしてかまわないのである。「このような、あさはかで嘆《なげ》かわしい罪の行いにばかり、明けても暮れても迷い続けている、われわれのような虚《むな》しく暮す者を、たすけようと誓っていらっしゃる阿弥陀如来の本願でいらっしゃるのだ」と深く信じて、疑いなく二心《にしん》なく、われわれをたすけてくださる唯一の仏《ほとけ》・阿弥陀如来が、衆生をいつくしんで起こされた願いにすがって、「たすけてください」と思う心の、疑いないひたすらな信心がまことであるならば、必ず如来の御《お》たすけを授かるのである。このように信心を得た上には、どのように心得て念仏申すべきかというと、往生は、今授かっている信心の力によって御《お》たすけくださると約束されている、有難い御恩《ごおん》に報《むく》い感謝するために、私の命がある限り、報謝のためと思って、念仏申すべきである。これを、この流派の安心《あんじん》（信心）が定まった、信心の行者と申すことができるのである。

文明三年十二月十八日

史料②『御文 - 年記不明（侍能工商の事）』名塩教行寺本

本文

一《ひとつ》奉公宮仕《みやづかえ》ヲシ、弓箭《きゅうせん》ヲ帯《たい》シテ、主命《しゅめい》ノタメニ身命《しんみょう》ヲモオシ《（惜）》マス《ズ》。

一《ひとつ》又《また》耕作ニ身ヲマカセ、スキクワ《（鋤鍬）》ヲヒサケ《ゲ》テ、大地ヲホリ《（掘）》ウコ《ゴ》カシテ、身ニチカラ《（力）》ヲイレテ、ホリ《（掘）》ツ《ヅ》クリヲ本トシテ身命ヲツク《グ》。

一《ひとつ》或《あるい》ハ芸能ヲタシナミテ、人ヲタラシ、狂言綺語《きご》ヲ本トシテ、浮世《うきよ》ヲワタル《（渡）》タク《グ》ヒ《イ》ノミナリ。

一《ひとつ》朝夕《ちょうせき》ハ商《あきない》ニ心ヲカケ《（掛）》、或《あるい》ハ難海ノ波ノ上ニウカ《（浮）》ヒ《ビ》、オソ《（恐）》ロシキ難破ニアヘ《エ》ル事ヲカヘ《エ》リミス《ズ》。カヽル身ナレト《ド》モ、弥陀如来ノ本願ノ不思議ハ、諸仏ノ本願ニスク《グ》レ…

訳文

一、主君や朝廷に仕え、弓矢を身につけて、主《あるじ》の命令のためには身も命も惜しまない。

一、またもっぱら耕作に携《たずさわ》り、鋤《すき》や鍬《くわ》を手に持って、大地を掘り動かし、毎日体に力を入れて掘り耕し、農作物を作ることを初めとして、生活を続ける。

一、あるいは芸能を身につけて、人の心をそそり、ふざけたことや巧みに飾ったことを言うのを業《なりわい》として、浮き世を渡るような身の上である。

一、毎日、商売に心掛けたり、あるいは、渡ることが困難な海の波の上に浮かんで、恐ろしい難破に遭《あ》うようなことも気にかけない。こうような身であるけれども、阿弥陀如来の本願のはかり知れない救いの働きは、他の様々な仏の本願に超えすぐれて…

(三) 女人往生

――史料「当山多屋内方の御文」、「見玉尼章御文」――

蓮如上人は吉崎の布教の中でも、女人往生を特に熱心に説いており、この内容の御文が、吉崎時代の年記の知られている七十八通のうち八通にも及んでいる。当時の仏教では、女性は五障《ごしょう》[1]という五つの障《さわ》りを具《そな》え、三従《さんしょう》[2](男性に従わなければならない地位)に甘んじなければならない救い難い身であり、男に生まれかわった上でなければ成仏が不可能だと考えられていた。蓮如上人は、このような歴史状況の中にあって、みずからも救い難い身と思っていた女性達の現実を見据《みす》えて、救済の法を説かれたのである。この五障三従といった言葉が、時代を越えてステレオタイプ化していったとの批判も、それなりに当たってはいようが、もとより上人に帰せられる問題ではない。むしろ、蓮如上人の布教によって各地に「女人講」「女房講」「尼講」が組織されて行った事実は、当時の世の中において、上人の布教がいかに女性の心を解放するものであったかを裏付けるものであろう。

実際本願寺の教団では、女性が重要な役割を果たしていた。殊に吉崎では多屋を預かる内方の存在が大きく、上人も彼女達に正しい信仰を伝えようと、長文の御文を二通製作している。「当山多屋内方の御文」と「御さらえの御文」[3]である。

上人が内方達に期待したのは、単なる接待役ではなく、吉崎の多屋に宿泊する人達に対して教えの手ほどきをする役割であった。「当山多屋内方の御文」[史料①]を見ると、「大体、吉崎のこのお山において、多屋の坊主達の内方となるような人は、まことに前世から結ばれた因縁が浅くないからそうなったと思うべきである」と、その役割を自覚させておいて、「だから、内方となるような人達は、よくよく信心を得られるように心構えをするように」と、信心の必要性を丁寧に説いている。これは多屋に宿泊する者に対し、上人に代わって浄土真宗の教えを説くことを期待していたからに他ならない。

それはなぜかと言うと、吉崎に毎日宿泊する参詣者の数が、相当な人数に登っていたからである。朝倉喜祐氏によれば、[4]六千人ないし八千人に及んでいたと推定される。それ程の群集を相手に、蓮如上人と弟子達だけで教えを伝えるのはとても困難なことで、おそらく彼女達は、多屋に宿泊する参詣者を接待しつつ、上人の指導に従って浄土真宗の教えを語っていたのであろう。

その一方で上人はまた、吉崎御坊で早世した次女見玉尼《けんぎょくに》の往生に際して御文（見玉尼史料②章）を作り、その往生の様を実に感動的に綴っている。

見玉尼が誕生したのは、上人三十四歳の年であった。幼い頃は禅寺に喝食《かつじき》として預けられていたが、やがて上人の叔母に当たる見秀尼が庵主を務める古田摂授庵《ふるたしょうじゅあん》という浄土宗の尼寺に入る。けれども二十三歳の文明二年（一四七〇）十二月五日、育ての親だった蓮祐が死んだのを皮切りに、翌年二月一日には妹の妙意、二月六日には姉の如慶と次々に姉妹を失い、余りの嘆きからか、すっかり体調をくずしてしまう。そんな見玉尼を見るに見かねた上人は、吉崎御坊に呼んで身の周りの世話をさせた。けれども生来病弱だったためか、一旦衰えた体は回復せず、とうとうその翌年の文明四年（一四七二）五月十日に病の床に伏してしまう。そして九十四日間の闘病の末に、ついに八月十四日午前九時頃に息を引き取り、二十五年の短い生涯を終えたのだった。

見玉尼は病中にずっと念仏を称えていたが、その念仏に大きな変化が生じて来る。何と本願寺の浄土真宗の教えに帰依したのである。

このような娘の死に接して、上人は大きく心を動かされる。そしてそんな娘に対する感銘の気持が、荼毘《だび》の夜の明け方に、次のような夢となって現われたのである。

「故人を荼毘に付した葬儀の場で、空《むな》しい煙となった白骨の中から、三本の青い蓮の花が生え出て来たかと思うと、見る間にその花の中から一寸程の黄金《こがね》の仏《ほとけ》が出て来て、間もなくそれが、蝶になって消えて行った。」

この御文を通して、見玉尼の往生は男女を越えた往生の手本として取上げられることになる。幼くして実母と別れ、二人の妻と四人の娘に次々と死別した上人にとって、女人往生には特別な思いがあったに違いない。

注

1―五障（五つの障《さわ》り）とは、『法華経』の「提婆達多品《だいばだったぼん》」に、「良家の娘よ、そなたがさとりを達成しようと志し、ひるむことなく努め、計り知れぬほどの理智をもっているとしても完全なさとりは誠に達成しがたい。…何故かと言えば、婦女子は今日に至るまで五種の地位を得たことはない。五つとは何であるか。第一は梵天《ぼんてん》（ブラフマン）の地位、第二は帝釈天《たいしゃくてん》（インドラ）の地位、第三は四天王の地位、第四は転輪聖王《てんりんじょうおう》の地位、そして第五はひるむことのない求法者の地位である。」（サンスクリット語原典訳岩本裕氏）とある記述の通りである。

2―三従《さんしょう》（男性に従わなければならない地位）とは、「幼い間は親に従い、結婚後は夫《おっと》に従い、夫《おっと》が死んだ後は子供に従わなければならない」という女性観を言う。

3―『五帖御文―文明五年十二月八日』（『五帖御文』第二帖第一通）

4―この人数の推定は、『御文―文明五年八月二日』に多屋の総数が二百軒と伝えられていることが根拠とされている。その多屋の数に、一軒の多屋に宿泊したと想定される三、四十人を掛け合わせると、六千人ないし八千人という人数が割り出される。

史料① 『御文・文明五年（一四七三）九月十一日（当山多屋内方の御文）』（『五帖御文』第一帖第十通）

珠洲市西光寺蔵　蓮崇書写本

本文

ソモ〳〵、吉崎ノ当山ニオイテ、多屋《たや》ノ坊主達ノ内方《ないほう》トナランヒトハ、マコトニ前世《ぜんせ》ノ宿縁《しゅくえん》アサカラヌユヘ《エ》ト、オモ《(思)》ヒ《イ》ハンヘ《べ》ルヘ《べ》キナリ。ソレモ後生《ごしょう》ヲ一大事トオモヒ《イ》、信心モ決定《けつじょう》シタラン身ニトリテノウヘ《エ》ノコトナリ。シカレハ《バ》内方トナランヒト〳〵ハ、アヒ《イ》カマヘ《エ》テ信心ヲヨク〳〵トラルヘ《べ》シ。…

オホ《オ》ヨス、当流ノ信心ヲトルヘ《ベ》キヲ《オ》モムキハ、マツワカ《ガ》身ハ女人《にょにん》ナレハ《バ》、ツミ《(罪)》フカキ《(深)》五障《ごしょう》三《さん》従《しょう》トテアサマシキ身ニテ、ステニ《デ》十方《じっぽう》ノ如来モ三世《さんぜ》ノ諸仏ニモステラレタル女人ナリケルヲ、カタシ《ジ》ケナクモ弥陀如来ヒトリ、カヽル機ヲスク《(救)》ハ《ワ》ントチカ《(誓)》ヒ《イ》タマヒ《イ》テ、ステ《デ》ニ四十八願ヲオコシタマヘ《エ》リ。ソノウチ第《だい》十八ノ願ニオイテ、一切ノ悪人女人《にょにん》ヲタスケタマヘ《エ》ルウヘ《エ》ニ、ナヲ女人《にょにん》ハツミ《(罪)》フカク《(深)》ウタ《(疑)》カ《ガ》ヒ《イ》ノコヽロ《(心)》フカキ《(深)》ニヨリテ、マタカサネ《(重)》テ第卅五ノ願ニ、ナヲ《オ》女人《にょにん》ヲタスケントイヘ《エ》ル願ヲオコシタマヘ《エ》ルナリ。カヽル弥陀如来ノ御久労《くろう》アリツル御恩《ごおん》ノカタシ《ジ》ケナサヨト、フカク《(深)》オモ《(思)》フ《ウ》ヘ《ベ》キナリ。…

訳文

大体、吉崎のこのお山において、多屋の坊主（僧侶）たちの内方《ないほう》（女房）となるような人は、まことに前世《ぜんせ》から結ばれた因縁が浅くないからそうなったと思うべきである。それと言うのも、今生を越えた浄土に生まれることを並ぶことのない大切なことと思い、信心も定まっているような身にとっての上のことである。だから、内方となるような人達は、よくよく信心を得られるよう心構えをするように。…

およそ、この流派の信心を得ることのできる大事な内容は、まずわが身は女性であるから、五《ご》障《しょう》・三従《さんしょう》と言って、罪深い、浅はかな身で、すでに十方《じっぽう》のあらゆる世界の如来にも、過去・未来・

現在の仏たちにも見捨てられた身であるのを、もったいなくも、阿弥陀如来おひとりが、このような素質の者を救おうとお誓いになって、すでに四十八の誓願を起こされた。そのうち第十八の誓願ですべての悪人・女性をたすけてくださっているうえに、なお女性は罪深く疑いの心が深いので、また重ねて第三十五の誓願で「女性をたすけよう」という願《がん》を起してくださっている。「このように阿弥陀如来がご苦労されたご恩のかたじけないことよ」と深く思わなければならない。

史料②『御文・文明五年八月二十二日（見玉尼御文）』上越市本誓寺蔵実如上人証判本

本文

静《しずか》ニ惟《おもんみれ》ハ《バ》、其人《そのひと》ノ性ハ名ニヨルトマフ《モウ》シハンヘ《ベ》ルモ、マコトニサ《まことにさ》ソ《ゾ》トオモヒ《イ》シラレタリ。シカレハ《バ》、今度往生セシ亡者《もうじゃ》ノ名ヲ見玉《けんぎょく》トイヘ《エ》ルハ、玉ヲミルトヨムナリ。サレハ《バ》イカナル玉ソ《ゾ》トイヘ《エ》ハ《バ》、真如法性《ほっしょう》ノ妙理如意宝珠《にょいほうじゅ》ヲミルトイヘ《エ》ルコ、ロナリ。コレニヨリテカノ比丘尼《びくに》見玉房《けんぎょくぼう》ハ、モトハ禅宗ノ渇食《かつじき》ナリシカ《ガ》、ナカコロ《ゴ》ハ浄華院《じょうけいん》ノ門徒トナルトイヘ《エ》ト《ド》モ、不思議ノ宿縁ニヒカレテ、チカコロ《ゴ》ハ当流ノ信心ノコ、ロヲエタリ。ソノイハ《ワ》レハ、去《さん》ヌル文明第《だい》二十二月五日ニ伯母《おば》ニテアリシモノ死去セシヲ、フカクナケ《ゲ》キオモフ《ウ》トコロニ、ウチツ《゛》キマタアクルオナシ《ジ》キ文明第《だい》三二月六日ニ、アネニテアリシモノオナシ《ジ》ク臨終ス。ヒトカタナラヌナケ《ゲ》キニヨリテ、ソノ身モヤマヒ《イ》ツキテヤスカラヌ体《てい》ナリ。ツヰ《イ》ニソノナケ《ゲ》キノツモリニヤ、ヤマヒ《イ》トナリケルカ《ガ》、ソレヨリシテ違例《いれい》ノ気ナヲ《オ》リエス《ズ》シテ、当年五月十日ヨリ病《やまい》ノ床《とこ》ニフシテ、首尾九十四日ニアタリテ往生ス。サレハ《バ》、病中ノアヒ《イ》タ《ダ》ニヲ《オ》イテマフ《モウ》スコトハ、年来浄華院流ノ安心《あんじん》ノカタヲフリステ、当流ノ安心決定《けつじょう》セシムルヨシヲマフ《モウ》シイタ《ダ》シテ、ヨロコフ《ブ》コトカキ《ギ》リナシ。コトニ臨終ヨリ一日ハ《バ》カリサキニハ、ナヲ《オ》〳〵安心決定《けつじょう》セシムネヲマフ《モウ》シ、マタ看病人ノ数日ノホネヲ《オ》リナントヲ《ド》ネンコ《ゴ》ロニマフ《モウ》シ、ソノホカ平生《へいぜい》ニオモヒ《イ》シコトト《ド》モヲ、コト〳〵《ゴト》クマフ《モウ》シイタ《ダ》シテ、ツヰ《イ》ニ八月十四日ノ辰《たつ》ノヲ《オ》ハ《ワ》リニ、頭北面西《ずほくめんさい》ニフシテ往生ヲトケ《ゲ》ニケリ。サレハ《バ》、看病人モマタタレヤノヒトマテ《デ》モ、サリトモトオモヒ《イ》シイロノミエツルニ、カキ《ギ》リアルイノチナレハ《バ》、チカラナクテ无常ノ風ニサソハ《ワ》レテ、加様《かよう》ニムナシクナリヌレハ《バ》、イマサラノヤ《ヨ》ウニオモヒ《イ》テ、イカナルヒトマテ《デ》モ、感涙《かんるい》ヲモヨホ《オ》サヌヒトナカリケリ。マコトニモテコノ亡者《もうじゃ》ハ、宿善開発《しゅくぜんかいはつ》ノ機トモイヒ《イ》ツヘ《ベ》シ。カヽル不思議ノ弥陀如来ノ願力《がんりき》ノ強縁《ごうえん》ニアヒ《イ》タテマツリシユヘ《エ》ニヤ、コノ北国地ニクタ《ダ》リテ往生ヲトケ《ゲ》シイハ《ワ》レニヨリテ、数万人ノトフ《ブ》ラヒ《イ》ヲエタルハ、タヽ《ダ》コ《ゴ》トトモオホ《ボ》ヘ《エ》ハンヘ《ベ》ラサ《ザ》リシコトナリ。ソレニツイテコヽニアルヒトノ不思議ノ夢想ヲ、八月十五日ノ荼毘《だび》ノ夜アカツキカ《ガ》タニ感セ《ゼ》シコトアリ。ソノユメニイハ《ワ》ク、所詮《しょせん》葬送ノ庭ニヲ《オ》イテ、ムナシキケフ《ブ》リトナリシ白骨ノナカヨリ、三本ノ青蓮華出生《しゅっしょう》ス、ソノ花ノナカヨリ、一寸ハ《バ》カリノ金《こがね》ホトケヒカリヲハナチテイツ《ヅ》トミル。サテ、イクホト《ド》モナクシテ、蝶トナリテウセニケルトミルホト《ド》ニ、ヤカ《ガ》テ夢サメオハ《ワ》リヌ。コレスナハ《ワ》チ見玉トイヘ《エ》ル名ノ、真如法性《しんにょほっしょう》ノ玉ヲアラハ《ワ》セルスカ《ガ》タナリ。蝶トナリテウセヌトミユルハ、ソノタマシヰ《イ》蝶トナリテ、法性《ほっしょう》ノソラ極楽世界涅槃《ねはん》ノミヤコヘマヒ《イ》リヌル、トイヘ《エ》ルコロナリ、ト不審モナクシラレタリ。コレニヨリテ、コノ当山ニ葬所ヲ、カノ亡者往生セシニヨリテヒラケシコトモ、不思議ナリ。コトニ、荼毘ノマヘ《エ》ニハ雨フリツレト《ド》モ、ソノトキハソラハレテ月モサヤケクシテ、紫雲タナヒ《ビ》キ月輪ニウツリテ五色ナリ、トヒトアマネクコレヲミル。マコトニコノ亡者ニヲ《オ》イテ、往生極楽ヲトケ《ゲ》シ一定《いちじょう》ノ瑞相《ずいそう》ヲヒトニシラシムルカ、トオホ《ボ》ヘ《エ》ハンヘ《ベ》ルモノナリ。シカレハ《バ》、コノ比丘尼見玉ノコノタヒ《ビ》ノ往生ヲモテ、ミナ〳〵マコトニ善知識《ぜんぢしき》トオモヒ《イ》テ、一切ノ男女《なんにょ》ニイタルマテ《デ》、一念帰命《いちねんきみょう》ノ信心ヲ決定《けつじょう》シテ、仏恩報尽《ぶっとんほうじん》ノタメニハ念仏マ《モ》フ《ウ》シタマハ《ワ》ヽ《ヾ》、カナラス《ズ》シモ一仏浄土ノ来縁トナルヘ《ベ》キモノナリ。アナカシコ〳〵。

文明五 八月廿二日　書之

訳文

心を静めてよくよく考えてみれば、その人の性格は名前によって決まると申すけれども、まことにそうに違いないと思い知られる。

ところで、此の度《たび》浄土に往生した故人はその名前を見玉《けんぎょく》と言うが、それは「玉を見る」と読むのである。それでは一体、どのような玉なのかと言えば、真如法性《しんにょほっしょう》（仏のあるがままの証《さと》り）の計り知れない道理を表わす如意宝珠《にょいほうじゅ》（人々の願望をそのまま成熟してくれる宝玉）を見るという意味である。

こういうわけで、その比丘尼《びくに》（女性の出家修行者）見玉房のことを思い返してみると、もとは禅宗の渇食《かつじき》（稚児）であったが、少したってからは浄華院《じょうけいん》[1]の門弟となった。とはいうものの、阿弥陀如来の過去からのはかり知れない因縁に引かれて、最近はこの本願寺の流派の信心の意味を得ている。そうなったわけは、去る文明二年（一四七〇）十二月五日に育ての母だった叔母（蓮祐）が死去したのを、深く心に嘆いているところに、更につづいて、翌文明三年（一四七一）二月六日に、姉であった者（如慶《にょけい》）が同じように亡くなったことによる。一通りでない嘆きのために、その体も病のような状態になって、容易でない様子であった。とうとうその嘆きが積もったのだろうか、病気になってしまったのである。それからは病気が快復しないで、今年の五月十日から病の床に伏して、それから数えてちょうど九十五日目に往生を迎えた。

さて病気の間に、「長年の鎮西《ちんぜい》派浄華院流の安心《あんじん》信心の形を振り捨てて、この本願寺の流派の安心《あんじん》信心が定まった」とのことを言い出して、かぎりなく喜んでいた。とりわけ、臨終の一日ほど前には、「ますます安心信心が決まった」とのことを言い、また、看病人の数日の苦労を心を籠めてねぎらい、その他、ふだん思っていたことなどをすべて口に出して、とうとう八月十四日の辰《たつ》の刻《こく》の終り（午前九時頃）に、頭を北に、顔を西に向けて床に伏して、往生をとげたのだった。それで、看病していた人からその他の人までもが、「まさか」と思っていた様子が見えたが、限りある命であるから、どうすることもできず、無常の風に誘われて、このように死んでしまったので、今さらのように人の命のはかなさが思われて、どんな人も感涙を催《もよお》さない人はなかった。まことにこの故人は宿善開発《しゅくぜんかいほつ》の（遠い過去からの阿弥陀如来のよい報いを得る行いが開かれる）機縁を結んだ人とも言うことができよう。

このように、阿弥陀如来のはかり知れない本願力の力強い縁にお遇《あ》いできたからであろうか。この北国の地に下って往生を遂げたということによって、数万人の弔問者《ちょうもんしゃ》が来てくれたのは、ただごととも思われないことである。

その見玉尼について、ここに、ある人（蓮如上人自身）が八月十五日の荼毘に付した夜の明け方に、不思議な夢を見たのである。その夢に出て来たことには、すなわち、死者を見送った庭で、虚しい煙となった白骨のなかから、三本の青い蓮の花が生え出て来た。そしてその花の中から、一寸（三センチメートル）程の黄金の仏《ほとけ》が光を放って来たと見えた。それからどれ程も経たないで、それが蝶になって、姿が消えたかと見るうちに、そのまま夢は覚めてしまった。これはとりもなおさず、見玉と言われる名前の真如法性《しんにょほっしょう》（仏のあるがままの真実）の玉を表わした姿である。蝶となって姿が消えたと見えたのは、その魂《たましい》が蝶となって、法性《ほっしょう》（仏のあるがままの本性）を示す空、すなわち極楽世界の涅槃《ねはん》の都《みやこ》へ参ったという意味であると、疑いもなく知られたのである。こういうわけで、その故人が往生したことによって、吉崎の御山に埋葬所が設けられるようになったのも不思議である。とりわけ、茶毘《だび》に付す前には雨が降っていたのに、火葬が始まった時は、空が晴れて月も明るく照らし出し、紫の雲までたなびいて、それがまた月に映って五色に輝いていたと、多くの人々が見ている。まことに、この故人が極楽に往生を遂げたことを明かす瑞相《ずいそう》（めでたいしるし）を人々に知らせたのかと、思われるものである。

それだから、この比丘尼見玉がこのたび遂げた往生を、皆が本当に教えを導く善い指導者だと思って、すべての男性、女性に至るまで、疑いなくひたすら仰せのままにたのむ信心を定めて、仏のご恩に報《むく》い感謝するために、念仏を申されるならば、私達を救ってくれるたった一つの仏・阿弥陀仏の浄土へ往生するご縁となるに違いないのである。あなかしこ〳〵。

文明五年（一四七三）八月二十二日、これを書く

注　１―京都土御門室町にあった浄土宗鎮西派の寺院

(四) 北陸門徒の異義を正す

——史料 御文より——

蓮如上人の熱心な説法は人々の関心をよび、「一心一向に阿弥陀仏をたのめ」という平易な教えは、北陸の地に急速に浸透し始めた。だがそれと同時に、それまで北陸の地で信じられて来た天台浄土教や浄土宗、時宗や真宗の諸派の考え方にとらわれて、蓮如上人の教説を間違って受け止める者も目立って来るようになった。蓮如上人は、そのような間違った教えのとらえ方を、御文の中でしばしば批判している。

戦後の蓮如研究の中心的な担《にな》い手となった笠原一男氏は、特に北陸に早くから進出していた真宗の諸派である三門徒派や高田派等を真宗の異端と表現し、蓮如上人の北陸での布教活動を異端との戦いとして[1]とらえた。それに対し源了圓《みなもとりょうえん》[2]氏は、異端という言葉を実際の蓮如上人の活動にそぐわないと考えて、異義《いぎ》という言葉を用い、戦いではなく、正しい教えを説くことを通して、自発的に本願寺門流に参入させる営みととらえ直している。北陸に入ってからの上人の動向で見ると、まず本願寺門流の内部から改革を進めており、高田門徒に対する場合を除いて、敵対的に異なる門流を攻撃する姿勢が余り見受けられない。異義の批判は、本願寺門流の改革を押し進め教線を拡大してゆく中から、おのずと直面した問題に対して為されたのではなかろうか。

　北陸門徒の異義としては、「無信単称」「善知識だのみ」「物取り信心」「十劫秘事」「拝まずの秘事」等が上げられる。

「無信単称[史料①]」は、浄土宗鎮西派や天台宗の真盛《しんせい》（一四四三～九五年）の流派、また同じ親鸞門流の高田派で口称念仏が強調されていたのに影響された異義で、「何のわきまえもなく、ただ南無阿弥陀仏とだけ称えれば、誰でもみなたすかる」と受け止めるものであった。それに対し、蓮如上人は、信心を得ることを根本とすると説いた。

「善知識だのみ（知識帰命[史料②]）」は、親鸞聖人の血脈《けちみゃく》を引く高弟達を俗世の弥陀として敬うという異義である。名帳《みょうちょう》や絵系図を用いた仏光寺派に顕著で、真宗門流各派には多少にかかわらずこのような傾向が見られた。[3]「信心一致のうへ《え》は、四海みな平等」と説く蓮如上人は、門徒すべてを直接阿弥陀如来と宗祖親鸞聖人の絶対的包括下にある「御同朋御《おんどうぼうおん》同行《どうぎょう》」とし、善知識を「阿弥陀仏に帰命せよといへ《え》るつかひ《い》」とした。

「物取り信心[史料③]」は、寺や僧侶に物を多く寄進さえすれば、信心の人とみなされ、往生が定まるという考えで、勿論上人はこれを間違いだと批判した。

「十劫秘事《じっこうひじ》」史料④は、大町の如道《にょどう》（如導）の系統を引く真宗三門徒派《さんもんとは》（横越《よこごし》門徒[4]、鯖江《さばえ》門徒[5]、中野門徒）[6]に影響されたと見られる異義で、「法蔵菩薩が衆生を救済せんとする誓いを立てて阿弥陀如来となった十劫《じっこう》の昔に、我々の往生は既に定まっており、そのことに気づいた時、往生が決定《けつじょう》し、仏と同じ位に達する」と説くものである。元来は浄土宗西山《せいざん》派の教義[7]や西山派から起った一遍《いっぺん》の時宗[8]の教義から派生したと見られるが、これが秘事と言う通り、秘密裏に相伝されていたようである。上人は御文の中でこの秘事を「罪悪深重《ざいあくじんじゅう》の凡夫が救われる道は、信心による他はない」と重ねて批判している。

「拝まずの秘事」史料⑤は、十劫秘事の信仰を基本として、如来の本願を信ずる必要も、名号を称える必要もないと説くものである。上人はこの異義についても、「イタツ《ズ》ラモノナリ（法に背く者である）」と批判している。

注　1―『蓮如』（吉川弘文館人物叢書）一九六三年発行
2―東北大名誉教授『蓮如』（講談社「浄土仏教の思想」第十二巻）一九九三年刊。
3―『実悟旧記』一八三

4―真宗山元派
5―真宗誠照寺派
6―真宗三門徒派
7―証空は西山派の教義を「白木の念仏」という言葉で示している。「白木の念仏」とは、彩色の一切ない念仏ということで、何のはからいもなく、阿弥陀仏の広大な救いの働きにすべてを任《まか》せてゆく念仏を表わす。
8―一遍の教義では、「十一不二《じゅういちふに》の頌《じゅ》」に「十劫正覚衆生界　一念往生弥陀国　十一不二証無生　国界平等坐大会」、すなわち「十劫《こう》の昔に、法蔵菩薩が正しい悟りを得て阿弥陀仏になったことと、ただ今、人々がひと声南無阿弥陀仏と称えて極楽浄土に往生することとは、時間を超越して同時」（長島尚道氏訳文）とある通り、迷いの世界と仏《ほとけ》の悟りの世界を越えた所に、究極の信仰が求められている。

史料①【無信単称】

『御文・文明六年（一四七四）九月六日』　上越市本誓寺蔵実如上人証判本

本文　マツ《ズ》、世間ニイマ流布シテ、ムネトス、ムルトコロノ念仏トマフ《モウ》スハ、タヽ《ゞ》ナニノ分別モナク、南无阿弥陀仏トハ《バ》カリトナフ《ノウ》レハ《バ》、ミナタスカルヘ《ベ》キヤ《ヨ》ウニオモヘ《エ》リ。ソレハオホ《オ》キニオホ《ボ》ツカナキコトナリ。…

訳文　まず、世間で今広まって、主《おも》に勧《すす》められている念仏と申すのは、何の考えも必要なく、ただ南無阿弥陀仏とばかり称えれば、誰もがみなたすかるに違いないというように思われている。だがそれは、大変に不審なことである。…

史料②【善知識だのみ】（『五帖御文』第二帖第十一通）

『御文・文明六年（一四七四）五月十七日』　堺市真宗寺蔵永正写本

本文　アル人ノコトハ《バ》ニイハ《ワ》ク、タトヒ《イ》弥陀ニ帰命《きみょう》ストイフ《ウ》トモ、善知識《ぜんぢしき》ナクハ《バ》イタツ《ヅ》ラコ《ゴ》トナリ。コノユ《(故)》ヘ《エ》ニ、我等ニヲ《オ》ヒ《イ》テハ、善知識《ぜんぢしき》ハ《バ》カリヲタノムヘ《べ》シ、ト云々《うんぬん》。コレモ、ウツクシク当流ノ信心ヲエサ《ザ》ル人ナリトキ《(聞)》コエタリ。抑《そもそも》善知識ノ能《のう》トイフ《ウ》ハ、一心一向ニ弥陀ニ帰命シタテマツルヘ《べ》シ、トヒト《(人)》ヲス、ム《(勧)》ヘ《べ》キハ《バ》カリナリ。…善知識《ぜんぢしき》トイフ《ウ》ハ、阿弥陀仏ニ帰命セヨトイヘ《エ》ルツ《(使)》カヒ《イ》ナリ。宿善開発《しゅくぜんかいほつ》シテ善知識ニアハス《ワズ》ハ、往生ハカナフ《ノウ》ヘ《べ》カラサ《ザ》ルナリ。シカレト《ド》モ、帰スルトコロノ弥陀ヲステ、、タ《ゞ》、善知識ハ《バ》カリヲ本トスヘ《べ》キコト、オホ《オ》キナルアヤマリ《(誤)》ナリト、コ、ロ《(心得)》ウヘ《べ》キモノナリ。アナカシコ〳〵。

訳文

ある人の言葉に言うことには、「たとえ仰《おお》せのままに阿弥陀如来をたのんでも、善知識《ぜんぢしき》（教えを導く立派な指導者）が居なければ無駄なことである。こういうわけで、われわれは善知識だけをたのむべきである」と言う。これも、本願寺の流派の信心を純粋に得ていない人であると理解される。大体、善知識の働きというのは、「疑いなくひとえに、仰せのままに阿弥陀如来をたのみ申し上げなさい」と人に勧めるだけである。…善知識というのは、「仰せのままに阿弥陀如来をたのみなさい」と言っている使いである。過去の世に修めた善根（善行）が開き起って、善知識に出会わなければ、浄土往生は実現できないのである。しかしながら、帰依する阿弥陀如来を捨てて、「ただ善知識ばかりを根本とするべき」ということは、大きな誤りであると心得るべきである。

あなかしこ〱。

史料③〔物取り信心〕

『御文・文明三年（一四七一）七月十六日』　蓮如上人真筆本二俣本泉寺蔵

本文

次ニ坊主様ノ蒙《こうぶり》仰《おおせ》候《そうろう》、信心ノ人ト御沙汰《ごさた》候《そうろう》ハ、タヾ弟子ノ方《かた》ヨリ坊主ヘ細々《さいさい》ニ音信ヲ申シ、又物ヲマヒ《イ》ラセ候《そうろう》ヲ、信心ノ人ト仰ラレ候《そうろう》。大《おおい》ナル相違ニテ候《そうろう》。能々此次第《よくよくこのしだい》ヲ御心得アルヘ《べ》ク候《そうろう》。サレハ《バ》、当世ハミナ〱カヤウ《ヨ》ノ事ヲ信心ノ人ト御沙汰《ごさた》候《そうろう》。以外《もってのほか》アヤマリニテ候《そうろう》。

訳文

次に、お坊様がおっしゃるのを承りますと、信心の人と定められていますのは、ただ弟子のほうからしばしば僧侶のところへ訪ねたり、物を贈ったりするのを「信心の人」だとおっしゃっています。しかし、これは大きな間違いです。よくよくこのことをお心得なさいませ。そもそも今の世は、皆がこのようなのを「信心の人」と定められておりますが、とんでもない誤りであります。

史料④【十劫秘事】

『御文・文明六年（一四七四）五月十七日』　堺市真宗寺蔵永正写本

（『五帖御文』第二帖第十一通）

本文

夫《それ》当流親鸞聖人ノ勧化《かんけ》ノヲ《オ》モムキ（趣）、近年諸国ニヲ《オ》イテ種々不同ナリ。コレオホ《オ》キニアサマシキ（浅）次第《しだい》ナリ。ソノユヘ《エ》ハ、マツ《ズ》当流ニハ他力ノ信心ヲモテ、凡夫ノ往生ヲサキ（先）トセラレタルトコロニ、ソノ信心ノカタヲハ《バ》ヲ《オ》シノケテ沙汰セス《ズ》シテ、ソノスヽムル（勧）詞《ことば》ニイハ《ワ》ク、十劫正覚《じっこうしょうがく》ノハシ《ジ》メヨリ、我等《われら》カ《ガ》往生ヲ弥陀如来ノサタ《ダ》メ（定）マシ〳〵タマヘ《エ》ルコトヲワスレ（忘）ヌカ《ガ》、スナハ《ワ》チ信心ノスカ《ガ》タナリトイヘ《エ》リ。コレサラニ弥陀ニ帰命シテ他力ノ信心ヲエタル分ハナシ。サレハ《バ》、イカニ十《じっ》劫正覚《こうしょうがく》ノハシ《ジ》メヨリ、我等《われら》カ《ガ》往生ヲサタ《ダ》メ（定）タマヘ《エ》ルコトヲシリ（知）タリトイフ《ウ》トモ、我等《われら》カ《ガ》往生スヘ《ベ》キ他力ノ信心ノイハ《ワ》レヲヨクシラ（知）ス《ズ》ハ《バ》、極楽ニハ往生スヘ《ベ》カラサ《ザ》ルナリ。…

訳文

さて、この流派で親鸞聖人が勧められる教えの趣旨が、近年国々において様々に異なっている。これは大変嘆かわしい成り行きである。そのわけは、この流派では、他力の信心によって、凡夫の往生を第一とされているのに、その信心の方《ほう》を押しのけて伝えないでおいて、その勧める言葉には、「阿弥陀如来が十劫《じっこう》という遥かな昔に正しい覚《さと》りを成就された始めから、私達の浄土往生を如来が定めておられることを忘れないのが、とりもなおさず、信心の内容である」と言われている。これでは少しも、仰《おお》せのままに阿弥陀如来をたのんで他力の信心を得ている様子がない。だから、「阿弥陀如来が十劫《じっこう》という遥かな昔に正しい覚《さと》りを成就された始めの時から、私達の往生を定められていること」をどれ程知っているといっても、私どもが往生することのできる他力の信心のいわれをよく知らないなら、極楽には往生することができないのである。

史料⑤拝《おが》まずの秘事

『御文・文明六年（一四七四）八月六日』（『五帖御文』第三帖第三通）　**堺市真宗寺蔵永正写本**

本文

ワツ《ズ》ラハ《ワ》シキ秘事トイヒテ《ィ》、ホトケ（仏）ヲモオカ（拝）《ガ》マヌモノハ、イタツ《ズ》ラモノナリトオモフ（思）《ウ》ヘ《ベ》シ。…

訳文

うるさく秘事法門《ひじぼうもん》（秘密裏に伝授する教え）などと言って仏をも拝まない者は、法に背く者だと思うべきである。…

著者略歴　藤井 哲雄（ふじい てつお）

1949年　東京都台東区に生まれる
1967年　都立白鴎高等学校卒
1971年　東洋大学東洋史学卒
同年　足立区立港南中学校社会科講師
この間親鸞聖人の教義及び独自の方法論により日本史学を研鑽
1982年　浄土真宗皆應寺住職
1991年　坂東性純氏（元大谷大学教授）の指導を得て、真宗史研究に着手
1995年　東京本願寺学院（現東本願寺学院）真宗史 講師
1997年　同学院教授

著書　『記録に見る蓮如上人の生涯』1998年
『親鸞聖人の生涯』上・中・下　2004年
『親鸞聖人―その生涯をたずねて』2011年
現住所　東京都台東区松が谷1-6-15

蓮如上人の生涯　上

©（二〇一六年）
平成二十八年八月二十七日　発行

著者　藤井 哲雄
発行者　中山 治子
編集・製作　同朋舎新社
印刷　小野高速印刷株式会社
発行所　中山書房仏書林

〒一一三―〇〇三四
東京都文京区湯島二―一四―四
電話　〇三―三八三三―七六七六
FAX　〇三―三八三三―七六七七
http://www.kotobuki-p.co.jp/nakayama/index.htm
振替　〇〇一三〇―〇―一八〇三二八

ISBN978-4-89097-108-4